中国語文法・完成マニュアル

小川郁夫 著

白帝社

まえがき

中国語を学びはじめて1年未満の人へ
　学校・講習会での授業，またはテレビ・ラジオ講座での学習を続けるとともに，本書をゆっくり読み，文法事項を少しずつ理解していってください。

中国語を1〜2年ほど学んだ人へ
　本書をじっくり読み，中国語の文を文法的に理解してください。中国語の各種検定試験を受けてみるのもいいでしょう。試験合格を目標にしてがんばることは，語学力を身につけるよい方法です。

中国語を何年も学んでいる人へ
　本書の例文・練習の解答などすべて暗記する意気込みで，本書を読んでください。あなたの表現力は一層向上することでしょう。

中国語の学習に挫折した人へ
　中国語を学びはじめた頃の気持ちを取り戻して，本書を気楽に読んでください。それまで理解できなかった点が徐々にわかってくるでしょう。

　本書には**小辞典**がついています。机に向かって辞書を引きながら勉強するのは面倒なものです。夜寝る前や，バス・電車の中で読んでください。知らない単語は**小辞典**で調べて。語学は継続することが一番です。

　本書の編集にあたっては白帝社の伊佐順子さんのお世話になりました。心より感謝いたします。

2000年秋
小川郁夫

目 次

第1章　簡単なことば ……………………………………………… 13

　1、「こんにちは」 ……………………………………………… 13
　2、「ありがとう」 ……………………………………………… 16
　3、「さようなら」 ……………………………………………… 18
　4、「どうぞ」 …………………………………………………… 19
　5、「すみません」 ……………………………………………… 20
　6、「そうです」 ………………………………………………… 21
　7、「お名前は？」 ……………………………………………… 23
　　　練習 ………………………………………………………… 25

第2章　"是"を用いる文 …………………………………………… 26

　1、動詞"是" …………………………………………………… 26
　2、人称代名詞 ………………………………………………… 27
　3、指示代名詞 ………………………………………………… 28
　4、"的" ………………………………………………………… 30
　5、副詞"也""都""就" ………………………………………… 32
　6、"这个""那个""哪个" ……………………………………… 34
　7、"这些""那些""哪些" ……………………………………… 35
　　　練習 ………………………………………………………… 36

第3章　形容詞を用いる文 ………………………………………… 37

　1、形容詞 ……………………………………………………… 37
　2、副詞"很" …………………………………………………… 38
　3、程度を表す副詞 …………………………………………… 39
　4、全否定と部分否定 ………………………………………… 40

5、疑問詞"怎么样" ································ 41
　　6、主述述語文 ······································ 41
　　7、"形容詞＋的＋名詞" ······························ 42
　　　　練習 ·· 44

第4章　　動詞を用いる文 ································ 45
　　1、動詞を用いる簡単な文 ····························· 45
　　2、"動詞＋目的語" ································· 46
　　3、疑問詞を用いる文 ································ 47
　　4、動詞"在" ······································· 48
　　5、介詞 ·· 49
　　　　練習 ·· 54

第5章　　"有"を用いる文 ····························· 55
　　1、数詞と量詞 ······································ 55
　　2、動詞"有"（1） ·································· 59
　　3、動詞"有"（2） ·································· 60
　　4、"在"と"有" ··································· 61
　　5、疑問詞"几""多少" ······························ 62
　　　　練習 ·· 63

第6章　　年月日・曜日・時刻など ······················ 64
　　1、年月日の言い方 ·································· 64
　　2、曜日の言い方 ···································· 65
　　3、時刻の言い方 ···································· 65
　　4、"是"を用いない文 ······························· 68
　　5、「7日に」「6時に」など ··························· 69
　　6、時の量の表し方 ·································· 69

7、年齢の言い方と尋ね方 ……………………………………… 72
　　8、「100」以上の数の数え方 …………………………………… 73
　　9、お金の数え方 ………………………………………………… 77
　　　練習 ……………………………………………………………… 81

第7章　"过"と"了"など ………………………………………… 82

　　1、助詞"过" ……………………………………………………… 82
　　2、文末の"了" …………………………………………………… 84
　　3、動詞の後ろの"了" …………………………………………… 86
　　4、ふたつの"了" ………………………………………………… 88
　　5、離合動詞 ……………………………………………………… 90
　　6、再び"了" ……………………………………………………… 92
　　7、"是……的"の文 ……………………………………………… 93
　　　練習 ……………………………………………………………… 97

第8章　動詞に関する表現 ………………………………………… 98

　　1、「ちょっと……する」 ………………………………………… 98
　　2、目的語を2つとる動詞 ……………………………………… 100
　　3、動詞〔句〕や主述句を目的語にとる動詞 ………………… 102
　　4、"動詞＋的＋名詞" …………………………………………… 106
　　5、進行の表現と"呢" …………………………………………… 108
　　6、語気助詞 ……………………………………………………… 110
　　7、連動式文 ……………………………………………………… 112
　　　練習 ……………………………………………………………… 116

第9章　形容詞に関する表現 ……………………………………… 117

　　1、「ちょっと……」 ……………………………………………… 117
　　2、比較の表現 …………………………………………………… 121

3、"多么＋形容詞" ………………………………………… 124
　　4、"可〔真〕＋形容詞" と "够＋形容詞" …………… 125
　　5、その他の副詞と形容詞を用いた表現 ………………… 127
　　6、形容詞の重ね型 ………………………………………… 128
　　　　練習 ……………………………………………………… 132

第10章　助動詞 …………………………………………………… 133

　　1、"会" と "能" …………………………………………… 133
　　2、"可以" …………………………………………………… 135
　　3、"要" ……………………………………………………… 138
　　4、"应该" …………………………………………………… 139
　　5、再び "会" ………………………………………………… 142
　　6、その他の助動詞 ………………………………………… 143
　　7、助動詞的な動詞と副詞 ………………………………… 144
　　　　練習 ……………………………………………………… 146

第11章　補語 ……………………………………………………… 147

　　1、結果補語 ………………………………………………… 147
　　2、中国語の主語について ………………………………… 150
　　3、可能補語 ………………………………………………… 152
　　4、状態補語 ………………………………………………… 155
　　5、方向補語 ………………………………………………… 156
　　6、程度が甚だしいことを表す補語 ……………………… 161
　　7、再び可能補語 …………………………………………… 164
　　　　練習 ……………………………………………………… 167

第12章　使役・受身など ………………………………………… 168

　　1、使役 ……………………………………………………… 168

2、受身 ………………………………………… 170
　3、使役・受身を表す"给" ……………………… 172
　4、兼語式文 ……………………………………… 173
　5、介詞"把" …………………………………… 176
　6、再び使役と受身 ……………………………… 179
　　練習 ……………………………………………… 181

第13章　現象文など ………………………………… 182
　1、現象文 ………………………………………… 182
　2、「……している」 ……………………………… 184
　3、"動詞＋着 zhe" ……………………………… 185
　4、存在文における"動詞＋着 zhe" …………… 188
　5、方位詞 ………………………………………… 190
　6、語気助詞"来着""着呢" …………………… 193
　　練習 ……………………………………………… 194

第14章　疑問詞に関する表現など ………………… 195
　1、これまでに学んだ疑問詞 …………………… 195
　2、疑問詞の不定用法 …………………………… 200
　3、疑問詞の特殊な用法 ………………………… 201
　4、"一……都＋否定" …………………………… 203
　5、疑問詞の連用 ………………………………… 205
　6、接続詞"还是"を用いる疑問文 …………… 206
　　練習 ……………………………………………… 209

第15章　介詞・副詞・呼応表現 …………………… 210
　1、介詞"除了" ………………………………… 210
　2、介詞"关于""对于""对" ………………… 212

3、その他の介詞 214
　　　4、副詞 217
　　　5、副詞の呼応表現 222
　　　　練習 227

第16章　　接続詞・間投詞 228

　　　1、"和""但是""可是""不过" 228
　　　2、"要是""如果" 229
　　　3、"因为""所以" 231
　　　4、"虽然" 233
　　　5、"不但……，而且——" 234
　　　6、その他の接続詞 235
　　　7、間投詞 240
　　　　練習 242

練習の解答例 243

小辞典 251

音読みからピンインを引くための小字典 281

中国語文法・完成マニュアル

 # 簡単なことば

1、「こんにちは」

　この章では簡単なことばを通して，中国語文法のごく基本的なことを学びます。

　　你好！Nǐ hǎo!（こんにちは）

　"Nǐ hǎo!"は，"你好！"という漢字表記をローマ字で表したもので，ピンイン（"拼音 pīnyīn"）と呼ばれます。ピンインで表記する場合，文頭の1文字は大文字で表します。

　"你"は「あなた」という意味の代名詞です。"好"は「健康だ，元気だ」という意味の形容詞です。"你好！"で「あなたは元気だ」という意味になりますが，中国語ではこれが「こんにちは」という意味の挨拶語として使われています。日本語の「こんにちは」はもっぱら昼間に使われ，朝や夜に使われることはあまりありませんが，中国語の"你好！"はもともとが「あなたは元気だ」という意味ですから，朝・昼・夜のいつでも使うことができます。

　"你好！"という文は主語"你"と述語"好"からできていますが，このように中国語の形容詞は単独で述語になることができます。英語のbe動詞のようなものは必要ではありません。

　　您好！Nín hǎo!（こんにちは）

　"您"は"你"のていねいな言い方です。中国語には「あなた」の言い方が2通りあります。

　"你好！""您好！"は朝・昼・夜のいつでも使うことができますが，「おはよう」に相当することばもあります。

　　你早！Nǐ zǎo!（おはようございます）

　"早"は「早い」という意味の形容詞で，"你早！"のもともとの意味は「あ

なたは早い」となります。

　"你好！""你早！"の発音に気をつけましょう。中国語では，第3声が連続すると前の第3声が第2声に変化します。

　　　　∨　＋　∨　→　／　＋　∨

このような声調の変化を変調といいます。
"你好！""你早！"は実際には → の右側のような声調で発音されます。

| 你好！ | Nǐ hǎo! | → | Ní hǎo! |
| 你早！ | Nǐ zǎo! | → | Ní zǎo! |

　様々な場面で使われる「こんにちは」の例をいくつか挙げます。すべてもともとは「(誰々は)元気だ」という意味です。

你们好！Nǐmen hǎo!（みなさん，こんにちは）
同学们好！Tóngxuémen hǎo!（みなさん，こんにちは）
老师好！Lǎoshī hǎo!（先生，こんにちは）

　上の最初の例文の"你们nǐmen"は「あなたたち」という意味で，"你"の複数形です。"你们"のピンインの下線部の発音に注意してください。これは軽声と呼ばれるもので，本来の声調を失ったものです。軽声は前の音節につけて軽く短く発音します。
　2番目の例文の"同学"は「同級生」という意味で，"同学们"はその複数形です。"同学们好！"は，学校の先生が授業の最初などに学生・生徒たちに向かって言うことばです。最後の例文の"老师好！"の"老师"は「(学校の)先生」という意味で，学生・生徒たちが先生に向かって「先生，こんにちは」と言うときに使います。

　さて，上に出てきた"师"は日本語ならば「師」と書く字です。中国語ではこのような簡略化された漢字が使われていて，簡体字（"简体字 jiǎntǐzì"）と

呼ばれています。簡体字は中国の正式の漢字ですから正しく書けるようにしてください。

「お元気ですか」の言い方も覚えましょう。
你好吗？ Nǐ hǎo ma?（お元気ですか）
"吗"は日本語の「……ですか」の「か」に相当するような助詞です。"吗"は文末に置いて疑問を表します。"你好！"はもともと「あなたは元気だ」という意味ですから、"你好吗？"で「あなたは元気ですか」という意味になります。

"你好吗？"に答えるときには次のように言います。
我很好。 Wǒ hěn hǎo.（私はとても元気です）
"我"は「私」という意味の代名詞です。"很"は「とても」という意味の副詞です。中国語では，副詞は形容詞や動詞の前に置きます。

ところで"Wǒ hěn hǎo"は，第3声が3つ連続しています。このような場合には，次のような2通りの読み方が可能です。

| ˇ | + | ˇ | + | ˇ | → | ˇ | + | ˊ | + | ˇ |
| ˇ | + | ˇ | + | ˇ | → | ˊ | + | ˊ | + | ˇ |

はじめの読み方は，主語"我"と述語"很好"の間に少しポーズを置いて発音したものです。"很好"の部分だけ第3声が連続していると考えるものです。
　あとの読み方は"我很好"全体を一気に発音したもので，前の2つの第3声がどちらも第2声に変調しています。
　第3声が4つ以上連続したときには，区切りのよいところでポーズを置いて，上の変調の仕方を適用して発音します。

2、「ありがとう」

谢谢。Xièxie.（ありがとう）

"谢谢"は「感謝する」という意味の動詞ですが、これ1語で「ありがとう」という意味になります。

「ありがとう」には次のような言い方もあります。

谢谢你。Xièxie nǐ.（ありがとう）

非常感谢。Fēicháng gǎnxiè.（本当にありがとうございます）

上のはじめの例文では、動詞"谢谢"の後ろに目的語"你"が置かれていて、「あなたに感謝します」という意味になっています。中国語では目的語は動詞の後ろに置かれます。また、目的語のことを賓語と呼ぶこともあります。

あとの例文の"非常"は「非常に」という意味の副詞，"感谢"は「感謝する」という意味の動詞で、全体で「非常に感謝する」という意味になっています。

「ありがとう」に対する「どういたしまして」の言い方も覚えましょう。

不谢。Bú xiè.（どういたしまして）

不用谢。Búyòng xiè.（同上）

はじめに"不 bù"の変調について説明します。"不"の発音はもともと第4声の"bù"ですが、後ろに第4声が続くと第2声に変調します。

不 bù ＋ ヽ → 不 bú ＋ ヽ

本書では"不"が変調する場合は、変調後の声調（第2声）で表します。

さて、上のはじめの例文"不谢"の"谢"は「感謝する」という意味の動詞です。"不"は普通「……しない」「……でない」という意味の，動詞や形容詞を否定する副詞として使われますが、「……するな」という禁止を表すことも

あります。"不谢"は「感謝するな，お礼にはおよばない」という意味になります。

あとの例文の"不用"は「……する必要はない」という意味で，"不用谢"で「感謝する必要はない，お礼にはおよばない」という意味になります。上ではどちらも「どういたしまして」と訳してありますが，もともとの意味をしっかりとらえておいてください。

「どういたしまして」に類似したそのほかの表現もいくつか挙げておきます。

不客气。 Bú kèqi.（ご遠慮なく）
别客气。 Bié kèqi.（同上）

"客气"は「遠慮する」という意味の動詞です。"不客气"の"不"はここでは「……するな」という禁止を表す用法で，"不客气"で「ご遠慮なく」という意味になります。"别"も「……するな」という意味で，"别客气"で「ご遠慮なく」という意味になります。

哪里，哪里。 Nǎli, nǎli.（どういたしまして）
哪儿的话。 Nǎr de huà.（同上）

上のはじめの例文の"哪里"は「どこ」という意味の疑問詞ですが，人から感謝されたときなどにしばしば2度繰り返して用いて，「感謝されるような話はどこにあるのか」というような意味合いで使います。

"哪里"の発音に気をつけてください。"哪里"のピンイン表記は"nǎli"となっていますが，実際には"náli"と「第2声＋軽声」で発音します。これは"里"がもともと第3声"lǐ"なので，"nǎlǐ → nálǐ"と変調したあとで，"里"が軽声化したためです。"哪里 nǎli"は"náli"と発音すると覚えてしまってください。

上のあとの例文の"哪儿"も「どこ」という意味の疑問詞です。"的"は「……の」という意味の助詞，"话"は「話，ことば」という意味の名詞です。したがって，"哪儿的话"全体で「どこの話」という意味になりますが，これも"哪

里，哪里"と同様に，人から感謝されたときなどに「感謝されるような話はどこにあるのか」というような意味合いで使います。

　"哪儿 nǎr"の発音に気をつけてください。"儿"のピンインが"r"となっていますが，この部分の発音は舌をそり上げるだけです。このように音節末尾で舌をそり上げる音の変化をアル化（"儿化 érhuà"）といいます。アル化は北京語に多い現象ですが，我々が学ぶ共通語（"普通话 pǔtōnghuà"）にもしばしば見られます。

　"的 de"の発音にも気をつけてください。"e"は軽声になると日本語の「ア」のように発音され，また無気音は軽声になると日本語の濁音に近く発音されるので，"的 de"は軽く「ダ」と発音します。

　"哪里，哪里""哪儿的话"ともに，もともとの意味は「そんな話はどこにあるのか」ということですから，人から感謝されたときのほか，人からほめられたり，謝罪されたり，労をねぎらわれたりしたときにも使うことができます。「どういたしまして」という日本語訳で覚えるのではなく，もともとの意味をしっかり理解しておいてください。

3．「さようなら」

再见！Zàijiàn!（さようなら）

"再见"は「また会う」という意味の動詞です。

明天见！Míngtiān jiàn!（また明日）
回头见！Huítóu jiàn!（またあとで）

　上の2つの例文では，"再见！"の"再"の代わりにそれぞれ"明天""回头"が使われています。"明天"は「明日」という意味ですから，"明天见！"で「明日会いましょう」という意味になります。"回头"はもともと「振り向く」という意味ですが，そこから意味が少しずれて「のちほど」という副詞になっています。したがって，"回头见！"で「のちほど会いましょう」という意味になります。

次回会う場所を指定する別れのことばもあります。

　中国见！ Zhōngguó jiàn!（中国で会いましょう）
　日本见！ Rìběn jiàn!（日本で会いましょう）

"见"の前に場所を表す語を置くと「(どこどこ)で会いましょう」という意味になります。この種の言い方では，日本語の「中国で」「日本で」の「で」に相当する語は不要です。

4、「どうぞ」

　请！ Qǐng!（どうぞ）

"请"は「求める，請う」という意味の動詞ですが，単独で使うと「どうぞ」という意味になります。

"请"のあとに別の動詞を置くと，「どうぞ……してください」という意味になります。

　请进！ Qǐng jìn!（どうぞお入りください）
　请坐！ Qǐng zuò!（どうぞお座りください）

上の2つの例文の"**进**""**坐**"は，それぞれ「入る」「座る」という意味の動詞です。

"请……"を使った次のような表現も覚えておきましょう。

　请多关照！ Qǐng duō guānzhào!（よろしくお願いします）
　请多指教！ Qǐng duō zhǐjiào!（よろしくご教示ください）

"**多**"は「多い」という形容詞の用法もありますが，上の2つの例文では「多く，多めに」という意味の副詞として使われています。"**关照**""**指教**"は，それぞれ「面倒をみる」「教示する」という意味の動詞です。"**多**"の強意形"**多多** duōduō"を使って"**请多多关照！**""**请多多指教！**"と言うこともあります。

5、「すみません」

"请"のあとに「許す」という意味の動詞"原谅 yuánliàng"を置くと,「どうぞお許しください」という意味になります。

请原谅！Qǐng yuánliàng!（どうぞお許しください）

"请原谅！"は非常にていねいな謝罪のことばです。もう少し軽いあやまり方としては次のようなものがあります。

对不起！Duìbuqǐ!（すみません）

日本語の「すみません」は謝罪するときのほかにも様々な場面で使われますが，中国語の"请原谅！""对不起！"は謝罪のときにしか使われません。人に何かを頼むときや，何かを尋ねるときに日本語ではしばしば「すみません」と言いますが，中国語では次のように言います。

麻烦你。Máfan nǐ.（お手数をおかけします）
劳驾。Láojià.（お手数をおかけします，すみません）
请问。Qǐngwèn.（お尋ねします）

上の最初の例文の"麻烦"は「煩わす」という意味の動詞です。2番目の例文"劳驾"は人に何かを頼むときに使います。最後の例文"请问"はこれで「お尋ねします」という意味の1語で，さきほど説明した"请……"（どうぞ……してください）とは異なります。

中国語で謝罪されたときや，"麻烦你"などと言われたときには次のように答えます。

没关系。Méi guānxi.（かまいません）
没事儿。Méi shìr.（同上）
没什么。Méi shénme.（同上）

上の例文の"没"は「……がない」という意味の動詞です。最初の例文"没关系"は「関係がない」というのがもともとの意味で，そこから「かまいません」という意味で使われます。2番目の例文"没事儿"は「(そんな)事はな

い」というのがもともとの意味で,「かまいません」という意味で使われます。"事儿"はアル化していますが,アル化しない場合もあります。最後の例文の"什么"は「何」という意味の疑問詞ですが,"没什么"は「何でもありません」という意味で,これもやはり「かまいません」という意味で使われます。

　"什么 shénme"の発音に気をつけてください。"么 me"の部分が軽声になっていますが,軽声になると"e"は日本語の「ア」に近い音に変わります。したがって,"什么 shénme"は「シェンマ」のような発音になります。

6、「そうです」

　是。Shì.（そうです）
　对。Duì.（同上）

　上のはじめの例文の"是"は,「……である」という肯定を表す動詞です。これ1語で「そうです」という意味の文になります。あとの例文の"对"は,「正しい」という意味の形容詞ですが,やはりこれ1語で「そうです」という意味の文になります。

　「そうではない」という否定文は次のようになります。
　不是。Bú shì.（ちがいます）
　不对。Bú duì.（同上）

　「そうです」と言うときには次のような言い方もあります。
　是的。Shì de.（そうです）
　对了。Duì le.（同上）

　"的"についてはこの章の2に「……の」という意味の用法が出てきましたが,上のはじめの例文の"的"は文末に置いて,確定的に言う語気を表す語として使われています。このように文末に置いて語気を表す語を語気助詞といいます。語気助詞というのは助詞を下位分類したときの1つの品詞名です。

　あとの例文の"了"も語気助詞で,きっぱりと言いきる語気を表します。"了

le"は軽声ですから"e"が日本語の「ア」のような発音になり,軽く「ラ」と発音します。なお,"对了"は「ああ,そうそう」と何かを思い出したようなときにも使います。

「そうですか」という疑問文は次のようになります。
　是吗？ Shì ma?（そうですか）
　对吗？ Duì ma?（同上）
"吗"も疑問を表す語気助詞です。

次のような疑問文もあります。
　是不是？ Shì bu shi?（そうですか）
　对不对？ Duì bu dui?（同上）
上のはじめの例文は,肯定の"**是**"と否定の"**不是**"を重ねたものです。あとの例文も同様に,肯定の"**对**"と否定の"**不对**"を重ねたものです。この場合,否定の部分は軽く発音します。疑問文の作り方は,文末に"**吗**"を置く方法のほか,肯定と否定を利用する方法があることを覚えておいてください。

ついでに,「いいですか」「いいです」「だめです」などの言い方も覚えておきましょう。
　好吗？ Hǎo ma?（いいですか）
　行吗？ Xíng ma?（同上）
"**你好！**"の"**好**"は「健康だ,元気だ」という意味でしたが,"**好**"の最も基本的な意味は「よい」です。"**行**"は「よい,かまわない,差し支えない」という意味の形容詞です。

　好。 Hǎo.（いいです）
　行。 Xíng.（同上）
　不行。 Bùxíng.（だめです）
「だめです」は"**不好**"と言えないこともありませんが,普通は"**不行**"と

言います。

7、「お名前は？」

最後に名前の尋ね方と答え方を覚えましょう。

您贵姓？ Nín guìxìng?（お名前は？）
我姓李。 Wǒ xìng Lǐ.（私は李といいます）

初対面の人に名前を尋ねる場合には、ていねいな"**您**"を使うのがいいでしょう。上のはじめの例文の"**贵姓**"は「あなたの姓」という意味です。日本語でも「貴社」（あなたの会社），「貴学」（あなたの学校）などで「あなたの」という意味の「貴」を使います。"**您贵姓？**"は「あなた，あなたの姓」と言っているだけですが，これで相手の姓を尋ねるていねいな疑問文になります。"**您**"を省略して"**贵姓？**"とだけ言うこともあります。なお，"**李** Lǐ"など固有名詞のピンインのはじめの1文字は大文字で表します。

あとの例文"**我姓李**"の"**姓**"は動詞で，「……を姓とする，……という姓である」という意味です。"**我姓**"の部分を「私の姓」と考えてはいけません。この"**姓**"が動詞であることは次のような否定文にしてみればわかります。

我不姓李。 Wǒ bú xìng Lǐ.（私は李という姓ではありません）

第3者の姓を尋ねるときには"**贵姓**"を用いません。"**贵**"が「あなたの」という意味だからです。例えば「彼」の姓を尋ねる場合には，動詞"**姓**"の後ろに「何」という意味の疑問詞"**什么**"を置きます。「彼」は，中国語で"**他** tā"と言います。ちなみに「彼女」は"**她** tā"で，中国語では「彼」と「彼女」を発音で区別することはできません。

他姓什么？ Tā xìng shénme?（彼は何という姓ですか）

中国語では英語のように疑問詞が文頭にたつということはありません。

初対面の人に対しては"**您贵姓？**"と言って姓だけを尋ねるのが普通ですが，親しくなって姓名を尋ねるときには次のように言います。

你叫什么？Nǐ jiào shénme?（あなたの名前は何といいますか）
　我叫李华。Wǒ jiào Lǐ Huá.（私は李華といいます）
　上の例文の"**叫**"は「……という名前である，名前を……という」という意味の動詞です。名前を答える場合，"**叫**"のあとには名だけではなく，姓名を置くのが普通です。

　"**你叫什么？**"は次のように言うことも可能です。
　你叫什么名字？Nǐ jiào shénme míngzi?（あなたの名前は何といいますか）
"**什么**"の後ろに名詞を置くと，「何の……，どんな……」という意味になります。"**名字**"は「名前」という意味です。"**什么名字**"で「どんな名前」という意味になります。

　中国人は，日本人の名前も中国語で発音します。本書の巻末には『音読みからピンインを引くための小字典』がついていますので，それを利用して自分の名前を中国語で発音できるようにしておきましょう。

　中国語で「李先生」などと言う場合には，日本語と同じ語順で次のように言います。
　李老师 Lǐ lǎoshī（李先生）　　　**李教授 Lǐ jiàoshòu**（李教授）
　李先生 Lǐ xiānsheng（李さん）　**李小姐 Lǐ xiǎojie**（李さん）
上の"**先生**"は男性に対する敬称で，"**小姐**"は若い女性に対する敬称です。なお，"**小姐 xiǎojie**"は"<u>xiáojie</u>"と発音します。これはこの章の2で説明した"**哪里 nǎli**"を"<u>náli</u>"と発音するのと同じ理由によるものです。

　親しみを込めた呼称には次のようなものがあります。
　小李 Xiǎo Lǐ（李さん，李君）　　**老李 Lǎo Lǐ**（李さん）
世代が自分と同じか下の相手には姓の前に"**小**"をつけ，世代が自分より上の相手には姓の前に"**老**"をつけます。相手の性別を問わずに用いることができます。

練習

（　）内の語や語句を使って中国語に訳しなさい。

① 王先生，こんにちは！（王 Wáng）

② 陳先生はお元気ですか。（陈 Chén）

③ 李主任はとても元気です。（主任 zhǔrèn）

④ あさってまた会いましょう！（后天 hòutiān）

⑤ 北京で会いましょう！（北京 Běijīng）

⑥ どうぞご安心ください！（放心 fàngxīn）

⑦ どうぞお茶をお飲みください！（喝茶 hē chá）

⑧ 本当にすみません！（真 zhēn）

⑨ 私は趙という名前です。（赵 Zhào）

⑩ 彼女は張麗という名前です。（张丽 Zhāng Lì）

"是"を用いる文

1、動詞"是"

"是"は「……である」という肯定を表す動詞です。"A是B"とすると「AはBである」という意味を表します。

> 我是中国人。Wǒ shì Zhōngguórén.（私は中国人です）
> 我是学生。 Wǒ shì xuésheng.（私は学生です）

"A不是B"とすると「AはBではない」という否定文になります。
> 我不是中国人。Wǒ bú shì Zhōngguórén.（私は中国人ではありません）
> 我不是学生。Wǒ bú shì xuésheng.（私は学生ではありません）

文末に助詞"吗"をつけて"A是B吗？"とすると、「AはBですか」という疑問文になります。"吗"は日本語の「……ですか」の「か」にあたるような語です。
> 你是中国人吗？Nǐ shì Zhōngguórén ma?（あなたは中国人ですか）
> 你是学生吗？Nǐ shì xuésheng ma?（あなたは学生ですか）

この疑問文に「はい」「いいえ」と答えるときには"是""不是"を用います。
> 是，我是中国人。 Shì, wǒ shì Zhōngguórén.（はい，私は中国人です）
> 不是，我是日本人。Bú shì, wǒ shì Rìběnrén.
> 　　　　　　　　　　（いいえ，私は日本人です）

"不是"は，単に"不 bù"とだけ言うこともあります。

「AはBですか」という疑問文は，"A是不是B？"としても作ることができます。

> 你是不是中国人？Nǐ shì bu shi Zhōngguórén?（あなたは中国人ですか）
> 你是不是学生？Nǐ shì bu shi xuésheng?（あなたは学生ですか）

肯定の"是"と否定の"不是"を重ねた形にするわけです。この場合，否定の"不是"の部分は軽く発音します。

また，助詞"吗"のかわりに"不是"を文末に置いて"A是B不是？"としても「AはBですか」という疑問文を作ることができます。

> 你是中国人不是？Nǐ shì Zhōngguórén bu shi?（あなたは中国人ですか）
> 你是学生不是？Nǐ shì xuésheng bu shi?（あなたは学生ですか）

この場合の"不是"も少し軽く発音します。

2、人称代名詞

ここで代名詞を覚えましょう。

まず，「私」など人を表す代名詞，すなわち人称代名詞です。

> 我 wǒ （私）　　你 nǐ （あなた）　　您 nín （あなた）
> 他 tā （彼）　　她 tā （彼女）

"您"は"你"のていねいな言い方です。また，中国語では"他"も"她"も同じ"tā"という発音で，「彼」と「彼女」を発音で区別することはできません。

「私たち」などの複数形は，「たち」にあたる接尾辞の"们 men"をつけて表します。"们"は軽声で発音します。

> 我们 wǒmen （私たち）　　你们 nǐmen （あなたたち）
> 他们 tāmen （彼ら）　　她们 tāmen （彼女ら）

「私たち」を表す代名詞にはもう1つ"咱们 zánmen"があります。"咱们"は自分と話し相手を含めた「私たち」という意味ですが，"我们"は話し相手を含むときもあれば含まないときもあります。

「あなたたち」は"你们"と言い，"×您们"という言い方は一般に使いません。

上に挙げた人称代名詞を用いた例文をいくつか見ておきましょう。
　　他是美国人。Tā shì Měiguórén.（彼はアメリカ人です）
　　她不是英国人。Tā bú shì Yīngguórén.
　　　　　　　　　　　　　　（彼女はイギリス人ではありません）
　　你们是法国人吗？Nǐmen shì Fǎguórén ma?
　　　　　　　　　　　　　　（あなたたちはフランス人ですか）
　　你们是不是法国人？Nǐmen shì bu shi Fǎguórén?（同上）

　「誰」という意味の疑問詞"谁 shéi"も覚えましょう。"谁"は"shuí"と発音することもありますが、話し言葉では"shéi"のほうが一般的です。
　"A是B"の"B"に"谁"を入れると、「Aは誰ですか」という文ができます。
　　他是谁？Tā shì shéi?（彼は誰ですか）
　ここで注意しなければならないことは、「誰ですか」の「か」につられて文末に助詞"吗"を置いてはならないことです。中国語では、疑問詞を用いた疑問文には"吗"を用いません。

　上に挙げた代名詞のほかに、英語の"it"に相当するような"它 tā"（それ）という代名詞もあります。発音は"他""她"と同じです。複数形は"它们 tāmen"（それら）です。"它"は英語の"it"ほどは多用されず、かわりに次に挙げる指示代名詞が多用されます。

3、指示代名詞

　「これ」「それ」「あれ」などの代名詞を指示代名詞といい、中国語には次のものがあります。
　　这 zhè （これ）　　　那 nà （それ，あれ）　　　哪 nǎ （どれ）
　これらはそれぞれ"zhèi""nèi""něi"と発音することもあります。
　中国語では「それ」と「あれ」を区別することができません。また、日本語の「これ」だけが中国語の"这"に厳密に対応するわけではなく、「それ」にあたるようなものを指すこともありますが、自分に近いものには"这"を

用い，自分から離れたものには"**那**"を用いると覚えておけばいいでしょう。
　上には「どれ」にあたる疑問詞の"**哪**"も挙げておきました。"**那**"と"**哪**"の発音は声調が異なるだけですから注意してください。

　"A 是 B"の"A"に"**这**"などを入れると「これはBである」などの文ができます。

> **这是词典**。Zhè shì cídiǎn.（これは辞典です）
> **那是《新华字典》**。Nà shì «Xīnhuá Zìdiǎn».（それは『新華字典』です）

上のはじめの例文の"**词典**"は単語を集めた辞典です。それに対して，あとの例文の"**字典**"は字を集めたもので，中国では『新華字典』と呼ばれるものが愛用されています。なお，例文中の《　》は書名を表すときに用いる記号です。

　否定文と疑問文を作るにはこの章の1で述べたようにします。

> **这不是字典**。Zhè bú shì zìdiǎn.（これは字典ではありません）
> **这是字典吗？** Zhè shì zìdiǎn ma?（これは字典ですか）
> **这是不是字典？** Zhè shì bu shi zìdiǎn?（同上）
> **这是字典不是？** Zhè shì zìdiǎn bu shi?（同上）

　"A 是 B"の"B"に"**什么**"を入れると，「Aは何ですか」という文ができます。

> **这是什么？** Zhè shì shénme?（これは何ですか）

ここで注意しなければならないことは，「何ですか」の「か」につられて文末に助詞"**吗**"を置いてはならないことです。中国語では，疑問詞を用いた疑問文には"**吗**"を用いません。これは，この章の2の"**谁**"のところで述べたことと同様です。

　"**什么**"は後ろに名詞を置くと，「何の……，どんな……」という意味になります。

这是什么书？ Zhè shì shénme shū?（これは何の本ですか）
他是什么人？ Tā shì shénme rén?（彼はどんな人ですか）
这是什么地方？ Zhè shì shénme dìfang?（これはどこですか）

上の最後の例文の"**什么地方**"は「どこ」という意味です。"**地方**"は"dìfāng"と発音する場合は「（中央に対する）地方」という意味ですが，"dìfang"と発音する場合は「所，場所」という意味です。したがって，"**什么地方**"で「どんな所→どこ」という意味になります。

4. "的"

"**的** de"は，「……の」という意味の助詞です。"e"は軽声になると日本語の「ア」のように発音され，また無気音は軽声になると日本語の濁音に近く発音されるので，"**的** de"は軽く「ダ」と発音します。

"A 的 B"は「AのB」という意味を表します。

这是我的书。 Zhè shì wǒ de shū.（これは私の本です）
那是你的书吗？ Nà shì nǐ de shū ma?（それはあなたの本ですか）
这是谁的书？ Zhè shì shéi de shū?（これは誰の本ですか）
北京是中国的首都。Běijīng shì Zhōngguó de shǒudū.
　　　　　　　　　　　　　　　　（北京は中国の首都です）

"A 的 B"の"B"は省略されるときがあります。その場合，"A 的"は「Aの（もの）」という意味になります。

这是你的吗？ Zhè shì nǐ de ma?（これはあなたのですか）
这不是我的。 Zhè bú shì wǒ de.（これは私のではありません）
那是谁的？ Nà shì shéi de?（それは誰のですか）

"**的**"は日本語の「の」ほどは多用されず，"A B"だけで「AのB」という意味を表すことがしばしばあります。次のような場合には，一般に"**的**"が用いられません。

第2章 "是"を用いる文

まず,「私の父」「あなたのお母さん」のように,"A"に人称代名詞が入り,"B"にその親族が入る場合です。

他是我爸爸。Tā shì wǒ bàba.(彼は私の父です)
她是你妈妈吗? Tā shì nǐ māma ma?(彼女はあたなのお母さんですか)

"的"を用いないのは"A"に人称代名詞が入る場合だけで,人称代名詞以外のものが入る場合には"的"が必要です。

她是李先生的妹妹。Tā shì Lǐ xiānsheng de mèimei.
（彼女は李さんの妹です）
他是王老师的爱人。Tā shì Wáng lǎoshī de àiren.
（彼は王先生のご主人です）

上のあとの例文の"**爱人**"は「夫」「妻」の両方,すなわち配偶者を指すことばです。「夫」を指す"**丈夫** zhàngfu"という語,「妻」を指す"**妻子** qīzi""**夫人** fūrén"という語も覚えておきましょう。なお,"**夫人**"は一般に他人の妻に対する尊称として使われます。

「私たちの学校」「あなたたちの会社」のように,"A"に人称代名詞が入り,"B"にその所属機関が入る場合も一般に"的"は不要です。

这是我们学校。Zhè shì wǒmen xuéxiào.(これは私たちの学校です)
那是你们公司吗? Nà shì nǐmen gōngsī ma?
（あれはあなたたちの会社ですか）

「私の家」と言う場合,「家」も「私」の所属先と見なして,"的"を入れず"**我家** wǒ jiā"と言います。

また,「中国語の先生」「日本語の先生」のように,"A"が"B"の類別を表す場合にも一般に"的"は不要です。下の例でいえば,「中国語の」「日本語の」の部分が「先生」の類別を表しているわけです。同様に「中国語のテキスト」「日本語のテキスト」なども類別を表しています。

他是汉语老师。Tā shì Hànyǔ lǎoshī.(彼は中国語の先生です)

> 你是日语老师吗？Nǐ shì Rìyǔ lǎoshī ma?（あなたは日本語の先生ですか）
> 这是汉语课本。Zhè shì Hànyǔ kèběn.（これは中国語のテキストです）
> 那不是日语课本。Nà bú shì Rìyǔ kèběn.
> （それは日本語のテキストではありません）

そのほか，次のようなものも類別を表す例です。

> 中国历史 Zhōngguó lìshǐ（中国の歴史）
> 日本老师 Rìběn lǎoshī（日本〔人〕の先生）
> 美国电影 Měiguó diànyǐng（アメリカ映画）
> 排球比赛 páiqiú bǐsài（バレーボールの試合）

これらは，例えば「アメリカ映画」のように1つのフレーズになっているとも考えられます。

5、副詞 "也" "都" "就"

ここで副詞を3つ覚えましょう。

"也 yě" は「……も，やはり」という意味を表す副詞です。副詞は動詞の前に置きます。

> 我也是日本人。Wǒ yě shì Rìběnrén.（私も日本人です）
> 这也是我的。Zhè yě shì wǒ de.（これも私のです）
> 他也不是中国人。Tā yě bú shì Zhōngguórén.
> （彼も中国人ではありません）

"都 dōu" は「すべて，みな」という意味を表す副詞で，主語が複数のときにしばしば用いられます。

> 我们都是大学生。Wǒmen dōu shì dàxuéshēng.（私たちはみな大学生です）
> 你们都是留学生吗？Nǐmen dōu shì liúxuéshēng ma?
> （あなたたちはみな留学生ですか）

なお，"都" という字は「都(みやこ)」「都市」などの意味のときには，"首都 shǒudū" "都市 dūshì" のように "dū" と発音します。

日本語の「すべて，みな」は一般に，主語の表すものが3つ以上の場合に使われますが，中国語の"都"は主語の表すものが2つの場合にも使うことができます。

爸爸、妈妈都是大学教师。 Bàba、māma dōu shì dàxué jiàoshī.
（父，母はどちらも大学の教師です）

このような場合には，"都"を「どちらも，ともに」などと訳す工夫が必要です。なお，上の例文に使われている記号"、"は"A、B、C"のように使い，語などを並列するときに使います。

副詞"也""都"が同時に使われる場合もあります。

我们也都是大学生。 Wǒmen yě dōu shì dàxuéshēng.
（私たちもみな大学生です）

"都"と"不"が同時に使われたときには注意が必要です。

他们都不是学生。 Tāmen dōu bú shì xuésheng.
（彼らはみな学生ではありません）

"都不……"は「すべて……でない」という意味です。これを全否定といいます。

しかし，"都"と"不"を入れかえて，"不都……"とすると「すべてが……というわけではない」という意味になります。これを部分否定といいます。

他们不都是学生。 Tāmen bù dōu shì xuésheng.
（彼らは全員が学生というわけではありません）

"就jiù"は「ほかでもなく，……こそが」というような意味を表し，肯定を強める働きをします。

他就是李老师。 Tā jiù shì Lǐ lǎoshī.（彼が李先生です）
这就是《新华字典》。 Zhè jiù shì《Xīnhuá Zìdiǎn》.
（これが『新華字典』です）

6、"这个""那个""哪个"

　　この章の3で指示代名詞"这""那""哪"について述べましたが，その後ろに"个 ge"のついた"这个 zhège""那个 nàge""哪个 nǎge"という指示代名詞もあります。"ge"の部分は軽く「ガ」と発音します。"e"は軽声になると日本語の「ア」のように発音され，また無気音は日本語の濁音のように発音されるからです。

　　また，"这个""那个""哪个"はそれぞれ"zhèige""nèige""něige"と発音することもあります。

　　これらの語の意味はそれぞれ「これ」「それ，あれ」「どれ」で，"这""那""哪"とほぼ同じ意味です。たとえば，"A是B"の"A"には"这""这个"のどちらを入れることも可能です。

　　这是我的。Zhè shì wǒ de.（これは私のです）
　　这个是我的。Zhège shì wǒ de.（同上）

　　しかし，"A是B"の"B"には"这个"を入れることができるだけで，"这"を入れることはできません。したがって"×我的是这"は成立しません。

　　我的是这个。Wǒ de shì zhège.（私のはこれです）

　　"个"は「個」という字の簡体字ですが，"个"のついた形の方が「この1つ」のように指し示す意味合いが強いといえます。

　　"这个""那个""哪个"は後ろに名詞が続くと「この」「その，あの」「どの」という意味を表します。"这""那""哪"にも「この」「その，あの」「どの」という意味があるのですが，後ろに名詞が続く場合は，"这个""那个""哪个"を使う方が一般的です。

　　这个人是谁？Zhège rén shì shéi?（この人は誰ですか）
　　我爸爸是那个人。Wǒ bàba shì nàge rén.（私の父はあの人です）

7、"这些""那些""哪些"

"**这些** zhèxiē""**那些** nàxiē""**哪些** nǎxiē"は"**这**""**那**""**哪**"の複数形で、それぞれ「これら」「それら，あれら」「どれら」という意味です。後ろに名詞が続くと「これらの」「それらの，あれらの」「どれらの」という意味になります。

> **这些都是我的行李。**Zhèxiē dōu shì wǒ de xíngli.
> （これらはすべて私の荷物です）
>
> **那些行李也是你的吗？**Nàxiē xíngli yě shì nǐ de ma?
> （それらの荷物もあなたのですか）
>
> **哪些行李是你的？**Nǎxiē xíngli shì nǐ de?
> （どれとどの荷物があなたのですか）

上の最後の例文の"**哪些**"は疑問詞なので，文末に"**吗**"を置いてはいけません。

練習

（　）内の語を使って中国語に訳しなさい。

① 私は運転手です。（**司机** sījī）

② 彼は医者ですか。（**医生** yīshēng）

③ 彼女は看護婦ではありません。（**护士** hùshi）

④ 彼らはみなドイツ人です。（**德国人** Déguórén）

⑤ 彼女は李先生のお姉さんです。（**姐姐** jiějie）

⑥ これは英語の辞典です。（**英语** Yīngyǔ）

⑦ 私の父は高校の教師です。（**高中** gāozhōng）

⑧ この荷物は孫先生のものです。（**孙** Sūn）

⑨ あなたのノートはどれですか。（**本子** běnzi）

⑩ これらの本もすべて劉教授のものです。（**刘** Liú）

第3章 形容詞を用いる文

1、形容詞

中国語の形容詞は単独で述語になることができます。

你好！Nǐ hǎo!（こんにちは）
你早！Nǐ zǎo!（おはよう）

"你好！""你早！"は，もともとはそれぞれ「あなたは元気だ」「あなたは早い」という意味で，形容詞を述語として用いた文です。

形容詞を否定するときは，副詞"不"を形容詞の前に置きます。

我不忙。Wǒ bù máng.（私は忙しくありません）
这个不好。Zhège bù hǎo.（これはよくありません）

形容詞を用いる文で「これは……だ」「あれは……だ」と言う場合の主語には，"这""那"よりも"这个""那个"を使う方が一般的です。形容詞はものの性質を述べるものなので，主語としては「この1つ」「その1つ」のように指し示す意味合いの強い"这个""那个"の方が好まれるようです。

なお，"你好！"の"好"は「健康だ，元気だ」という意味ですが，"好"の最も基本的な意味は「よい」です。

文末に"吗"を置くと疑問文になります。

你忙吗？Nǐ máng ma?（あなたは忙しいですか）
这个好吗？Zhège hǎo ma?（これはいいですか）
你高兴吗？Nǐ gāoxìng ma?（あなたはうれしいですか）

肯定形と否定形を重ねても疑問文を作ることができます。この場合，否定形の部分は軽く発音します。

你忙不忙？Nǐ máng bu mang?（あなたは忙しいですか）
这个好不好？Zhège hǎo bu hao?（これはいいですか）

你高兴不高兴？Nǐ gāoxìng bu gaoxing?（あなたはうれしいですか）

上の最後の例文のように2音節の形容詞の場合には"**高不高兴？**"とすることも可能です。これは形容詞にかぎったことではなく，2音節の動詞や助動詞の場合にも可能です。

2、副詞 "很"

この章の1で，中国語の形容詞は単独で述語になることができると述べましたが，これは形容詞の文法的な本質について述べたもので，実際には"**你好！**""**你早！**"などの決まりきった言い方をのぞいて，主語の後ろに形容詞を置いただけではやや安定を欠いた文になってしまいます。

例えば，"**我忙**"とだけ言うと，「私は忙しいが，あなたは暇だ」のような言外の意味を含んでしまう可能性が高いのです。したがって，次のような文であれば，形容詞を単独で述語として使うことができます。

我忙，你不忙。Wǒ máng, nǐ bù máng.
（私は忙しいが，あなたは忙しくない）

这个好，那个不好。Zhège hǎo, nàge bù hǎo.
（これはよいが，あれはよくない）

なお，上の例文のように中国語ではひとまとまりの内容を表す場合には，コンマで2つ以上の文を結ぶことができます。

単に「私は忙しい」という意味を述べる場合には，普通は程度を表す副詞の力を借ります。その場合に最もよく使われる副詞は"**很 hěn**"です。

我很忙。Wǒ hěn máng.（私はとても忙しい）

这个很好。Zhège hěn hǎo.（これはとてもよい）

この"**很**"についても少々やっかいな問題があります。"**很**"は「とても」という意味で，上の日本語訳も「とても」としておきましたが，"**很**"を普通の強さで発音した場合にはそれほど強い意味をもちません。この傾向は形容詞が1音節の場合に特に顕著です。"**很**"は強く発音してはじめて「とても」

という意味をもちます。

3、程度を表す副詞

"很"以外の程度を表す副詞をいくつか覚えましょう。

他非常忙。Tā fēicháng máng.（彼は非常に忙しい）
她非常聪明。Tā fēicháng cōngming.（彼女は非常にかしこい）

"非常"は「非常に，とても」という意味の副詞です。

我最近比较忙。Wǒ zuìjìn bǐjiào máng.（私は最近わりと忙しい）
最近我比较忙。Zuìjìn wǒ bǐjiào máng.（最近私はわりと忙しい）

"比较"は「わりと，比較的」という意味の副詞です。「比較する」という動詞としての用法もあります。また，"最近"のように時を表す名詞は，日本語と同じようにそのまま述語の先頭や，文頭に置くことができます。

这个最好。Zhège zuì hǎo.（これが最もいい）
他最高。Tā zuì gāo.（彼がいちばん〔背が〕高い）

"最"は「最も，いちばん」という意味の副詞です。

我最近太忙了。Wǒ zuìjìn tài máng le.（私は最近忙しすぎる）
太好了！Tài hǎo le!（それはいい！）

"太"は「はなはだ，あまりに……すぎる」という意味の，非常に強い程度を表す副詞です。しばしば文末に"了"を伴い，"太……了"という形で用いられます。"了 le"は軽声ですから，"e"が日本語の「ア」のような発音になり，軽く「ラ」と発音します。第1章の6でも簡単にふれましたが，この"了"は語気助詞と呼ばれ，ここではきっぱりと言いきる語気を表しています。

她挺漂亮的。Tā tǐng piàoliang de.（彼女はとてもきれいだ）
这个挺好的。Zhège tǐng hǎo de.（これはとてもいい）

"挺"は「とても，たいへん」という意味の副詞です。しばしば文末に"的"を伴い，"挺……的"という形で使われます。この"的"についても第1章の6で簡単にふれましたが，上で述べた"了"と同様の語気助詞です。この"的"は確定の語気を表しています。「……の」という意味ではありません。

そのほか，よく使われる副詞として"真 zhēn"があります。"真"は「本当に，じつに」という意味です。

今天真热！Jīntiān zhēn rè!（今日は本当に暑い）
真冷！Zhēn lěng!（ああ寒い）
这个真好吃！Zhège zhēn hǎochī!（これは本当においしい）

上の最後の例文の"好吃"は，食べ物が「おいしい」という意味です。飲み物が「おいしい」場合には"好喝 hǎohē"と言います。"吃 chī"は「食べる」，"喝 hē"は「飲む」という意味だからです。

4、全否定と部分否定

程度を表す副詞は否定文で用いることもできます。

这个很不好。Zhège hěn bù hǎo.（これはとてもよくない）

この例文の"很"は「とても」という意味をもっています。"很"の後ろが1音節の形容詞ではないからです。"很不……"は「とても……でない」という意味を表します。これを全否定といいます。

それに対して，"不很……"とすると「あまり……ではない」という意味を表します。このような否定を部分否定といいます。

这个不很好。Zhège bù hěn hǎo.（これはあまりよくない）

しかし，部分否定の"不很……"は特に口語ではあまり使われず，普通は"不太……"が多用されます。また，"不太"のかわりに"不大 búdà"が使われることもあります。

他不太认真。Tā bú tài rènzhēn.（彼はあまりまじめではない）

交通不大方便。Jiāotōng búdà fāngbiàn.（交通はあまり便利ではない）

5、疑問詞 "怎么样"

ここで疑問詞 "怎么样 zěnmeyàng" を覚えましょう。"怎么样" は「どのようであるか」という意味で、状態や性質を尋ねる疑問詞です。答えとして一般に形容詞を求めます。"怎么样" は "怎样 zěnyàng" とも言います。

这个怎么样？Zhège zěnmeyàng?（これはどうですか）
身体怎么样？Shēntǐ zěnmeyàng?（体の調子はどうですか）
工作怎么样？Gōngzuò zěnmeyàng?（仕事はいかがですか）
你最近怎么样？Nǐ zuìjìn zěnmeyàng?（あなたは最近いかがですか）

"不怎么样" とすると疑問の意味はなくなり、「どうということはない、大したことはない」という意味を表します。

他的汉语水平不怎么样。Tā de Hànyǔ shuǐpíng bù zěnmeyàng.
　　　　　　　（彼の中国語のレベルは大したことはありません）

6、主述述語文

中国語で「私はおなかが痛い」のように「AはBが……だ」と言う場合には "A＋B＋形容詞" で表します。

我肚子疼。Wǒ dùzi téng.（私はおなかが痛い）
他工作忙。Tā gōngzuò máng.（彼は仕事が忙しい）

このような文は文法的に次のように分析されます。

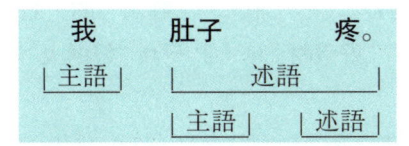

```
 我      肚子      疼。
|主語|  |    述語    |
        |主語| |述語|
```

上の図はまず"我肚子疼"という文全体の主語が"我"で，述語が"肚子疼"であることを示しています。そして述語"肚子疼"が，主語"肚子"と述語"疼"からなっています。

この"肚子疼"ように"主語＋述語"からなる述語を主述述語といい，主述述語を含んだ文を主述述語文といいます。

次の例は，さらに複雑になっていますがすべて主述述語文です。

我身体很好。Wǒ shēntǐ hěn hǎo.
（私は体の調子がとてもいい，私はとても健康です）
他个子非常高。Tā gèzi fēicháng gāo.（彼は背が非常に高い）
你最近工作忙吗？Nǐ zuìjìn gōngzuò máng ma?
（あなたは最近仕事が忙しいですか）

主述述語文の形容詞の前に置かれた"很"は「とても」という意味をもっています。

7、"形容詞 ＋ 的 ＋ 名詞"

他是好人。Tā shì hǎo rén.（彼はいい人です）
这是好教材。Zhè shì hǎo jiàocái.（これはいい教材です）

上の例文の"好人""好教材"はそれぞれ「いい人」「いい教材」という意味で，"形容詞＋名詞"となっています。日本語や英語の形容詞は自由に名詞を修飾できますが，実は中国語の場合はそれほど簡単ではありません。中国語では，上のように"形容詞＋名詞"で成立するものの方がむしろ例外的で，このようなものは１つずつ覚えていかなければなりません。

中国語で形容詞を名詞に修飾させる場合には，一般に"形容詞＋的＋名詞"という形をとります。さきほどの"好人""好教材"はそれぞれ"好的人""好的教材"としても成立します。

她是有名的演员。Tā shì yǒumíng de yǎnyuán.（彼女は有名な俳優です）
这是重要的问题。Zhè shì zhòngyào de wèntí.（これは重要な問題です）

第3章 形容詞を用いる文

上の形容詞"有名""重要"は"的"を伴って後ろの名詞を修飾しています。
形容詞の前に副詞を伴ったときも同様で，"副詞＋形容詞＋的＋名詞"となります。

> 她是很有名的演员。Tā shì hěn yǒumíng de yǎnyuán.
> （彼女はとても有名な俳優です）
>
> 这是最重要的问题。Zhè shì zuì zhòngyào de wèntí.
> （これは最も重要な問題です）

"很多 hěn duō""许多 xǔduō""不少 bùshǎo"など"的"を伴わずに名詞を修飾することができるものもあります。これらもやはり1つ1つ覚えていかなければなりません。

> 很多人　hěn duō rén（おおぜいの人）
> 许多问题　xǔduō wèntí（多くの問題）
> 不少东西　bùshǎo dōngxi（少なくない物）

しかし，これらも"的"を用いて"很多的人"などのように言うこともできるので，やはり一般的には"形容詞＋的＋名詞"と覚えておくのがいいでしょう。

📖 **練習**

（　）内の語を使って中国語に訳しなさい。

① あの人はとてもずるい。（**狡猾** jiǎohuá）

② 私は気分が悪い。（**舒服** shūfu）

③ あれははなはだ値段が安い。（**便宜** piányi）

④ これは本当にきれいだ！（**好看** hǎokàn）

⑤ 交通は確かにとても便利だ。（**确实** quèshí）

⑥ 気候はあまり暑くない。（**气候** qìhòu）

⑦ 私は頭が痛い。（**头疼** tóuténg）

⑧ 彼は背が低い。（**矮** ǎi）

⑨ 私は最近勉強がとても忙しい。（**学习** xuéxí）

⑩ これはとても高価な物です。（**贵** guì）

第4章 動詞を用いる文

1、動詞を用いる簡単な文

はじめに，動詞を用いる簡単な文の肯定形・否定形・疑問形を見ておきましょう。

他来。Tā lái.（彼は来ます）
他不来。Tā bù lái.（彼は来ません）
他来吗？Tā lái ma?（彼は来ますか）
他来不来？Tā lái bu lai?（同上）

次は副詞を伴った肯定文の例です。副詞は動詞の前に置きます。

他一定来。Tā yídìng lái.（彼はきっと来ます）
他经常来。Tā jīngcháng lái.（彼はよく来ます）
他大概来。Tā dàgài lái.（彼はたぶん来ます）
他也许来。Tā yěxǔ lái.（彼はもしかしたら来るかもしれません）

上の最初の例文の"**一定**"は「きっと，必ず」という意味の副詞です。2番目の例文の"**经常**"は「常に，よく，しょっちゅう」という意味の副詞です。単に"**常** cháng"，または"**常常** chángcháng"と言うこともあります。3番目の例文の"**大概**"は「たぶん」という意味の副詞です。最後の例文の"**也许**"は日本語に訳しにくい副詞ですが，「もしかしたら……かもしれない」という意味を表します。"他也许来"の下線部だけを見て，「彼も……」と勘違いしないように注意してください。

次は副詞を伴った否定文の例です。

他恐怕不来。Tā kǒngpà bù lái.（彼はおそらく来ないでしょう）
他不一定来。Tā bù yídìng lái.（彼は来るとはかぎりません）
他不经常来。Tā bù jīngcháng lái.（彼はよく来るわけではありません）

上の最初の例文の"**恐怕**"は「（よくないことを予測して）おそらく，たぶ

ん」という意味です。それに対して，さきほど出てきた"**大概**"は単なる推測を表します。2番目の例文の"**不一定……**"は「必ずしも……とはかぎらない」という意味で，部分否定を表します。最後の例文の"**不经常……**"は「しょっちゅう……するわけではない」という意味で，これも部分否定を表します。

2、"動詞＋目的語"

中国語の動詞の多くは目的語をとることができます。語順は"動詞＋目的語"です。

> **我看电视**。Wǒ kàn diànshì.（私はテレビを見ます）
> **我吃饺子**。Wǒ chī jiǎozi.（私はギョーザを食べます）
> **我喝啤酒**。Wǒ hē píjiǔ.（私はビールを飲みます）

次は疑問文・否定文の例です。

> **你看电视吗？**Nǐ kàn diànshì ma?（あなたはテレビを見ますか）
> **你吃什么？**Nǐ chī shénme?（あなたは何を食べますか）
> **我不喝酒**。Wǒ bù hē jiǔ.（私はお酒を飲みません）

中国語の目的語は「……を」と訳されるものだけではなく，「（誰々）に」と訳されるものもあります。

> **我给你**。Wǒ gěi nǐ.（私はあなたにあげます）
> **我教你**。Wǒ jiāo nǐ.（私はあなたに教えます）
> **我告诉你**。Wǒ gàosu nǐ.（私はあなたに告げます）

上の最初の例文の"**给**"は「与える」という意味の動詞です。2番目の例文の"**教**"は「教える」という意味の動詞で，"jiāo"と第1声で発音します。"**教**"の字は"**教授** jiàoshòu""**教室** jiàoshì"などの場合は第4声で発音します。最後の例文の"**告诉**"は「告げる」という意味の動詞です。

中国語の目的語は「（どこどこ）に，へ」と訳されるものを表すこともあり

ます。

> 我去中国。Wǒ qù Zhōngguó.（私は中国に行きます）
> 他来日本。Tā lái Rìběn.（彼は日本に来ます）
> 我上厕所。Wǒ shàng cèsuǒ.（私はトイレに行きます）

上の最初の例文の"去"は「行く」という意味の動詞です。最後の例文の"上"は本来は「上がる，のぼる」という意味ですが，そこから転じて「行く」という意味も表します。

3、疑問詞を用いる文

動詞を用いる文にしばしば使われる疑問詞をいくつか見ておきましょう。

> 她什么时候来？Tā shénme shíhou lái?（彼女はいつ来ますか）
> 你什么时候去中国？Nǐ shénme shíhou qù Zhōngguó?
> 　　　　　　　　　　（あなたはいつ中国に行きますか）

"什么"は「何の，どんな」という意味，"时候"は「時」という意味で，"什么时候"で「いつ」という意味になります。

> 她为什么去？Tā wèi shénme qù?（彼女はなぜ行くのですか）
> 你为什么学习汉语？Nǐ wèi shénme xuéxí Hànyǔ?
> 　　　　　　　　　　（あなたはなぜ中国語を学ぶのですか）

"为 wèi"は「……のために」という意味で，"为什么"で「なぜ，どうして」という意味になります。原因・理由を尋ねるときに用います。

> 怎么办？Zěnme bàn?（どうしよう）
> 这个字怎么念？Zhège zì zěnme niàn?（この字はどう読むのですか）

"怎么"は「どのように」という意味の疑問詞です。手段・方法を尋ねるときに用います。

"怎么"には「なぜ，どうして」という意味もあります。"怎么"のあとに否定形が続くときには，ほとんど「なぜ，どうして」という意味になります。

この場合は，上に挙げた"为什么"に置き換えることが可能です。

他怎么不来？ Tā zěnme bù lái?（彼はなぜ来ないのですか）
你怎么不吃饭？ Nǐ zěnme bù chīfàn?
（あなたはなぜご飯を食べないのですか）

「なぜ，どうして」という意味の"怎么"は，形容詞を用いた文で使われることもあります。

今天怎么这么热？ Jīntiān zěnme zhème rè?
（今日はどうしてこんなに暑いのだろう）
他怎么那么忙？ Tā zěnme nàme máng?
（彼はどうしてあんなに忙しいのだろう）

"这么""那么"はそれぞれ「こんなに」「そんなに，あんなに」という意味ですが，"怎么"を前に置くと「どうしてこんなに（そんなに，あんなに）……なのか」という意味を表します。

"怎么"が「どのように」なのか「なぜ，どうして」なのかを文脈で決めなければならない場合もあります。

你怎么撒谎？ Nǐ zěnme sāhuǎng?（あなたはなぜうそをつくのですか）

上の例文の"怎么撒谎"は「なぜうそをつくのか」という意味と，「どのようにうそをつくのか」という意味をもっていますが，常識的に考えれば「なぜ」という意味になります。

"怎么"の前に"不"を置いて"不怎么……"とすると，「あまり……ではない」という意味になります。この場合は，"不太……""不大……"などの部分否定とほぼ同じ意味になります。

今天不怎么冷。 Jīntiān bù zěnme lěng.（今日はあまり寒くない）

4、動詞"在"

「私はここにいる」「私の家は北京にある」など，「AはBにいる，ある」と

中国語で言う場合には，動詞 "在 zài" を用いて "A在B" で表します。日本語では「A」が人間や動物の場合には「Bにいる」，「A」が物の場合には「Bにある」と言い分けていますが，中国語ではどちらの場合も "A在B" です。

はじめに，「ここ」「そこ」など場所を表す代名詞を覚えましょう。

这儿 zhèr	这里 zhèli	（ここ）
那儿 nàr	那里 nàli	（そこ，あそこ）
哪儿 nǎr	哪里 nǎli	（どこ）

場所を表す代名詞には，"…儿" となるものと "…里" となるものの2系列がありますが，どちらも同じ意味です。なお，"哪里 nǎli" は第1章の2で説明したように "náli" と発音します。

"A在B" の "B" に場所を表す代名詞を用いた例文を挙げます。

我在这儿。Wǒ zài zhèr.（私はここにいます）
你家在哪儿？Nǐ jiā zài nǎr?（あなたの家はどこにありますか）
你的书包在哪里？Nǐ de shūbāo zài nǎli?
　　　　　　　　　　　　　　（あなたのカバンはどこにありますか）
我的行李在那里。Wǒ de xíngli zài nàli.（私の荷物はあそこにあります）

そのほか，動詞 "在" を用いた文をいくつか見ておきましょう。

李先生在家吗？Lǐ xiānsheng zài jiā ma?（李さんは家にいますか）
他在不在家？Tā zài bu zai jiā?（彼は家にいますか）
他不在家。Tā bú zài jiā.（彼は家にいません）
他不在家吗？Tā bú zài jiā ma?（彼は家にいませんか）

"在" の否定は "不在" です。上の最後の例文は否定疑問文です。

5、介詞

4で動詞 "在" を学びましたが，"在" が単に「（どこどこ）で」という意味を表す場合があります。このように動詞の意味が弱まった語を介詞といい

ます。前置詞と呼ぶこともあります。次の例文を見てください。

> 我在图书馆。Wǒ zài túshūguǎn.（私は図書館にいます）
> 我在图书馆学习。Wǒ zài túshūguǎn xuéxí.（私は図書館で勉強します）

上のはじめの例文の"**在**"は動詞です。あとの例文では，"**在图书馆**"の後ろに動詞"**学习**"が置かれていますが，この場合，"**在图书馆**"は単に「図書館<u>で</u>」という意味を表し，この"**在**"は介詞です。

介詞を用いる文では，"介詞＋名詞"を動詞の前に置くことに注意してください。

介詞"**在**"を用いた例文をいくつか見ておきましょう。

> 你在哪儿工作？Nǐ zài nǎr gōngzuò?（あなたはどこで働いていますか）
> 我在银行工作。Wǒ zài yínháng gōngzuò.（私は銀行で働いています）

"**工作**"には「仕事」という名詞の意味もありますが，上の例文の"**工作**"は「働く」という意味の動詞です。日本語訳では「働いて<u>います</u>」となっていますが，中国語では"**工作**"だけで「働いている」という意味も表します。

> 我在这儿等你。Wǒ zài zhèr děng nǐ.（私はここであなたを待ちます）
> 他在日本很有名。Tā zài Rìběn hěn yǒumíng.
> （彼は日本でとても有名です）

上のはじめの例文の"**等**"は「待つ」という意味の動詞で，後ろに目的語"**你**"をとっています。あとの例文の"**有名**"は動詞ではなく，形容詞です。

"**在**"以外の介詞で，よく使われるものをいくつか見ておきましょう。やはり，"介詞＋名詞"が動詞の前に置かれることに注意してください。

> 我给你打电话。Wǒ gěi nǐ dǎ diànhuà.（私はあなたに電話をかけます）
> 我经常给她写信。Wǒ jīngcháng gěi tā xiě xìn.
> （私はよく彼女に手紙を書きます）

"**给**"には「与える」という意味の動詞としての用法もありますが，ここでは「(誰々)に」という意味の介詞になっています。

第4章 動詞を用いる文

> 我从东京出发。Wǒ cóng Dōngjīng chūfā.（私は東京から出発します）
> 你从哪儿走？Nǐ cóng nǎr zǒu?（あなたはどこから出かけますか）

"从"は「(どこどこ)から」という意味の介詞です。上のあとの例文の"走"は「出かける，行く」という意味で，はじめの例文の"出发"とほぼ同じような意味です。なお，"走"には「歩く」という意味もあるので注意してください。

> 你到哪儿去？Nǐ dào nǎr qù?（あなたはどこに行くのですか）
> 他到日本来。Tā dào Rìběn lái.（彼は日本に来ます）

"到"は「(どこどこ)へ，に，まで」という意味の介詞です。この章の2で述べたように，「(どこどこ)に行く」「(どこどこ)に来る」は"去……""来……"で表すこともできますが，上の例文のように介詞"到"を使う表現も可能です。

"到"とほぼ同じ意味の介詞に"上 shàng"があります。

> 你上哪儿去？Nǐ shàng nǎr qù?（あなたはどこへ行くのですか）

"到""上"には「行く」という動詞としての用法もあるので，次のように言っても「どこへ行くのか」という意味を表します。

> 你到哪儿？Nǐ dào nǎr?（あなたはどこへ行くのですか）
> 你上哪儿？Nǐ shàng nǎr?（同上）

次の例文の"跟 gēn"は「(誰々)と」という意味の介詞です。

> 你跟谁一起去？Nǐ gēn shéi yìqǐ qù?（あなたは誰と一緒に行くのですか）
> 我跟哥哥一起去。Wǒ gēn gēge yìqǐ qù.（私は兄と一緒に行きます）

"跟……一起"で「(誰々)と一緒に」と覚えておくといいでしょう。

"跟"には「と」という意味の接続詞としての用法もあります。

> 我跟他是同班同学。Wǒ gēn tā shì tóngbān tóngxué.
> 　　　　　　　　　（私と彼はクラスメートです）

しかし、"跟"が接続詞として使われることは実際にはそれほど多くありません。

　"跟"とほとんど同じ意味をもつ語に"和 hé"がありますが、"和"は介詞としても、接続詞としてもよく使われます。上に挙げた3つの例文の"跟"はすべて"和"に置き換え可能です。

　"和"は介詞と接続詞の2通りの用法をもっているので、文法的にも次のような2通りの解釈が可能になる場合があります。

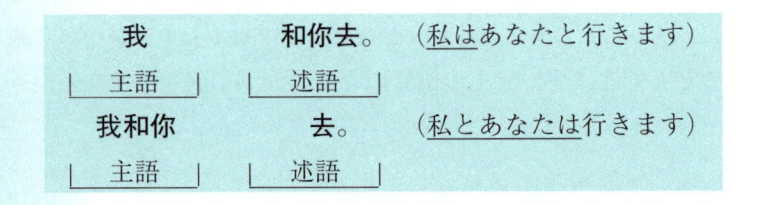

我	和你去。	（私はあなたと行きます）
主語	述語	
我和你	去。	（私とあなたは行きます）
主語	述語	

　上のはじめの例文の"和"は介詞で、あとの例文の"和"は接続詞です。日本語訳の下線部が主語の訳になります。どちらの意味なのかは文脈で決めなければなりません。

　"跟""和"は「(何々)と」という意味になるときもあります。
　　我的意见跟你的意见一样。Wǒ de yìjian gēn nǐ de yìjian yíyàng.
　　　　　　　　　　　　　　（私の意見はあなたの意見と同じです）
　上の例文の"一样"は動詞ではなく、「同じだ」という意味の形容詞です。この例文は次のように言ってもほぼ同じ意味を表します。
　　我的意见跟你一样。Wǒ de yìjian gēn nǐ yíyàng.
　　　　　　　　　　　　　　（私の意見はあなたと同じです）
　理屈から言えば、"我的意见"と"你"を比べることはできませんが、日本語と同様に中国語でもこのような表現が可能です。

第4章 動詞を用いる文

"介詞＋名詞"は動詞の前に置くと述べましたが，"在＋名詞"は動詞の後ろに置かれることもあります。

我住在上海。 Wǒ zhùzài Shànghǎi.（私は上海に住んでいます）
请放在这儿。 Qǐng fàngzài zhèr.（ここに置いてください）

どういう場合に"在＋名詞"を動詞の後ろに置くかについては，日本語訳で覚えておくといいでしょう。一般に「（どこどこ）で」ではなく，「（どこどこ）に」という日本語訳になる場合は，"在＋名詞"を動詞の後ろに置きます。上の例文の日本語訳も「上海に」「ここに」となっています。

なお，中国語の"住"には「住む」という意味のほか，「泊まる」という意味もあります。

📖 **練習**

（　）内の語を使って中国語に訳しなさい。

① 彼は知っているとはかぎりません。（**知道** zhīdao）

② あなたはよく中国料理を食べますか。（**中国菜** Zhōngguócài）

③ あなたはなぜロシア語を学ぶのですか。（**俄语** Éyǔ）

④ あなたの実家はどこにありますか。（**老家** lǎojiā）

⑤ 夜私は家にいます。（**晚上** wǎnshang）

⑥ わたしはずっとここで働いています。（**一直** yìzhí）

⑦ わたしはあなたに紹介します。（**介绍** jièshào）

⑧ 私は弟と一緒に中国に行きます。（**弟弟** dìdi）

⑨ 彼女はホテルに泊まっています。（**饭店** fàndiàn）

⑩ 私はこれとあれがほしいです。（**要** yào）

第5章 "有"を用いる文

1、数詞と量詞

　この章では「机の上に1冊の本がある」といった文を学びますが，はじめに「1冊の本」などの言い方について覚えましょう。

　まず，「1」から「10」までの数字です。数を表す語を数詞といいます。

　　一 yī　　二 èr　　三 sān　　四 sì　　五 wǔ
　　六 liù　　七 qī　　八 bā　　九 jiǔ　　十 shí

「11」以上は上の数詞を組合せて作ります。これで「99」まで数えられます。

　　十一 shíyī　　　十二 shí'èr　　　九十九 jiǔshíjiǔ

　"十二 shí'èr"のピンインに使われている" ' "は隔音記号と呼ばれるもので，後ろの音節のピンインが"a""o""e"で始まる場合に，前の音節との切れ目をはっきりさせるために用いられます。また，"九十九"などの真ん中にはさまれた"十"は，実際には少し軽く発音されます。

　「1冊の本」の「冊」に相当する語が中国語にもあり，品詞名を量詞といいます。助数詞と呼ぶこともあります。「冊」は中国語では"本 běn"と言い，その前に数詞"一 yī"を置くと，「1冊」という意味になります。

　　一本 yì běn（1冊）

　ここで"一 yī"の変調に気をつけてください。"一 yī"はもともと第1声ですが，あとに第1声または第2声または第3声が続くと第4声に変調します。また，あとに第4声が続くと第2声に変調します。

一 yī	+	ー / ∨	→	一 yì	+	ー / ∨
一 yī	+	＼	→	一 yí	+	＼

本書では，"一"の声調については変調後の声調で表しますので，表記してあるとおりに発音してください。

ただし，"一"の変調には例外があって，"一"が「1番目」という意味で使われるときには変調しません。

> 第一课　dì-yī kè（第1課）
> 一月一号　yīyuè yī hào（1月1日）

"第一课"は「1番目の課」という意味です。"一月"は「1番目の月」，"一号"は「1番目の日」という意味です。これらの"一"は変調しません。

「1冊の本」と言うときには，"一本"の後ろに"书 shū"（本）を置いて"一本书"とします。語順は"数詞＋量詞＋名詞"です。日本語では「1冊の本」のように「の」が必要ですが，中国語では"的"は不要です。

"一＋量詞＋名詞"の例をいくつか挙げます。どの名詞にどの量詞を用いるかは，1つ1つ覚えなければなりません。"一"の変調にも気をつけてください。

> 一张纸　yì zhāng zhǐ（1枚の紙）
> 一枝钢笔　yì zhī gāngbǐ（1本のペン）
> 一棵树　yì kē shù（1本の木）

上の量詞はすべて第1声なので，"一"は第4声"yì"に変調します。

"张"は平らな面をもったものを数える量詞です。紙のほか，"桌子 zhuōzi"（机，テーブル）や"床 chuáng"（ベッド）も数えます。机やベッドは主に使用する部分が平らな面になっています。"枝"は棒状になったものを数える量詞です。"一枝烟 yì zhī yān"（1本のタバコ）のようにタバコも数えます。なお，「1箱のタバコ」は"一盒儿烟 yì hér yān"と言います。"棵"は植物を数える量詞で，"一棵白菜 yì kē báicài"（1株の白菜）のようにも使います。

> 一条河　yì tiáo hé（1本の川）
> 一头牛　yì tóu niú（1頭の牛）

第5章 "有"を用いる文

　　一瓶汽水　yì píng qìshuǐ（1本のサイダー）

上の量詞はすべて第2声なので、"一"は第4声"yì"に変調します。

　"条"は細くて長いものを数える量詞です。川のほか、"**蛇** shé"（蛇）や"**鱼** yú"（魚）も数えます。

　　一本书　yì běn shū（1冊の本）
　　一朵花　yì duǒ huā（1輪の花）
　　一顶帽子　yì dǐng màozi（1つの帽子）

上の量詞はすべて第3声なので、"一"は第4声"yì"に変調します。

　　一座山　yí zuò shān（1つの山）
　　一件衣服　yí jiàn yīfu（1着の服）
　　一块肉　yí kuài ròu（1塊の肉）

上の量詞はすべて第4声なので、"一"は第2声"yí"に変調します。

　"座"は山や建造物などどっしりとしたものを数える量詞です。"**塔** tǎ"（塔）や"**桥** qiáo"（橋）も数えます。"件"は衣服のほか、"**一件事** yí jiàn shì"（ある事）のように事柄も数えます。

　量詞のなかで最も広く使われるのは"**个** ge"です。"个"の声調は第4声なので"一个"の"一"は第2声"yí"に変調しますが、実際には"个"はほとんど軽声で発音されます。本書では"个"のピンインは軽声"ge"で表すことにします。

　　一个苹果　yí ge píngguǒ（1つのりんご）
　　一个学生　yí ge xuésheng（1人の学生）

　"个"は物のほか、人を数えるときにも使われます。

　「2冊の本」などと言うときには、"二"ではなく"**两** liǎng"を使います。"二"は「2番目」、"两"は「ふたつ」という意味です。

　　第二课　dì-èr kè（第2課）

二月二号　èryuè èr hào（2月2日）
两本书　liǎng běn shū（2冊の本）
两匹马　liǎng pǐ mǎ（2頭の馬）
两只猫　liǎng zhī māo（2匹の猫）

中国語では"牛"は"头"で数え，"马"は"匹"で数えます。上の最後の"只"は広く動物・鳥を数える量詞です。

「3冊の本」「4杯のお茶」など「3つ」以上の場合は，この章のはじめに挙げた数詞をそのまま使います。

三本书　sān běn shū（3冊の本）
四杯茶　sì bēi chá（4杯のお茶）
五辆汽车　wǔ liàng qìchē（5台の自動車）
六片面包　liù piàn miànbāo（6切れのパン）
七根头发　qī gēn tóufa（7本の髪の毛）
八架机器　bā jià jīqì（8台の機械）
九间屋子　jiǔ jiān wūzi（9つの部屋）
十位客人　shí wèi kèren（10人の客）

上で"一"の変調について説明しましたが，これは"一"の場合だけで，"十一""二十一"などの"一"は変調しません。

十一本杂志　shíyī běn zázhì（11冊の雑誌）
二十一个橘子　èrshíyī ge júzi（21個のみかん）

「この本」「その靴」「どの鍵」などと言う場合にも一般に量詞を用いて，"指示代名詞＋量詞＋名詞"とします。ただし，量詞が省略される場合もあります。

这本书　zhè běn shū（この本）
那双鞋　nà shuāng xié（その靴）
哪把钥匙？ nǎ bǎ yàoshi?（どの鍵）

例えば，上の最初の"这本书"は"这一本书"と言うこともあり，「この1

冊の本 → この本」という意味です。他の例でも同様です。

　２番目の例に使われている"**双**"は，対になったものを数える量詞で，"**筷子 kuàizi**"（箸）なども数えます。最後の例に使われている"**把**"は，握って使うものを数える量詞で，"**刀子 dāozi**"（ナイフ）や"**伞 sǎn**"（傘）なども数えます。また，"**椅子 yǐzi**"（椅子）も"**一把椅子**""**这把椅子**"のように"**把**"で数えます。椅子は座るために手前に引くときなどに，背もたれの部分を握るからです。

2、動詞"有"（1）

"**有 yǒu**"は「持っている」という意味の動詞です。

> 我有日汉词典。Wǒ yǒu Rì-Hàn cídiǎn.（私は日中辞典を持っています）
> 我有自己的房间。Wǒ yǒu zìjǐ de fángjiān.
> 　　　　　　　　　　（私は自分の部屋を持っています）

"**有**"の否定形は"×**不有**"ではなく，"**没有 méiyǒu**"です。"**没有**"は単に"**没 méi**"とだけ言うこともあります。

> 我没有日汉词典。Wǒ méiyǒu Rì-Hàn cídiǎn.
> 　　　　　　　　　　（私は日中辞典を持っていません）
> 我没自己的房间。Wǒ méi zìjǐ de fángjiān.
> 　　　　　　　　　　（私は自分の部屋を持っていません）

疑問文には次の３通りがあります。

> 你有词典吗？Nǐ yǒu cídiǎn ma?（あなたは辞典を持っていますか）
> 你有没有词典？Nǐ yǒu meiyou cídiǎn?（同上）
> 你有词典没有？Nǐ yǒu cídiǎn meiyou?（同上）

"**有**""**没有**"を用いた例文をいくつか挙げます。

> 我有一个姐姐。Wǒ yǒu yí ge jiějie.（私には姉が１人います）
> 你现在有时间吗？Nǐ xiànzài yǒu shíjiān ma?

（あなたは今時間がありますか）
我没有钱。Wǒ méiyǒu qián.（私はお金がありません）

上の例文の訳は「持っている」になっていませんが，"有""没有"の用法としてはさきほど説明したものと同じです。

3、動詞"有"（2）

「机の上に1冊の本がある」のように，「A（どこどこ）にB（何々）がある」と言う場合にも"有"を使い，"A有B"で表します。普通"A"には場所を表す語が入ります。「机の<u>上に</u>」の「に」にあたる語は，中国語では不要です。"B"には日本語で「……<u>が</u>」と訳される語が入りますが，これを主語と考えてはいけません。"B"は動詞"有"の後ろにあるので目的語です。

桌子上有一本书。Zhuōzi shàng yǒu yì běn shū.
（机の上に1冊の本があります）
书架上有很多书。Shūjià shàng yǒu hěn duō shū.
（本棚にたくさんの本があります）

"A"の後ろに"上"をつけると「Aの上」という意味になります。

上の"A有B"は「A（どこどこ）にB（何々）がある」と訳しましたが，"B"に人を表す語が入る場合には，「A（どこどこ）にB（誰々）がいる」となります。

我们班里有两个留学生。Wǒmen bān li yǒu liǎng ge liúxuéshēng.
（私たちのクラスに2人の留学生がいます）
我家里有五口人。Wǒ jiā li yǒu wǔ kǒu rén.（我が家は5人家族です）
我家里有父母、一个哥哥和我。Wǒ jiā li yǒu fùmǔ、yí ge gēge hé wǒ.
（我が家には両親，1人の兄と私がいます）

"A"の後ろに"里"をつけると「Aの中」という意味になります。しかし，「中」という強い意味を表すのではなく，単に"里"の前の"A"が場所であることを示しているだけです。上の例文の"我们班""我家"は，"里"をつけなくても場所を表す語だということが明らかですから，"里"は省略可能で

す。また，2番目の例文の"口"は家族の人数を数える量詞です。なお，"口"は"猪 zhū"（ぶた）を数えるときにも使います。

「中」という意味の"里"は，国名・地名にはつけません。
中国有许多有名的山。Zhōngguó yǒu xǔduō yǒumíng de shān.
（中国には多くの有名な山があります）
北京有很多名胜古迹。Běijīng yǒu hěn duō míngshèng gǔjì.
（北京には多くの名所旧跡があります）

"A"には時を表す語が入るときもあります。
今天有四节课。Jīntiān yǒu sì jié kè.（今日は4コマの授業があります）
明天晚上有联欢会。Míngtiān wǎnshang yǒu liánhuānhuì.
（明日の夜交歓会があります）

「明日の夜」などと言う場合，中国語では"的"は不要です。

4、"在"と"有"

第4章の4で，「（どこどこに）いる，ある」という意味の動詞"在"を学びました。"……在＋場所"は「……はどこどこにいる，ある」という意味で，主語の所在場所を述べる言い方です。それに対して"場所＋有……"は「どこどこに……がいる，ある」という意味で，ある場所に何が存在しているかを述べる言い方です。"場所＋有……"は存在文と呼ぶこともあります。

例えば，「机の上に1冊の本がある」はこの章の3で述べたように，"**桌子上有一本书**"と言います。"×一本书在桌子上"は間違いです。

しかし，次の文は成立します。
那本书在桌子上。Nà běn shū zài zhuōzi shàng.
（あの本は机の上にあります）

この例文は，"那本书"の所在場所を述べた文です。"那本书"は"那本"（あの）という修飾語からわかるように特定の本です。"在"を用いる文の主語は往々にして特定のものです。

次の例文の"书"には"那本"がついていませんが,「あの本」とか「あなたがさがしている本」などの意味を含んでいて,これも意味的に特定のものだから文として成立します。

> 书在桌子上。Shū zài zhuōzi shàng.（本は机の上にあります）

5、疑問詞 "几" "多少"

ここでは数を尋ねる疑問詞を2つ学びます。

「あなたの家は何人家族ですか」という問いに対して「40人です」などという答えが返ってくることは普通ありえません。中国語ではこのように数が少ないと予想される場合には,疑問詞 "几 jǐ"（いくつ）を使って尋ねます。

> 你家有几口人？Nǐ jiā yǒu jǐ kǒu rén?（あなたの家は何人家族ですか）
> 你有几个孩子？Nǐ yǒu jǐ ge háizi?（あなたには何人の子供がいますか）

それに対して,数が多いと予想される場合には,疑問詞 "多少 duōshao"（いくつ）を使って尋ねます。

> 你们学校有多少个学生？Nǐmen xuéxiào yǒu duōshao ge xuésheng?
> 　　　　　　　　　　　（あなたたちの学校には何人の学生がいますか）
> 图书馆里有多少本书？Túshūguǎn li yǒu duōshao běn shū?
> 　　　　　　　　　　　（図書館には何冊の本がありますか）

"多少"を用いた場合には,量詞が省略可能です。上の2つの例文の量詞 "个" と "本" は省略してもかまいません。

なお,"图书馆里 túshūguǎn li" は "túshūguán li" と発音します。これは "里" がもともと第3声 "lǐ" なので,"-guǎn lǐ → -guán lǐ" と変調したあとで,"里" が軽声化したためです。"哪里 nǎli" を "náli" と発音するのと同様の理由です。このように第3声のあとに "里" が続く場合には変調に気をつけてください。

第5章 "有"を用いる文

📖 **練習**

（　）内の語や語句を使って中国語に訳しなさい。

① 私はりんごを10個買います。（**买** mǎi）

② その鉛筆は誰のですか。（**铅笔** qiānbǐ）

③ 彼には1人の息子がいます。（**儿子** érzi）

④ 私には2人の娘がいます。（**女儿** nǚ'ér）

⑤ あなたには兄弟姉妹がいますか。（**兄弟姐妹** xiōngdì jiěmèi）

⑥ あそこに1匹の犬と2匹の猫がいます。（**狗** gǒu）

⑦ 机の上に1通の手紙があります。（**封** fēng）

⑧ あの本は引き出しの中にあります。（**抽屉** chōuti）

⑨ あなたはコーヒーを何杯飲みますか。（**咖啡** kāfēi）

⑩ 中国にはどれだけの人口がいますか。（**人口** rénkǒu）

第6章 年月日・曜日・時刻など

1、年月日の言い方

　中国語で「1911年」「2001年」など4ケタの年号を言う場合には，次のように数字を1つずつ読みます。

　　一九一一年　yī jiǔ yī yī nián（1911年）
　　二〇〇一年　èr líng líng yī nián（2001年）

　第5章の1で"一"の変調について説明しましたが，4ケタの年号を言う場合のように数字を1つずつ読む場合には，"一"は変調しません。

　「1月」「2月」……「12月」の言い方は次のとおりです。

　　一月　yīyuè（1月）　　二月　èryuè（2月）　　十二月　shí'èryuè（12月）

　"一月"の"一"は「1番目」という意味なので変調しません。

　「先月」「今月」「来月」はそれぞれ次のように言います。

　　上个月　shàng ge yuè（先月）
　　这个月　zhège yuè（今月）
　　下个月　xià ge yuè（来月）

　"个"を省略することもあります。"上""下"には「前〔の〕」「あと〔の〕」という意味があることを覚えておいてください。

　「1日」「2日」……「31日」の言い方は次のとおりです。

　　一号　yī hào（1日）　　　　二号　èr hào（2日）
　　三十一号　sānshíyī hào（31日）

　"一号"の"一"は「1番目」という意味なので変調しません。また，"三十一号"の"一"も変調しません。同様に，"十一号 shíyī hào""二十一号 èrshíyī hào"の"一"も変調しません。

"号"のかわりに"日 rì"を使うこともありますが，"号"は話しことば，"日"は書きことばです。

2、曜日の言い方

「週」という意味の語 "星期 xīngqī" の後ろに "一" から "六" をつけると，それぞれ「月曜日」から「土曜日」の意味になります。

星期一　xīngqīyī（月曜日）
星期二　xīngqī'èr（火曜日）
星期三　xīngqīsān（水曜日）
星期四　xīngqīsì（木曜日）
星期五　xīngqīwǔ（金曜日）
星期六　xīngqīliù（土曜日）

「日曜日」だけは数字を使わずに次のように言います。

星期天　xīngqītiān（日曜日）　　または　　星期日　xīngqīrì（日曜日）

"星期"のかわりに"礼拜 lǐbài"を使って，"礼拜一 lǐbàiyī"（月曜日）"礼拜二 lǐbài'èr"（火曜日）……のように言うこともあります。

「先週」「今週」「来週」はそれぞれ次のように言います。

上个星期　shàng ge xīngqī（先週）
这个星期　zhège xīngqī（今週）
下个星期　xià ge xīngqī（来週）

"个"を省略することもあります。「先週の木曜日」は "上〔个〕星期四" のように言います。

3、時刻の言い方

「1時」「2時」……「12時」の言い方は次のとおりです。

一点　yì diǎn（1時）　　　　両点　liǎng diǎn（2時）
十二点　shí'èr diǎn（12時）

"……点"の後ろに"钟 zhōng"をつけて，"一点钟"のように言うこともあります。

"一月""一号"の"一"は「1番目」という意味なので変調しません。しかし，"一点〔钟〕"の"一"は"yì"に変調します。昔の中国では鐘をついて時刻を知らせていましたが，"一点钟"のもともとの意味は「1つきの鐘」という意味だからです。"一点钟"は，もともと"一本书"と同様の"数詞＋量詞＋名詞"構造です。しかし，実際には"一点〔钟〕"の"一"を第1声"yī"で発音する中国人もいます。

「2時」の"两点〔钟〕"のもともとの意味は「2つきの鐘」です。したがって，"×二点〔钟〕"とは言いません。第5章の1で述べたように"二"は「2番目」，"两"は「ふたつ」という意味です。

次に，「何時何分」の言い方を覚えましょう。「何時何分」と言う場合は，どこにも"钟"を加えることはできません。

（3：01）　三点零一分　sān diǎn líng yī fēn
（3：02）　三点零二分　sān diǎn líng èr fēn
（3：05）　三点零五分　sān diǎn líng wǔ fēn

「1分」「2分」「5分」など「10分」未満の場合には"……点"と「何分」の間に"零"を入れることがありますが，必ず入れるというわけではありません。したがって，「3時5分」ならば"三点五分"と言ってもかまいません。また，"零"のかわりに"过 guò"を入れることもあります。

"十分"の場合には"零"を入れる人もいますが，入れると不自然だと言う人もいます。なお，"零"はこの章の1に出てきた"〇"と同じ発音で同じ意味ですが，"一九九〇年"のように数字を羅列するときには"〇"が用いられ，その他の場合には"零"が用いられます。

"一分"は普通"yī fēn"と発音しますが，"yì fēn"と発音する人もいます。「2分」は"二分"と言い，普通"×两分"とは言いません。

（3：15）　三点十五分　sān diǎn shíwǔ fēn

第6章 年月日・曜日・時刻など

三点一刻　sān diǎn yí kè

「3時15分」は"三点十五分"ですが，"分"を省略して"三点十五"と言うこともあります。「15分」以上で「20分」「25分」……など区切りのいい時刻では"分"を省略することがあります。

"十五分"を"一刻"と言うこともあります。"刻"は英語"quarter"の音訳語と言われています。

（3：30）　三点三十分　sān diǎn sānshí fēn
　　　　　三点半　sān diǎn bàn
（3：45）　三点四十五分　sān diǎn sìshíwǔ fēn
　　　　　三点三刻　sān diǎn sān kè

"三十分"は"半"とも言います。これは日本語と同じです。"一刻"は"十五分"ですから，"三刻"は"四十五分"になります。しかし，この"三刻"を使わない人もいます。なお，"半"を"×両刻"とは言いません。

日本語で「3時55分」を「4時5分前」と言うことがありますが，それに相当する中国語の言い方を覚えましょう。

（3：55）　差五分四点　chà wǔ fēn sì diǎn

"差"は「欠ける，足りない」という意味の動詞で，"差五分"で「5分足りない」という意味になります。"差五分四点"は「5分足りなくて4時」，すなわち「4時5分前」という意味です。"差五分"と"四点"の語順に注意しなければならないのですが，まれに"四点差五分"と言う中国人もいます。なお，「3時55分」は，もちろん"三点五十五分"と言ってもかまいません。

"差"を使えば，「3時45分」は次のように言うこともできます。

（3：45）　差十五分四点　chà shíwǔ fēn sì diǎn
　　　　　差一刻四点　chà yí kè sì diǎn

「秒」については日常生活で使う機会はあまり多くありませんが，「1時1

分1秒」「1時1分2秒」など時刻としての「1秒」「2秒」は"**一秒** yī miǎo""**二秒**"と言います。

4、"是"を用いない文

第2章で"A是B"（AはBだ）という文を学びましたが，"B"に年月日・曜日・時刻が入る場合には一般に"**是**"を用いません。

今年二〇〇五年吗？ Jīnnián èr líng líng wǔ nián ma?
（今年は2005年ですか）
今天六月九号。 Jīntiān liùyuè jiǔ hào.（今日は6月9日です）
明天星期四吗？ Míngtiān xīngqīsì ma?（明日は木曜日ですか）
现在五点。 Xiànzài wǔ diǎn.（今5時です）

しかし，否定文の場合には"**不是**"を用いなければなりません。
今天不是六月九号。 Jīntiān bú shì liùyuè jiǔ hào.
（今日は6月9日ではありません）
明天不是星期四。 Míngtiān bú shì xīngqīsì.
（明日は木曜日ではありません）

年月日・曜日・時刻を尋ねるときには尋ねたい数字の部分に，数を尋ねる疑問詞"**几** jǐ"を置きます。中国語では，日曜日を除く曜日にも数字が含まれています。

今年二〇〇几年？ Jīnnián èr líng líng jǐ nián?
（今年は2千なん年ですか）
今天几月几号？ Jīntiān jǐyuè jǐ hào?（今日は何月何日ですか）
明天星期几？ Míngtiān xīngqījǐ?（明日は何曜日ですか）
现在几点？ Xiànzài jǐ diǎn?（今何時ですか）

これらの文でも，やはり動詞"**是**"を用いないことに気をつけてください。"**几**"は数が少ないと予想されるときに使う疑問詞です。上の例では"**几号**"以外は「12」までの小さな数字が入ります。"**几号**"に対しては答えとして"三

"十一号"までありますが，これは例外と考えてください。

5、「7日に」「6時に」など

日本語では「7日に行く」「6時に出発する」のように言いますが，中国語の年月日・曜日・時刻を表す語は，そのまま動詞の前に置けば副詞的に使うことができ，日本語の「に」にあたる語は不要です。

> 我七号走。Wǒ qī hào zǒu.（私は7日に行きます）
> 我们六点出发。Wǒmen liù diǎn chūfā.（私たちは6時に出発します）
> 我十一点左右睡觉。Wǒ shíyī diǎn zuǒyòu shuìjiào.
> （私は11時ぐらいに寝ます）

上の最後の例文の"左右"は「……ぐらい」という意味です。

疑問詞"几"を使った場合も同様です。

> 他几月几号来？Tā jǐyuè jǐ hào lái?（彼は何月何日に来ますか）
> 你星期几开会？Nǐ xīngqījǐ kāihuì?
> （あなたは何曜日に会議がありますか）
> 你几点上课？Nǐ jǐ diǎn shàngkè?（あなたは何時に授業が始まりますか）

6、時の量の表し方

ここでは，「1年間」「1ヶ月」など時の量の表し方を見ます。

「1年間」「2年間」……は次のように言います。

> 一年 yì nián（1年間）　　　两年 liǎng nián（2年間）

"一年"の"一"は「ひとつ」という意味なので変調します。また，「2年間」の「2」は「ふたつ」という意味なので，中国語では"两"を使います。「3年間」「4年間」……は"三年""四年"……のように言います。以上のことは，次に述べる「1ヶ月」「1日間」などの言い方でも同様です。

「1ヶ月」「2ヶ月」……は次のように言います。

一个月 yí ge yuè（1ヶ月）　　　**两个月** liǎng ge yuè（2ヶ月）

日本語でも「1ヶ月」「2ヶ月」のように「ヶ」を使いますが，中国語でも量詞 **"个"** が必要です。

「1日間」「2日間」……は次のように言います。

一天 yì tiān（1日間）　　**两天** liǎng tiān（2日間）

この場合，量詞 **"个"** は不要です。**"年""天"** の場合，量詞 **"个"** は不要ですが，このことから **"年""天"** が量詞と名詞の両方の働きを兼ねそなえていることがわかります。**"月"** の場合は量詞 **"个"** が必要ですから，**"月"** は名詞としての働きしかもっていないことがわかります。

「1週間」「2週間」……は次のように言います。

一个星期 yí ge xīngqī（1週間）　　**两个星期** liǎng ge xīngqī（2週間）

この場合は，量詞 **"个"** を省略して **"一星期 yì xīngqī""两星期"** のように言うこともあります。また，**"星期"** のかわりに **"礼拜"** を使うこともあります。

「1週間」「2週間」……は次のように言うこともあります。

一周 yì zhōu（1週間）　　**两周** liǎng zhōu（2週間）

"周" を用いた場合は，量詞 **"个"** を使いません。

「1時間」「2時間」……は次のように言います。

一个小时 yí ge xiǎoshí（1時間）　　**两个小时** liǎng ge xiǎoshí（2時間）

一个钟头 yí ge zhōngtóu（1時間）　　**两个钟头** liǎng ge zhōngtóu（2時間）

"小时""钟头" はともに「60分間」としての「時間」という意味ですが，ここではやや難しい問題があります。**"小时"** を用いた場合は量詞 **"个"** を省略して **"一小时 yì xiǎoshí""两小时"** と言うことができますが，**"钟头"** を用いた場合には必ず量詞 **"个"** が必要です。

第6章 年月日・曜日・時刻など

「1分間」「2分間」……は次のように言います。

一分钟 yì fēn zhōng（1分間）　　**两分钟** liǎng fēn zhōng（2分間）
十五分钟 shíwǔ fēn zhōng（15分間）

"**钟**"をつけない場合もまれにありますが，一般には"**……分钟**"の形にします。「15分間」は"**一刻钟**"とも言います。

「1秒間」「2秒間」……は，"**一秒钟** yì miǎo zhōng""**两秒钟**"……のように言います。

「1時間半」「1時間あまり」はそれぞれ次のように言います。

一个半小时 yí ge bàn xiǎoshí（1時間半）
一个多小时 yí ge duō xiǎoshí（1時間あまり）

「1時間半」は中国語では「1個半の時間」のように言います。日本語につられて"×**一个小时半**"としてはいけません。

同様に，「1時間あまり」も「1個と多めの時間」のように言います。"**多**"を置く位置に気をつけてください。"×**一个小时多**"は間違いです。

「何年間？」と尋ねる場合には次のように言います。

几年？ Jǐ nián?（何年間？）
多少年？ Duōshao nián?（同上）

答えとして予想される数が小さいときには"**几**"を用い，予想される数が大きい場合は"**多少**"を用います。

「何ヶ月？」「何週間？」と尋ねる場合には，普通"**几**"を用いて次のように言います。

几个月？ Jǐ ge yuè?（何ヶ月？）
几个星期？ Jǐ ge xīngqī?（何週間？）

"**几个星期**"の"**个**"は省略可能です。

「何日間？」「何時間？」「何分間？」と尋ねる場合は"**几**"を用いるものと，

"**多少**"を用いるものの2通りがあります。答えとして予想される数が小さい場合には"**几**"を用い，予想される数が大きい場合には"**多少**"を用います。

一个星期有几天？ Yí ge xīngqī yǒu jǐ tiān?（1週間は何日ありますか）
一年有多少天？ Yì nián yǒu duōshao tiān?（1年間は何日ありますか）
还有几个小时？ Hái yǒu jǐ ge xiǎoshí?（あと何時間ありますか）
一天有多少个钟头？ Yì tiān yǒu duōshao ge zhōngtóu?
（1日は何時間ありますか）
还有几分钟？ Hái yǒu jǐ fēn zhōng?（あと何分間ありますか）
一节课有多少分钟？ Yì jié kè yǒu duōshao fēn zhōng?
（1コマの授業は何分間ありますか）

上の最初の例文の"**一个星期**"の"**个**"は省略可能です。3番目の例文の"**几个小时**"の"**个**"も省略可能です。4番目の例文の"**多少个钟头**"の"**个**"は省略可能です。さきほど"**钟头**"は量詞"**个**"を必要とすると述べましたが，疑問詞"**多少**"を使った場合には量詞が省略可能だからです。

時の量を表すことばは，動詞の前に置いて副詞的に使うこともあります。

我一个星期上十节课。 Wǒ yí ge xīngqī shàng shí jié kè.
（私は1週間に10コマの授業に出ます）
你一天学习几个小时？ Nǐ yì tiān xuéxí jǐ ge xiǎoshí?
（あなたは1日に何時間勉強しますか）

上のはじめの例文では，"**一个星期**"が動詞"**上**"の前に置かれて「1週間に（つき）」という意味になっています。また，あとの例文の"**一天**"は，動詞"**学习**"の前に置かれて「1日に（つき）」という意味になっています。"**几个小时**"も時の量を表すことばですが，これは"**学习**"の目的語です。

7、年齢の言い方と尋ね方

「1歳」「2歳」「3歳」……は，中国語では"**一岁** yí suì""**两岁**""**三岁**"……と言います。「11歳」以上では"**岁**"を省略することがあります。日本語

でも「×娘は今年10です」は成立しませんが，「娘は今年11です」や「母は来年70になります」は成立します。

「私は19歳です」など年齢を言うときにも"是"を用いません。

> 我十九岁。Wǒ shíjiǔ suì.（私は19歳です）

相手の年齢を尋ねるときには次のように言います。

> 你多大年纪？Nǐ duō dà niánjì?（あなたはなん歳ですか）

"多"には「どのくらい」という意味があり，"大"には「大きい」という意味のほかに「年をとっている」という意味があるので，"多大？"で「どのくらい年をとっている」という意味になります。"年纪"は「年齢」という意味です。「年齢」という意味の別の語"岁数 suìshu"を使って，"你多大岁数？"と言うこともあります。

同世代の相手であれば，単に"你多大？"と言って尋ねることもあります。

小さな子供に対しては次のように尋ねます。

> 你几岁？Nǐ jǐ suì?（あなたはいくつですか）

"几"は数が少ないと予想されるときに使う疑問詞ですから，上の言い方は大人に対して使ってはいけません。

年齢の尋ね方の例文をいくつか挙げておきます。

> 你爸爸多大年纪？Nǐ bàba duō dà niánjì?
> （あなたのお父さんはなん歳ですか）
> 你今年多大？Nǐ jīnnián duō dà?（あなたは今年なん歳ですか）
> 你的孩子几岁？Nǐ de háizi jǐ suì?（あなたのお子さんはいくつですか）

8、「100」以上の数の数え方

「100」以上の数の数え方はやや注意が必要です。

「100」は普通"百 bǎi"と言うだけではだめで，前に"一"を加えます。"一"の変調に気をつけてください。

(100) 一百 yìbǎi

「101」「102」は"零 líng"を加えて次のように言います。
(101) 一百零一 yìbǎi líng yī
(102) 一百零二 yìbǎi líng èr

これで「109」まで数えられます。「101個の……」と言うときには"一百零一个 yìbǎi líng yī ge"としますが、"个"の直前の"一"は変調しません。これは"十一个""二十一个"の"一"が変調しないのと同様です。

「110」は"×一百十"ではだめで、次のように言います。
(110) 一百一十 yìbǎi yīshí
"一十"の"一"は変調せず、第1声のままです。
「110」は次のように言うことも可能です。
(110) 一百一 yìbǎi yī

上の言い方では、"一十"の"十"が省略されています。これを「101」と勘違いしてはいけません。「101」は"一百零一"でした。"一百一"は"零"が入っていないので、あとの"一"が「10」の位だということが明らかで、"十"は省略可能です。ただし、「110個の……」と言う場合には"一百一十个"と言い、"×一百一个"とは言いません。これで「119」まで数えられます。「120」から「199」までは"一百"のあとに"二十"から"九十九"をつけます。

「120」「130」「190」はそれぞれ"一百二十""一百三十""一百九十"ですが、"十"を省略して、"一百二""一百三""一百九"と言ってもかまいません。ただし、後ろに"个"などの量詞を伴うときは"十"を省略することはできません。

「200」「201」は次のように言います。
(200) 二百 èrbǎi
(201) 二百零一 èrbǎi líng yī

「200」は普通"二百"ですが、"两百"と言うこともあります。

第6章 年月日・曜日・時刻など

次の数がいくつを表すか考えてみましょう。

二百零一 èrbǎi líng yī　　二百一 èrbǎi yī
五百零四 wǔbǎi líng sì　　九百六 jiǔbǎi liù

正解は順に「201」「210」「504」「960」です。

「1000」は次のように言います。やはり"一"の変調に気をつけてください。

（1000）　一千 yìqiān

「1001」は次のように言います。

（1001）　一千零一 yìqiān líng yī

これを"×一千零零一"と言ってはいけません。ケタが飛ぶ場合には，「0」が2つ以上続いても，"零"は1つしか入れません。

「1010」は次のように言います。"一"の声調に気をつけてください。

（1010）　一千零一十 yìqiān líng yīshí

この"十"は省略できません。省略して"一千零一"とすると，上に挙げた「1001」を表してしまいます。

「1100」は次のように言います。"一"の変調に気をつけてください。

（1100）　一千一百 yìqiān yìbǎi

この"一千一百"は"百"を省略して"一千一 yìqiān yī"と言うことも可能です。"一千一"は"零"が入っていないので，あとの"一"が「100」の位だということが明らかで，"百"は省略可能です。ただし，「1100個の……」と言う場合には"一千一百个"を用い，"×一千一个"とは言いません。

「2000」は次のように言います。

（2000）　两千 liǎngqiān

「2000」は普通は"两千"ですが，"二千"と言うこともあります。
「1万」「1万1千」は次のように言います。"一"の変調に気をつけてくだ

さい。

　　　（1万）　　　一万　yíwàn
　　　（1万1千）　一万一千　yíwàn yìqiān

"一万一千"は"千"を省略して，"一万一 yíwàn yī"と言うことも可能です。

「1万2千」は次の3通りの言い方が可能です。

　　　（1万2千）　一万两千　yíwàn liǎngqiān
　　　　　　　　　一万二千　yíwàn èrqiān
　　　　　　　　　一万二　　yíwàn èr

上の最後の例は"一万二千"の"千"を省略した言い方ですが，"一万两千"の方は"千"を省略して"×一万两"と言うことはできません。

さらに大きな数字の言い方を見ておきましょう。

　　　（2万）　　　两万　liǎngwàn
　　　（10万）　　 十万　shíwàn
　　　（100万）　　一百万　yìbǎi wàn
　　　（200万）　　二百万　èrbǎi wàn
　　　（1000万）　 一千万　yìqiān wàn
　　　（2000万）　 两千万　liǎngqiān wàn
　　　（1億）　　　一亿　yíyì
　　　（2億）　　　两亿　liǎngyì

"二百万"は"两百万"と言うこともあります。また，"亿"は"万万 wànwàn"と言うこともあります。

　100以上の数を含んだ例文を見ておきましょう。例文の数字の部分の読み方に気をつけてください。この章の1で，4ケタの年号を言う場合には数字を1つずつ読むと述べましたが，3ケタ以下の年号はこの8で説明したような言い方を用います。

　　　108 加 92 等于 200。Yìbǎi líng bā jiā jiǔshí'èr děngyú èrbǎi.

（108 たす 92 は 200 です）

2000 减 998 等于 1002。
Liǎngqiān jiǎn jiǔbǎi jiǔshíbā děngyú yìqiān líng èr.

（2000 ひく 998 は 1002 です）

李白生于 701 年，死于 762 年。
Lǐ Bái shēngyú qībǎi líng yī nián, sǐyú qībǎi liùshí'èr nián.

（李白は 701 年に生まれ，762 年になくなりました）

上の例文の"等于""生于""死于"は，それぞれ「……に等しい」「……に生まれる」「……に死ぬ」という意味です。

9、お金の数え方

中国のお金の単位には「元」「角」「分」の 3 種類があります。

元 yuán　　角 jiǎo　　分 fēn

"元"の 10 分の 1 が"角"で，"角"の 10 分の 1 が"分"です。このうち"元"と"角"は書きことばで，話しことばでは次のように言います。"分"は書きことば・話しことばともに同じものが使われます。

块 kuài　　毛 máo　　分 fēn

実際の金額の言い方を覚えましょう。「1 分」を「0.01 元」，「1 角」を「0.1 元」のように示します。

「0.01 元」「0.02 元」は次のように言います。

（0.01 元）　一分 yì fēn
（0.02 元）　二分 èr fēn

やはり"一"の変調に気をつけてください。「0.02 元」は理屈から言えば"两分"が正しく思われ，また実際にそう言う人もいるようですが，"二分"の方が普通です。

これらの金額の後ろに「お金」という意味の"钱 qián"を加えて"一分钱""二分钱"とも言います。

「0.1元」「0.2元」は次のように言います。

　　（0.1元）　一毛　yì máo
　　（0.2元）　两毛　liǎng máo

「0.2元」は普通"两毛"と言います。これらの後ろに"钱"を加えて"一毛钱""两毛钱"とも言います。

「0.11元」「0.22元」は次のように言います。

　　（0.11元）　一毛一分　yì máo yì fēn
　　（0.22元）　两毛二分　liǎng máo èr fēn

これらの後ろに"钱"を加えて，"一毛一分钱""两毛二分钱"とも言います。また，"分"を省略して"一毛一""两毛二"のように言うこともあります。"毛"の後ろの数字の単位が"分"であることが明らかだからです。ただし，"分"を省略した場合には，"钱"を加えて"×一毛一钱""×两毛二钱"と言うことはできません。

「1元」「1.01元」「1.1元」は次のように言います。

　　（1元）　　一块　yí kuài
　　（1.01元）　一块零一分　yí kuài líng yì fēn
　　（1.1元）　一块一毛　yí kuài yì máo

やはり"一"の変調に気をつけてください。これらの後ろに"钱"を加えて"一块钱""一块零一分钱""一块一毛钱"とも言います。

また，"一块零一分"の"分"を省略して"一块零一"と言うこともできます。"一块"のあとに"零"が入っているので，その後ろの"一"が"分"の単位であることが明らかだからです。しかし，"分"を省略した場合には，"钱"を加えることはできません。

"一块一毛"についても同様です。"一块一毛"の"毛"を省略して"一块一"と言うこともできます。後ろの"一"が"毛"の単位であることが明らかだからです。しかし，"毛"を省略した場合には，"钱"を加えることはできません。

第6章 年月日・曜日・時刻など

「1.2元」は次のような2通りの言い方が可能です。

　　（1.2元）　**一块两毛** yí kuài liǎng máo
　　　　　　　一块二毛 yí kuài èr máo

「0.2元」は普通"**两毛**"と言いますが，端数になった場合には"**二毛**"も使われます。また，これらのあとに"**钱**"を加えて"**一块两毛钱**""**一块二毛钱**"とも言います。"**毛**"を省略する形では"**一块二**"は成立しますが，"×一块两"は成立しません。"**两**"のあとには必ず単位が必要です。また，"**一块二**"の後ろには"**钱**"を加えることはできません。

「2元」は"**两块**"ですが，「2.2元」は次のように言います。

　　（2.2元）　**两块两毛** liǎng kuài liǎng máo
　　　　　　　两块二毛 liǎng kuài èr máo

もちろん，"**两块两毛钱**""**两块二毛钱**""**两块二**"と言うことも可能です。

「35元」「100元」などはすでに説明した数字の言い方を使って，"**三十五块〔钱〕**""**一百块〔钱〕**"などのように言います。

　最後に「いくらですか」という値段の尋ね方を覚えましょう。

　　这个多少钱？ Zhège duōshao qián?（これはいくらですか）

値段を尋ねたり答えたりするときも，やはり動詞"**是**"は用いません。

「1ついくらですか」と言う場合，"**一个**"を置く位置は次の2通りがありますが，前者の方がよく使われます。

　　多少钱一个？ Duōshao qián yí ge?（1ついくらですか）
　　一个多少钱？ Yí ge duōshao qián?（同上）

「1冊いくらですか」などもやはり次のように言うのが普通です。

　　多少钱一本？ Duōshao qián yì běn?（1冊いくらですか）
　　多少钱一斤？ Duōshao qián yì jīn?（1斤いくらですか）

上のあとの例文の"斤"は重さの単位で，"一斤"は「500グラム」に相当します。

第6章 年月日・曜日・時刻など

📖 **練習**

（　）内の語や語句を使って中国語に訳しなさい。

① あなたの誕生日は何月何日ですか。（**生日** shēngri）

② 私は6時半ぐらいに起きます。（**起床** qǐchuáng）

③ あなたは何時に授業が終わりますか。（**下课** xiàkè）

④ あなたは何日間滞在しますか。（**待** dāi）

⑤ 私の祖父は今年80です。（**爷爷** yéye）

⑥ 魯迅は1881年生まれです。（**鲁迅** Lǔ Xùn）

⑦ 私たちの会社には305人の従業員がいます。
（**工作人员** gōngzuò rényuán）

⑧ 全部で9.5元です。（**一共** yígòng）

⑨ 1ヶ月の給料はいくらですか。（**工资** gōngzī）

⑩ あなたは1ヶ月にお金をいくら使いますか。（**花** huā）

第7章 "过"と"了"など

1、助詞 "过"

「行ったことがある」など過去の経験を表すときには，"動詞＋过 guo"を用います。"过 guo"は軽声ですが，軽声になると無気音は日本語の濁音に近く発音されるので，軽く「グォ」と発音してください。なお，"过"の品詞は助詞です。

　　我去过。Wǒ qùguo.（私は行ったことがあります）

「1度行ったことがある」「2度行ったことがある」と言うときには，回数を表す量詞 "次 cì" を使って次のように言います。

　　我去过一次。Wǒ qùguo yí cì.（私は1度行ったことがあります）
　　我去过两次。Wǒ qùguo liǎng cì.（私は2度行ったことがあります）
"一次""两次"は"去过"の後ろに置きます。

「中国に1度行ったことがある」と言うときには，さらにそのあとに"中国"を置きます。

　　我去过一次中国。Wǒ qùguo yí cì Zhōngguó.
　　　　　　　　　　　（私は中国に1度行ったことがあります）
ただし，これを"我去过中国一次"と言う人もいます。

「行ったことがない」という否定文は，副詞 "没有 méiyǒu" を "去过" の前に置きます。第5章で動詞としての"没有"を学びましたが，ここで使われる"没有"は副詞です。"没有"は単に"没 méi"と言うこともあります。

　　我没有去过。Wǒ méiyǒu qùguo.（私は行ったことがありません）
　　我没去过。Wǒ méi qùguo.（同上）

第7章 "过"と"了"など

疑問文には文末に"吗"を加えるものと，肯定形と否定形を組合せるものがあります。

你去过中国吗？Nǐ qùguo Zhōngguó ma?
　　　　　　　（あなたは中国に行ったことがありますか）
你去过中国没有？Nǐ qùguo Zhōngguó meiyou?（同上）
你去没去过中国？Nǐ qù mei quguo Zhōngguó?（同上）

上の最初の例文は文末に"吗"を加えたものです。2番目の例文は"吗"のかわりに否定の"没有"を置いたものです。否定の部分は軽く発音します。最後の例文はややわかりにくいかもしれませんが，肯定形"去过"＋否定形"没去过"から下線部の"过"を取り去ったものです。これもしばしば使われる言い方なのでこのまま覚えてください。

"过"を使った例文をいくつか見ておきましょう。

你去过几次中国？Nǐ qùguo jǐ cì Zhōngguó?
　　　　　　　（あなた中国に何度行ったことがありますか）
你吃过北京烤鸭吗？Nǐ chīguo Běijīng kǎoyā ma?
　　　　　　　（あなたは北京ダックを食べたことがありますか）
我没看过中国电影。Wǒ méi kànguo Zhōngguó diànyǐng.
　　　　　　　（私は中国映画を見たことがありません）
我学过两年汉语。Wǒ xuéguo liǎng nián Hànyǔ.
　　　　　　　（私は中国語を2年間学んだことがあります）

上の最後の例文では，"学过"の後ろに時の量を表すことば"两年"が置かれ，さらにそのあとに"汉语"が置かれています。

我见过一次李先生。Wǒ jiànguo yí cì Lǐ xiānsheng.
　　　　　　　（私は李さんに1度会ったことがあります）
我见过他一次。Wǒ jiànguo tā yí cì.
　　　　　　　（私は彼に1度会ったことがあります）

上のはじめの例文は"我见过李先生一次"と言う人もいます。しかし，あ

との例文のように目的語が人称代名詞の場合は，目的語を必ず動詞のあとに置きます。"×我见过一次他"は間違いです。

2、文末の"了"

"了 le"については，これまでにもごく簡単に取り上げました。"了 le"は軽声ですから，"e"が日本語の「ア」のような発音になり，軽く「ラ」と発音します。"了"の用法はきわめて複雑ですが，ここではまず文末の"了"について見ていきます。

"了"にはきっぱりと言いきる語気を表す用法があります。

谢谢你了。Xièxie nǐ le.（ありがとうございました）
麻烦你了。Máfan nǐ le.（お手数をおかけします）
我走了。Wǒ zǒu le.（私は失礼します）
好久不见了。Hǎojiǔ bú jiàn le.（お久しぶりです）

上の例文の"了"は語気を表すだけなので，省略しても文として成立します。最後の例文の"好久"は「ずいぶん久しく，長い間」という意味の副詞です。"好"には「ずいぶん，とても」という意味があります。

我太高兴了。Wǒ tài gāoxìng le.（私はとてもうれしい）
你太客气了。Nǐ tài kèqi le.（あなたは遠慮しすぎです，ご遠慮なく）

上の例文の"了"も語気助詞です。副詞"太"はしばしば"太……了"の形で使われます。

また，"了"には「……になった」という変化を表す用法があります。

几点了？Jǐ diǎn le?（何時になりましたか）
我四十岁了。Wǒ sìshí suì le.（私は40歳になりました）
我是大学生了。Wǒ shì dàxuéshēng le.（私は大学生になりました）
你怎么了？Nǐ zěnme le?（あなたはどうしましたか）
孩子大了。Háizi dà le.（子供は大きくなりました）

第7章 "过"と"了"など

我肚子饿了。Wǒ dùzi è le.（私はおなかがすきました）

文末に"了"を置けば，そういう状態になったという意味を表すことができます。

文末の"了"は完了を表すこともあります。
他来了。Tā lái le.（彼は来ました）
你来了！Nǐ lái le!（あなたは来ました，いらっしゃいませ）

否定形は"没有＋動詞"です。"没有"は単に"没"とも言います。否定形にすると，"了"が消える点に注意してください。完了を否定したので，完了を表す"了"は不要になるのです。

他没来。Tā méi lái.（彼は来ませんでした，彼は来ていません）

上の日本語訳に注意してください。「来た」の否定ですから，日本語訳は「来なかった」「来ていない」の2通りになりますが，中国語ではどちらも"没来"で表します。

次のような例文にすると日本語訳は1通りに決まります。
他昨天没来。Tā zuótiān méi lái.（彼は昨日来ませんでした）
他还没来。Tā hái méi lái.（彼はまだ来ていません）

疑問文には文末に"吗"を置くものと，"吗"のかわりに"没有"を置くものがあります。この"没有"は軽く発音します。
他来了吗？Tā lái le ma?（彼は来ましたか）
他来了没有？Tā lái le meiyou?（同上）

"来了"の"了"は完了を表しているのであって，英語の過去時制のようなものではありません。場合によっては「……している」という日本語訳になる場合もありますが，これも完了を表しています。

小王已经来了。Xiǎo Wáng yǐjing lái le.
　　　　　　（王さんはすでに来ました，王さんはもう来ています）

我已经结婚了。Wǒ yǐjing jiéhūn le.
(私はもう結婚しました，私はもう結婚しています)

完了を表す文末の"了"を含む疑問文と，その否定文をもう少し見ておきましょう。

你吃饭了吗？Nǐ chīfàn le ma?（あなたは食事をしましたか）
爸爸同意了没有？Bàba tóngyì le meiyou?（お父さんは同意しましたか）
我还没吃饭。Wǒ hái méi chīfàn.（私はまだ食事をしていません）
爸爸没同意。Bàba méi tóngyì.
(お父さんは同意しませんでした，お父さんは同意していません)

上の後半の2つの否定文では，"了"が消えることに気をつけてください。3番目の例文は，"还"が使われているので，「食事をしなかった」ではなく「食事をしていない」という日本語訳になります。

3、動詞の後ろの"了"

"了"は動詞の後ろにつくこともあります。"動詞＋了"は動作の完了を表します。また，"動詞＋了"の後ろには目的語を置くことができます。

我吃了一碗面条。Wǒ chīle yì wǎn miàntiáo.
(私はうどんを1杯食べました)
我买了一本小说。Wǒ mǎile yì běn xiǎoshuō.
(私は小説を1冊買いました)

上のはじめの例文の"吃了"は動詞"吃"の完了で，「食べた」という意味を表します。同様にあとの例文の"买了"は動詞"买"の完了で，「買った」という意味を表します。

ただ単に「食事をした」「買い物をした」と言う場合には，完了を表す文末の"了"を用いて次のように言います。

我吃饭了。Wǒ chīfàn le.（私は食事をしました）
我买东西了。Wǒ mǎi dōngxi le.（私は買い物をしました）

第7章 "过"と"了"など

　それに対して，具体的に「何かを食べた」とか「何かを買った」と言う場合には，"動詞＋了"の後ろに目的語を置いて表します。その場合，目的語はより具体的に"数詞＋量詞"などを修飾語として伴うことが多いようです。もちろん，必ずしも"数詞＋量詞"などを修飾語として伴うわけではありません。例えば疑問詞"什么"はそれ自体が具体的な答えを要求するものなので，次のように言うことができます。

　你吃了什么？Nǐ chīle shénme?（あなたは何を食べましたか）
　你买了什么？Nǐ mǎile shénme?（あなたは何を買いましたか）

　これらの問いに対して，"我吃了面条""我买了小说"と答えることも実際にありますが，やはり"我吃了一碗面条""我买了一本小说"などのようにより具体的に答える方が中国語としては安定した表現になります。

　"動詞＋了"を含む例文をもう少し挙げます。

　我看了一个电影。Wǒ kànle yí ge diànyǐng.（私は映画を1つ見ました）
　我喝了两杯咖啡。Wǒ hēle liǎng bēi kāfēi.
　　　　　　　　　　　（私はコーヒーを2杯飲みました）
　我们参观了一所小学。Wǒmen cānguānle yì suǒ xiǎoxué.
　　　　　　　　　　　（私たちはある小学校を参観しました）

　次の例文の目的語は"数詞＋量詞"を伴っていませんが，やはり何らかの修飾語を伴って具体的なものになっています。

　我吃了很多菜。Wǒ chīle hěn duō cài.
　　　　　　　　　　　（私は料理をたくさん食べました）
　你花了不少钱。Nǐ huāle bùshǎo qián.
　　　　　　　　　　　（あなたはお金をたくさん使いました）

　"動詞＋了"のあとに別の述語が続く場合があります。その場合，"動詞＋了"は「……したら」という意味になります。

　她听了一定很高兴。Tā tīngle yídìng hěn gāoxìng.

(彼女は聞いたらきっととても喜びます)

你长大了做什么？ Nǐ zhǎngdàle zuò shénme?

(あなたは大きくなったら何になりますか)

　上のような例文から，"動詞＋**了**"が英語の過去時制のようなものを表すのではないことがわかると思います。"動詞＋**了**"の"**了**"は完了を表していて，上の例文では未来における完了を表しています。"**了**"は日本語の「た」と似た面がありますが，日本語でも「聞い<u>た</u>ら」「大きくなっ<u>た</u>ら」のように「た」を使います。

　次も「……したら」の"**了**"の用例です。

我吃了饭就走。 Wǒ chīle fàn jiù zǒu.

(私はご飯を食べたらすぐに出かけます)

他来了，我们就走。 Tā láile, wǒmen jiù zǒu.

(彼が来たら，私たちはすぐに出かけます)

　上のはじめの例文の"**吃了饭**"は「ご飯を食べたら」という意味です。"**吃饭了**"なら「ご飯を食べた」という意味になりますが，"**吃了饭**……"とすると「ご飯を食べたら……」という意味になります。

　あとの例では，"**他来了**"で文が終われば「彼は来た」という意味になりますが，そのあとに"**我们就走**"という主文が続くので，"**他来了，**……"は「彼が来たら，……」という意味になります。なお，2つの例文の"**就**"はどちらも「すぐに」という意味の副詞です。

4、ふたつの"了"

　時の量を表すことばはそれ自体が具体的なので，そのまま"動詞＋**了**"の目的語になることができます。

我看了一个小时。 Wǒ kànle yí ge xiǎoshí.（私は１時間見ました）

我学了一年。 Wǒ xuéle yì nián.（私は１年間学びました）

第7章 "过"と"了"など

「テレビを1時間見た」「中国語を1年間学んだ」などと言う場合には，目的語 "电视" "汉语" をさらにそのあとに置きます。

我看了一个小时电视。Wǒ kànle yí ge xiǎoshí diànshì.
(私はテレビを1時間見ました)

我学了一年汉语。Wǒ xuéle yì nián Hànyǔ.
(私は中国語を1年間学びました)

文末の "了" と動詞の後ろの "了" が同時に1つの文の中に現れることがあります。

我看了一个小时了。Wǒ kànle yí ge xiǎoshí le.
(私は〔すでに〕1時間見ました)

我学了一年汉语了。Wǒ xuéle yì nián Hànyǔ le.
(私は〔すでに〕中国語を1年間学びました)

この場合，動詞の後ろの "了" は動作の完了を表し，文末の "了" は「……になった」という変化を表します。つまり「見て1時間になった」「中国語を学んで1年になった」という意味を表し，現在までの変化に重点を置いた表現になるわけです。

それに対して，文末の "了" を用いない "看了一个小时" "学了一年" は単に「1時間見た」「1年間学んだ」という意味で，過去に行われた行為なのか現在まで継続して行われている行為なのかは問題にしない表現です。

動詞の後ろの "了" と文末の "了" が2つとも用いられると，現在までの変化に重点を置いた表現になるので，場合によっては何らかの含意をもつこともあります。例えば "看了一个小时了" であれば「1時間見たけれどまだ見たい」とか，「1時間見たからもう見たくない」というような含意をもったり，"学了一年了" であれば「1年間学んだのに上達しない」とか，「学びはじめてもう1年になるのか！」というような含意をもちます。

次の例文の目的語は "数詞＋量詞" を伴っていますが，やはり "了" が2つ用いられていて，上で述べたものと同様の例です。

> 我吃了三碗饭了。Wǒ chīle sān wǎn fàn le.
> （私は〔すでに〕3 杯ご飯を食べた〔のにまだ食べ足りません〕）
> 我喝了五杯酒了。Wǒ hēle wǔ bēi jiǔ le.
> （私は〔すでに〕5 杯お酒を飲んだ〔のでもう飲めません〕）

上の日本語訳の〔　〕内は含意の例です。もちろん状況によってこれ以外の含意ももちえます。

5、離合動詞

中国語には離合動詞と呼ばれる動詞があります。文字通り「離れたりくっついたりする動詞」です。

"吃饭""结婚"は離合動詞です。"吃饭""结婚"を辞典で調べると，ピンイン表記が"chī▲fàn"または"chī // fàn"，"jié▲hūn"または"jié // hūn"となっていたりすることがありますが，これは"吃饭""结婚"という動詞が離合動詞であり，"▲"または"//"のところで離れることがあることを示しています。"吃饭""结婚"はそれぞれ「"饭"を（飯を）"吃"する（食べる）」「"婚"を（婚姻を）"结"する（結ぶ）」のように"動詞＋目的語"構造からなる動詞ですから，"動詞"と"目的語"の間で離れることがあるわけです。"吃"と"饭"，"结"と"婚"がすべて1つの単語と考えられなくもないのですが，一般には"吃饭""结婚"でそれぞれ「食事をする」「結婚する」という概念を表す1語と考えられています。

さて，この章の1で過去の経験を表すときには"動詞＋过"を用いると述べましたが，「食事をしたことがある」「結婚したことがある」は，それぞれ"吃过饭""结过婚"となります。"吃饭""结婚"は1つの動詞ですが，本当に動詞としての働きをもっているのは"吃""结"の部分だけだからです。このように離合動詞に"过"をつける場合は注意が必要です。

> 我跟她吃过一顿饭。Wǒ gēn tā chīguo yí dùn fàn.
> （私は彼女と1度食事をしたことがあります）

第7章 "过"と"了"など

他以前结过一次婚。 Tā yǐqián jiéguo yí cì hūn.
（彼は以前1度結婚したことがあります）

上のはじめの例文の **"顿"** は食事の回数などを数える量詞です。

"吃饭" "结婚" など "動詞＋目的語" 構造からなる離合動詞の "動詞" のあとには **"了"** を置くことも可能です。しかし、**"吃了饭" "结了婚"** では **"饭" "婚"** が具体的ではないので文としてやや安定を欠いたり、また「ご飯を食べたら……」「結婚したら……」という意味になることもあります。この場合、さらに文末の **"了"** を加えれば、文として成立します。

我吃了饭了。 Wǒ chīle fàn le.（私は食事をしました）
我结了婚了。 Wǒ jiéle hūn le.（私は結婚しました、私は結婚しています）

2つの **"了"** が使われた場合、"動詞" の後ろの **"了"** はしばしば省略可能です。上の例文で "動詞" の後ろの **"了"** を省略すると **"我吃饭了" "我结婚了"** となり、結局これはこの章の2で述べた文末の **"了"** を用いた文になります。

この章の2では述べませんでしたが、実は **"吃饭了" "结婚了"** は「食事をした」「結婚した、結婚している」という意味以外に、次のような意味を表すときにも用いられます。

吃饭了！ Chīfàn le!（ご飯だよ！）
你该结婚了。 Nǐ gāi jiéhūn le.（あなたはもう結婚しなければ）

上の例文の **"了"** は変化を表す **"了"** です。**"吃饭了！"** は「ご飯を食べる時間になった」という意味で、**"该结婚了"** は「結婚すべき歳になった」という意味です。また、これらの **"了"** にはきっぱりと言いきる語気も感じられます。いくつかの用法をもつ文末の **"了"** は、どの用法であるかはっきりと決められない場合がしばしばあります。なお、上のあとの例文の **"该"** は「……すべきだ」という意味の助動詞です。

その他の離合動詞と **"过" "了"** が使われた例を挙げます。

> 我们以前见过面。Wǒmen yǐqián jiànguo miàn.
> （私たちは以前会ったことがあります）
> 她请了五天假。Tā qǐngle wǔ tiān jià.（彼女は5日間休みをとりました）

　上のはじめの例文では，"见面 jiàn▲miàn"という離合動詞が使われています。"见面"は「"面"を（顔を）"见"する（合わせる）」のように"動詞＋目的語"構造なので，「会ったことがある」と言う場合には"过"を"见"の後ろにつけて"见过面"とします。

　あとの例文では，"请假 qǐng▲jià"という離合動詞が使われています。"请假"も「"假"を（休みを）"请"する（求める）」のように"動詞＋目的語"構造です。「5日間休みをとる」と言う場合には，まず"了"を"请"の後ろにつけて"请了"として，さらにその後ろに時の量を表すことば"五天"を置き，全体で"请了五天假"とします。

6、再び"了"

　"了"の用法はきわめて複雑ですが，もう少し"了"について見ていくことにします。

　文末の"了"は近い将来における変化を表すこともあります。

> 我要迟到了。Wǒ yào chídào le.（私は遅刻しそうです）
> 飞机就要起飞了。Fēijī jiùyào qǐfēi le.（飛行機は間もなく飛び立ちます）
> 快九点了。Kuài jiǔ diǎn le.（もうすぐ9時です）
> 我们快要毕业了。Wǒmen kuàiyào bìyè le.（私たちはもうすぐ卒業します）

　上の最初の例文の"要……了"は「もうすぐ……しそうだ」という意味です。2番目の例文の"就要……了"は，"要……了"よりやや意味が弱まり「もうすぐ……する」という意味です。3番目の"快……了"は「もうすぐ……になる」という意味で，"……"にはしばしば数詞を含むことばが入ります。最後の"快要……了"は"就要……了"とほぼ同じ意味です。これらの"了"はすべて近い将来における変化を表しています。

　動詞の後ろの"了"は，「……してしまう」という意味を表すことがありま

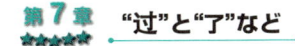

す。これも動作の完了の1種と考えられますが、"動詞＋了"を「……した」と訳して意味が通じない場合には、「……してしまう」と訳してみてください。

你千万别忘了我。 Nǐ qiānwàn bié wàngle wǒ.
　　　　　　　　（あなたは絶対に私を忘れてしまわないで）
你都吃了！ Nǐ dōu chī le!（あなた、全部食べてしまってください）

　上のはじめの例文の"忘了"は「忘れてしまう」という意味です。なお、"千万"は「絶対に、決して」という意味の副詞です。あとの例文は「あなたは全部食べた」という意味になることもありますが、"吃了"で「食べてしまう」という意味を表すこともあります。なお、中国語では相手に動作を促しながら発言すれば命令の意味をもちえます。

7、"是……的"の文

　中国語には、英語の過去時制のようなもっぱら過去を表すための文法的手段はありません。しかし、もちろん過去の事実が表現できないわけではなく、次の例文は過去の事実を述べています。

我昨天很忙。 Wǒ zuótiān hěn máng.（私は昨日とても忙しかった）
那时候我还是小学生。 Nà shíhou wǒ hái shì xiǎoxuéshēng.
　　　　　　　　　　（あのとき私はまだ小学生でした）

　上の例文では、"昨天""那时候"という過去を表すことばを使うことによって過去の事実であることが示されています。"了"が過去を表すと勘違いして、"×我很忙了""×我还是了小学生"というような間違った中国語を作らないように注意してください。我々は普通"我很忙""我是小学生"という文を「私はとても忙しい」「私は小学生だ」と訳しますが、実はこれらの文は、「私はとても忙しかった」「私は小学生だった」という意味にもなりえるのです。

　次の例文は過去の恒常的な事実を述べていますが、やはり"了"を加えないようにしてください。

他以前经常来我家。Tā yǐqián jīngcháng lái wǒ jiā.
(彼は以前よく我が家に来ました)

我以前在这儿工作。Wǒ yǐqián zài zhèr gōngzuò.
(私は以前ここで働いていました)

　さて，これから取り上げる"是……的"の文ですが，これは過去の事実について述べる文です。ここでも"了"は用いられません。
　"是……的"の文は，過去の事実が「いつ行われたか」「どこで行われたか」「どのように行われたか」を強調する文です。
　まず，過去の事実が「いつ行われたか」を強調する文を見ましょう。

你是什么时候来的？Nǐ shì shénme shíhou lái de?
(あなたはいつ来たのですか)

我是前天来的。Wǒ shì qiántiān lái de. (私はおととい来たのです)

　上の例文の"什么时候来""前天来"は，それぞれ「いつ来る」「おととい来る」という意味ですが，これを"是……的"の"……"の部分に入れると「いつ来たのか」「おととい来たのだ」の下線部を強調する文になります。

　次は過去の事実が「どこで行われたか」を強調する文です。

你是在哪儿学的？Nǐ shì zài nǎr xué de?
(あなたはどこで学んだのですか)

我是在大学学的。Wǒ shì zài dàxué xué de.(私は大学で学んだのです)

　上の例文は，「どこで学んだのか」「大学で学んだのだ」の下線部を強調する文です。

　最後は過去の事実が「どのように行われたか」を強調する文です。

你是怎么来的？Nǐ shì zěnme lái de? (あなたはどのように来たのですか)

我是坐飞机来的。Wǒ shì zuò fēijī lái de.
(私は飛行機に乗って来たのです)

　上の例文は，「どのように来たのか」「飛行機に乗って来たのだ」の下線部

を強調する文です。なお，あとの例文の"坐"はここでは「座る」ではなく，「（乗り物に）乗る」という意味です。また，「……に乗って来る」のように複数の動詞を使う文では，動作の行われる順に動詞を並べます。

"是……的"の文の"是"は省略可能です。"是"が省略された場合に，それがもともとは"是……的"の文であることに気がつくようになってください。

"是"が省略された"〔是〕……的"の文をいくつか挙げます。

你几号到的？ Nǐ jǐ hào dào de?（あなたは何日に着いたのですか）
我在百货商店买的。Wǒ zài bǎihuò shāngdiàn mǎi de.
　　　　　　　　　　　　　　　　　　（私はデパートで買ったのです）
我坐船去的。Wǒ zuò chuán qù de.（私は船に乗って行ったのです）
我从天津来的。Wǒ cóng Tiānjīn lái de.（私は天津から来たのです）

上の最初の例文の"到"は「（どこどこ）へ」という意味の介詞ではなく，「着く，いたる」という意味の動詞です。最後の例文は「天津から来たのだ」の下線部を強調する文ですが，これは過去の事実が「どのように行われたか」を強調する文の1種と考えればいいでしょう。

次も"是……的"の文です。これらの例文では，動詞"来""学"がそれぞれ目的語"中国"と"中文"をとっています。

你是什么时候来中国的？ Nǐ shì shénme shíhou lái Zhōngguó de?
　　　　　　　　　　　　　　　　　　（あなたはいつ中国に来たのですか）
我是在大学学中文的。Wǒ shì zài dàxué xué Zhōngwén de.
　　　　　　　　　　　　　　　　　　（私は大学で中国語を学んだのです）

"是……的"の文の動詞が目的語をとる場合には，上に挙げた語順のほかに次のような語順も可能です。

你是什么时候来的中国？ Nǐ shì shénme shíhou lái de Zhōngguó?
　　　　　　　　　　　　　　　　　　（あなたはいつ中国に来たのですか）

我是在大学学的中文。Wǒ shì zài dàxué xué de Zhōngwén.

(私は大学で中国語を学んだのです)

上の例文では、"動詞＋的"の後ろに目的語が置かれた形になっています。

次の例文は"是……的"の文に、この章の5で説明した離合動詞を用いたものです。

你是哪一年结婚的？ Nǐ shì nǎ yì nián jiéhūn de?

(あなたは何年に結婚したのですか)

你是几号动身的？ Nǐ shì jǐ hào dòngshēn de?

(あなたは何日に出発したのですか)

上のはじめの例文の"**哪一年**"は、「どの1年？」ということで「何年？」という意味になります。"**一**"を省略して"**哪年**"とも言います。あとの例文の"**动身**"は、"**结婚**"と同様の"動詞＋目的語"構造の離合動詞です。

上の2つの例文は問題ないと思いますが、次のように言い換えたときには注意が必要です。

你是哪一年结的婚？ Nǐ shì nǎ yì nián jié de hūn?

(あなたは何年に結婚したのですか)

你是几号动的身？ Nǐ shì jǐ hào dòng de shēn?

(あなたは何日に出発したのですか)

"**结婚**""**动身**"は"動詞＋目的語"構造なので、"**的**"が"動詞"の後ろに入り込むことがあるわけです。

第7章 "过"と"了"など

📖 **練習**

（　）内の語を使って中国語に訳しなさい。

① 私は香港に２度行ったことがあります。（**香港** Xiānggǎng）

② 私はまだ京劇を見たことがありません。（**京剧** jīngjù）

③ 私は疲れました。（**累** lèi）

④ ご飯がさめました。（**凉** liáng）

⑤ 私は商店でワインを１本買いました。（**葡萄酒** pútaojiǔ）

⑥ 私は中国語を半年学んだだけです。（**只** zhǐ）

⑦ 私たちはもうすぐ帰国します。（**回国** huíguó）

⑧ 私の祖母はもうすぐ70歳になります。（**奶奶** nǎinai）

⑨ あなたは何年に生まれたのですか。（**出生** chūshēng）

⑩ あなたたちはどのように知り合ったのですか。（**认识** rènshi）

第8章 動詞に関する表現

1、「ちょっと……する」

　動詞を2つ重ねると「ちょっと……する」という意味になり，軽い試みを表します。この場合，後ろの動詞は軽く発音します。

　　我看看。Wǒ kànkan.（私はちょっと見ます）
　　你听听。Nǐ tīngting.（あなたはちょっと聞いてください）

　上のあとの例文の日本語訳は命令文になっていますが，中国語では相手に動作を促すように発言すれば命令の意味をもちます。

　2つ重ねた動詞の後ろに目的語を置くこともできます。

　　我看看照片。Wǒ kànkan zhàopiàn.（私はちょっと写真を見ます）
　　你听听音乐。Nǐ tīngting yīnyuè.
　　　　　　　　　　　　　（あなたはちょっと音楽を聞いてください）

　2つ重ねた動詞の間に"一"を入れることもあります。この"一"も軽く発音します。

　　我看一看。Wǒ kàn yi kan.（私はちょっと見ます）
　　你听一听。Nǐ tīng yi ting.（あなたはちょっと聞いてください）

　2音節の動詞を2つ重ねても「ちょっと……する」という意味になります。もちろんそのあとに目的語を置くこともできます。この場合も後ろの動詞は少し軽く発音します。

　　我研究研究。Wǒ yánjiū yánjiū.（私はちょっと研究します）
　　你打扫打扫房间。Nǐ dǎsǎo dǎsǎo fángjiān.
　　　　　　　　　　　　　（あなたはちょっと部屋を掃除しなさい）

　2音節の動詞を重ねた場合は，間に"一"を入れることはできません。"×研究一研究""×打扫一打扫"は間違いです。

第8章 動詞に関する表現

動詞の後ろに"**一下** yíxià""**一会儿** yíhuìr"を置いても「ちょっと……する」という意味を表すことができます。"**一下**"は「(動作量が)ちょっと」という意味で,動詞を2つ重ねたときと同様に軽い試みを表します。"**一会儿**"は「(時間的な)ちょっと,しばらく」という意味です。"**一会儿**"の発音に気をつけてください。"yíhu(i)r"はアル化していますが,( )内の"i"は発音されません。アル化する場合,このように"r"の直前の母音が脱落することがあります。なお,"**一会儿**"は北京語でしばしば"yìhuǐr"と発音します。

例えば「ちょっと待つ」と言う場合には,次のようないくつかの言い方が可能です。

> 你等等。Nǐ děngdeng. (あなたはちょっと待ってください)
> 你等一等。Nǐ děng yi deng. (同上)
> 你等一下。Nǐ děng yíxià. (同上)
> 你等一会儿。Nǐ děng yíhuìr. (あなたはしばらく待ってください)

上の最初の例文の"**等等**"の発音に気をつけてください。"děngdeng"というピンイン表記になっていますが,実際には"déngdeng"と発音します。これは後ろの"**等**"ももともと第3声なので"děngděng → déngděng"と変調したあとで,後ろの"**等**"が軽声化したためです。"**洗洗** xǐxi → xíxi"(ちょっと洗う)なども同様です。第3声の動詞を重ねた場合には,変調に気をつけてください。

動詞を2つ重ね,さらにその後ろに"**看**"を置くと「ちょっと……してみる」という意味になります。実際に目で「見る」わけではなく,やはり軽い試みを表します。この"**看**"は省略してもほとんど意味は変わりません。

> 我试试看。Wǒ shìshi kàn. (私はちょっと試してみます)
> 你尝尝看。Nǐ chángchang kàn. (あなたはちょっと食べてみてください)
> 我研究研究看。Wǒ yánjiū yánjiū kàn. (私はちょっと研究してみます)

上の2番目の例文の"**尝**"は「食べる,味わう」という意味です。

第7章の5で離合動詞について説明しましたが，離合動詞を使って「ちょっと……する」という意味を表すときには注意が必要です。
　例えば"**散步 sànbù**"（散歩する）は離合動詞ですが，「ちょっと散歩する」と言うときには次のようにします。

> **我散散步**。Wǒ sànsan bù.（私はちょっと散歩します）
> **我散一会儿步**。Wǒ sàn yíhuìr bù.（私はしばらく散歩します）

　離合動詞"**散步**"で，動詞としての働きをもっているのは"**散**"の部分だけなので，動詞を重ねるときには"**散散步**"とします。"×散步散步"は間違いです。
　また，"**一会儿**"を用いる場合には，"**一会儿**"は「しばらく」という意味の時の量を表す語ですから，動詞としての働きをもった"**散**"の後ろに置き，そのあとに"**步**"を置きます。

　第7章の5では離合動詞と"**过**""**了**"が用いられた場合について述べ，ここでは離合動詞を用いた「ちょっと……する」について述べましたが，離合動詞のそれ以外の用法についても少し見ておきます。

> **我帮你忙**。Wǒ bāng nǐ máng.（私はあなたを手伝います）
> **你生我的气**。Nǐ shēng wǒ de qì.（あなたは私に腹を立てています）

　上のはじめの例文には離合動詞"**帮忙**"が使われています。"**帮忙**"は「助ける，手伝う」という意味ですが，"**帮你忙**"は「あなたが忙しいのを助ける」という意味になります。「あなたの忙しさを助ける」と考えて"**帮你的忙**"と言うこともあります。あとの例文には離合動詞"**生气**"が使われています。"**生气**"は「怒る，腹を立てる」という意味ですが，"**生我的气**"とすると「私のことで腹を立てる」という意味になります。

2、目的語を2つとる動詞

　中国語には目的語を2つとって，「(誰々)に(何々)を……する」という意味を表す動詞があります。この場合，語順は"**動詞＋人＋物・事**"となり

ます。
　相手に何かを与えたり授けたりする意味をもつ動詞の多くは目的語を2つとることができます。

> 我给你好东西。Wǒ gěi nǐ hǎo dōngxi.
> 　　　　　　　　　　　（私はあなたにいいものをあげます）
> 谁教你们汉语？Shéi jiāo nǐmen Hànyǔ?
> 　　　　　　　　　　　（誰があなたたちに中国語を教えますか）
> 我找你一块钱。Wǒ zhǎo nǐ yí kuài qián.
> 　　　　　　　　　　　（私はあなたに1元のおつりを出します）
> 我告诉你一件事。Wǒ gàosu nǐ yí jiàn shì.
> 　　　　　　　　　　　（私はあなたに話があります）

　上の例文に使われている動詞"**给**""**教**""**找**"は、それぞれ「与える」「教える」「おつりを出す」という意味で、すべて相手に何かを与えたり授けたりする意味をもつ動詞です。最後の例文の"**告诉**"は「告げる」という意味で、これも相手に何らかの情報を与える意味をもつ動詞です。

　相手に何かを尋ねたり求めたりする意味をもつ動詞の多くも目的語を2つとることができます。

> 我问老师一个问题。Wǒ wèn lǎoshī yí ge wèntí.
> 　　　　　　　　　　　（私は先生に1つ質問をします）
> 我求你一件事。Wǒ qiú nǐ yí jiàn shì.
> 　　　　　　　　　　　（私はあなたにお願いしたいことがあります）

　中国語の"**借** jiè"という動詞は、「借りる」「貸す」の2通りの意味をもっています。この場合、後ろに"**给** gěi"を置いて"**借给**"とすると「貸す」という意味に決まります。この"**给**"は少し軽く発音します。"**借给**"も2つ目的語をとることができますが、語順はやはり"借给＋人＋物"です。

> 我借给你一把伞。Wǒ jiègěi nǐ yì bǎ sǎn.
> 　　　　　　　　　　　（私はあなたに傘を1本貸してあげます）

なお，「(誰々) に借りる」と言う場合には，介詞 "**跟**" を用います。"**跟**" は普通「……と」と訳しますが，「……に」という訳になることもあります。

我跟他借了一把伞。Wǒ gēn tā jièle yì bǎ sǎn.
(私は彼に傘を1本借りました)

そのほかの "動詞＋给" の例をいくつか挙げます。

我送给你一件礼物。Wǒ sònggěi nǐ yí jiàn lǐwù.
(私はあなたにプレゼントをあげます)

你交给他这封信。Nǐ jiāogěi tā zhè fēng xìn.
(あなたは彼にこの手紙を渡してください)

我还给你照相机。Wǒ huángěi nǐ zhàoxiàngjī.
(私はあなたにカメラを返します)

上の最後の例文の "**还** huán" は「返す」という意味の動詞です。"**还**" という字は，"hái" と読むと「まだ」という意味の副詞になります。

3、動詞〔句〕や主述句を目的語にとる動詞

次の例文を見てください。

现在开始上课。Xiànzài kāishǐ shàngkè. (今から授業を始めます)
我继续学习汉语。Wǒ jìxù xuéxí Hànyǔ.
(私は中国語の勉強を続けます)

上のはじめの例文では，動詞 "**开始**" が他の動詞 "**上课**" を目的語にとっていて，"**开始上课**" で「授業をすることを始める」という意味になっています。あとの例文の "**学习汉语**" は "動詞＋目的語" ですが，この動詞句がさらに動詞 "**继续**" の目的語になっていて，"**继续学习汉语**" で「中国語を学ぶことを続ける」という意味になっています。このように中国語には他の動詞〔句〕を目的語にとることのできる動詞がいくつかあります。

"**想** xiǎng" という動詞には，「思う，考える」という意味のほかに，「……したいと思う」という意味があり，この意味の場合には他の動詞〔句〕を目

的語としてとることができます。

> 我想去中国。Wǒ xiǎng qù Zhōngguó.（私は中国に行きたいと思います）
> 我不想去中国。Wǒ bù xiǎng qù Zhōngguó.
> （私は中国に行きたいと思いません）

"想"は心理活動を表す動詞といえますが，この種の動詞は"很""非常"など程度を表す副詞の修飾を受けることが可能です。

> 我很想去中国。Wǒ hěn xiǎng qù Zhōngguó.
> （私はとても中国に行きたいと思います）
> 我不太想去中国。Wǒ bú tài xiǎng qù Zhōngguó.
> （私はあまり中国に行きたいと思いません）

「好む，好きだ」という意味の動詞"喜欢 xǐhuan"も他の動詞〔句〕を目的語としてとることができます。また，この動詞も心理活動を表すもので，程度を表す副詞の修飾を受けることができます。

> 我喜欢吃水果。Wǒ xǐhuan chī shuǐguǒ.
> （私は果物を食べるのが好きです）
> 我非常喜欢吃水果。Wǒ fēicháng xǐhuan chī shuǐguǒ.
> （私は果物を食べるのが大好きです）

日本語ではしばしば単に「果物が好きだ」と言うだけですが，中国語では「果物を食べるのが好きだ」のように動詞を加えることが多いようです。しかし，必ず動詞を加えるというわけではなく，また次のように動詞を加えられない場合もあります。

> 我们都喜欢老王。Wǒmen dōu xǐhuan Lǎo Wáng.
> （私たちはみんな王さんが好きです）

"喜欢"と同じような意味をもった動詞に"爱 ài"があり，これも他の動詞〔句〕を目的語にとることができます。

> 你爱吃什么？Nǐ ài chī shénme?（あなたは何が好物ですか）
> 他很爱游泳。Tā hěn ài yóuyǒng.（彼は水泳が大好きです）

"爱"には「……しがちだ」という意味もあります。
　他爱生病。Tā ài shēngbìng.（彼は病気がちです）
　她爱哭。Tā ài kū.（彼女は泣き虫です）

「……するつもりだ」という意味の動詞"打算 dǎsuan""准备 zhǔnbèi"も他の動詞〔句〕を目的語にとることができます。
　我打算去中国。Wǒ dǎsuan qù Zhōngguó.（私は中国に行くつもりです）
　我不打算去中国。Wǒ bù dǎsuan qù Zhōngguó.
　　　　　　　　　　（私は中国に行くつもりはありません）
　我打算明年去中国。Wǒ dǎsuan míngnián qù Zhōngguó.
　　　　　　　　　　（私は来年中国に行くつもりです）
　你准备考哪个学校？Nǐ zhǔnbèi kǎo nǎge xuéxiào?
　　　　　　　　　　（あなたはどの学校を受験するつもりですか）

"准备"には文字通り「準備する」という意味もあります。
　我准备考试。Wǒ zhǔnbèi kǎoshì.（私は試験の準備をします）

"想"は主述句を目的語としてとることもできます。この場合の"想"は「……と思う」という意味です。
　我想他一定来。Wǒ xiǎng tā yídìng lái.
　　　　　　　　　　（私は彼がきっと来ると思います）

「……と思う」という意味の動詞として，そのほか"看""认为 rènwéi""以为 yǐwéi"などがあります。
　我看这件衣服很好看。Wǒ kàn zhè jiàn yīfu hěn hǎokàn.
　　　　　　　　　　（私はこの服がとてもきれいだと思います）
　我认为你的意见很对。Wǒ rènwéi nǐ de yìjian hěn duì.
　　　　　　　　　　（私はあなたの意見がとても正しいと思います）
　我以为你知道这件事。Wǒ yǐwéi nǐ zhīdao zhè jiàn shì.
　　　　　　　　　　（私はあなたがこの事を知っていると思っていました）

上の例文の動詞"看""认为""以为"は，すべて主述句を目的語としてとっ

ています。最初の例文の"看"は「見て……と判断する」という意味です。2番目の例文の"认为"は断定的な判断を表します。それに対して，最後の例文の"以为"は事実と合わなかった判断を表します。"以为你知道"は「あなたが知っていると思っていたが，実際にはあなたは知らなかった」という内容を表します。「……と思っていた」という日本語訳になっていますが，「た」に惑わされて"了"をつけないように注意してください。なお，"知道"は"zhīdao"と発音しますが，"不知道"（知らない）の場合は"bù zhīdào"と発音します。

　主述句を目的語としてとることのできる動詞は結構たくさんありますが，さらにいくつか例文を挙げます。

老师说你很用功。Lǎoshī shuō nǐ hěn yònggōng.
　　　　　（先生はあなたがよく勉強すると言っています）
我知道你不喜欢他。Wǒ zhīdao nǐ bù xǐhuan tā.
　　　　　（私はあなたが彼を嫌っていることを知っています）
我希望你将来当老师。Wǒ xīwàng nǐ jiānglái dāng lǎoshī.
　　　　　（私はあなたが将来先生になることを希望します）
听说他哥哥住在美国。Tīngshuō tā gēge zhùzài Měiguó.
　　　　　（彼のお兄さんはアメリカに住んでいるそうです）

　上の3番目の例文は，"我希望当老师"とすると，「私は（自分が）先生になることを希望する → 私は先生になりたい」という意味になり，この場合の"希望"は，「……したいと思う」という意味の"想"とほぼ同じ意味になります。したがって，"我希望当老师"という文は，動詞"希望"が他の動詞句"当老师"を目的語にとっている文になります。

　最後の例文の動詞"听说"は「……と聞いている」という意味で，主語をつけて"我听说……"とすることもありますが，"听说……"で「……だそうだ」という意味を表すと覚えておいてください。

　中国語の「あなたの……をお祈りします」という言い方も，主述句を目的

語としてとる表現です。これは決まりきった言い方なので，普通は主語"我"をつけません。

祝您身体健康！ Zhù nín shēntǐ jiànkāng!
（あなたのご健康をお祈りします）

祝您工作顺利！ Zhù nín gōngzuò shùnlì!
（あなたのお仕事が順調であることをお祈りします）

祝您一路平安！ Zhù nín yílù píng'ān!（道中ご無事で）

祝您生日快乐！ Zhù nín shēngri kuàilè!（誕生日おめでとう）

上の例文ではすべてていねいな"您"が使われています。また，"祝"の後ろに続く"您身体健康"などは，すべて第3章の6で説明した主述述語文になります。

4、"動詞＋的＋名詞"

中国語で「好きな料理」などのように動詞を名詞に修飾させる場合には，動詞と名詞を"的"で結び"動詞＋的＋名詞"の形にします。"名詞"を言う必要のないときには省略可能です。

你喜欢的菜是什么？ Nǐ xǐhuan de cài shì shénme?
（あなたが好きな料理は何ですか）

我喜欢的是涮羊肉。 Wǒ xǐhuan de shì shuànyángròu.
（私が好きなのは羊肉のシャブシャブです）

上のあとの例文の"的"の後ろには"菜"が省略されていると考えられます。

我要的不是这个。 Wǒ yào de bú shì zhège.
（私がほしいのはこれではありません）

你手里拿的是什么？ Nǐ shǒu li ná de shì shénme?
（あなたが手に持っているものは何ですか）

上の2つの例文の"的"の後ろにも名詞がありませんが，「もの」が省略されていると考えてください。なお，あとの例文の"手里"は"在手里"とし

第8章 動詞に関する表現

てもかまいませんが,"手里拿"だけで「手に持つ」という意味になります。"手里"と"拿"の論理関係で「手に」という意味が出てくるのです。中国語ではこのように語と語の論理関係で意味が決まることがよくあります。

「私が買った本」のように「買う」という動作がすでに行われた場合も"動詞＋的＋名詞"で表します。この場合,"動詞"の後ろに"了"をつけてはいけません。

> 这是我买的书。Zhè shì wǒ mǎi de shū.（これは私が買った本です）
> 这是我画的画儿。Zhè shì wǒ huà de huàr.（これは私がかいた絵です）

実は"我买的书"には「私が買う本」と「私が買った本」の2通りの意味があるのですが,中国語ではどちらも"我买的书"で表します。「私が買う本」と訳してみて意味が通じない場合には「私が買った本」と訳してください。

次の例文は,いま挙げた例文を別の形に言い換えたものです。"的"のあとにはそれぞれ"书""画儿"が省略されていると考えられます。

> 这本书是我买的。Zhè běn shū shì wǒ mǎi de.
> 　　　　　　　　　　　　　　　　（この本は私が買ったものです）
> 这张画儿是我画的。Zhè zhāng huàr shì wǒ huà de.
> 　　　　　　　　　　　　　　　　（この絵は私がかいたものです）

上の例文は,第7章の7で説明した"是……的"の文のうち,過去の事実が「どのように（誰によって）行われたか」を強調する文といえないこともありませんが,やはり"的"のあとに名詞が省略されたものと考える方が適当でしょう。

"的"のあとに省略される名詞は「もの」だけではなく,「こと」や「人」の場合もあります。

> 这是你说的。Zhè shì nǐ shuō de.（これはあなたが言ったことです）
> 你是哪个国家的？Nǐ shì nǎge guójiā de?
> 　　　　　　　　　　　　　　　　（あなたはどこの国の人ですか）

上のはじめの例文の"的"のあとには「こと」が，あとの例文の"的"のあとには「人」が省略されていると考えられます。

「……するとき」「……したとき」と言う場合も，"動詞〔句〕＋的＋名詞"を使って，"……的时候"で表します。

你走的时候，请告诉我一声。Nǐ zǒu de shíhou, qǐng gàosu wǒ yì shēng.
（あなたが出かけるとき，私にひと声かけてください）

我去中国的时候，给你添了不少麻烦。
Wǒ qù Zhōngguó de shíhou, gěi nǐ tiānle bùshǎo máfan.
（私が中国に行ったとき，あなたにいろいろご面倒をおかけしました）

上のはじめの例文の"告诉我一声"は動詞"告诉"が目的語を2つとったものです。あとの例文の"添麻烦"は「面倒をかける」という意味で，この"麻烦"は名詞です。

5、進行の表現と"呢"

中国語で「……しているところだ」という進行を表す場合には，"在＋動詞"で表します。"在"については動詞と介詞の用法を学びましたが，進行を表す"在"は動詞の前に置かれているので副詞です。

進行を表す文の文末には，しばしば語気助詞の"呢 ne"が置かれます。"呢 ne"は軽声なので，"e"が日本語の「ア」のような発音になり，軽く「ナ」と発音します。

你在干什么呢? Nǐ zài gàn shénme ne?
（あなたは何をしているのですか）
我在写信呢。Wǒ zài xiě xìn ne.（私は手紙を書いているところです）

次の例文の"在＋動詞"は，意味的には英語文法でいう過去進行形ということになりますが，中国語では現在における進行も，過去における進行も同じ形で表されます。

第8章 動詞に関する表現

> 你去的时候，他在干什么呢？Nǐ qù de shíhou, tā zài gàn shénme ne?
> （あなたが行ったとき，彼は何をしていましたか）

"在"のかわりに"正在 zhèngzài"（ちょうど……しているところだ）が使われることもあります。

> 他们正在上课呢。Tāmen zhèngzài shàngkè ne.
> （彼らはちょうど授業中です）
> 老师们正在开会。Lǎoshīmen zhèngzài kāihuì.
> （先生たちはちょうど会議中です）

"呢"は動作が進行中であることを語気で補足する働きをしていますが，必ず必要だというわけではありません。

語気助詞"呢"には，そのほかいくつかの用法があります。ここでそれらについて見ておきます。

"呢"は簡単な語〔句〕のあとに置いて，「……は〔どうか，どこにあるのか〕？」という語気を表すことがあります。

> 我很好，你呢？Wǒ hěn hǎo, nǐ ne?
> （私は元気ですが，あなたは〔どうですか〕？）
> 你的书包呢？Nǐ de shūbāo ne?
> （あなたのカバンは〔どこにあるのですか〕？）

また，"呢"は疑問詞を用いた疑問文の文末に置いて，相手に答えを求めるような語気を表します。

> 这是什么呢？Zhè shì shénme ne?（これは何ですか）
> 怎么办呢？Zěnme bàn ne?（どうしましょう）

"还……呢"の形で用いて，「まだまだである」というような語気を表すこともあります。

> 还早呢。Hái zǎo ne.（まだ早いですよ）

我还没吃饭呢。Wǒ hái méi chīfàn ne.（私はまだ食事をしていません）

6、語気助詞

5で語気助詞"呢"について述べました。そのほかすでに学んだ語気助詞としては疑問を表す"吗"や，文末の"了"，および"是的"（そうです）や"挺……的"（とても……だ）の"的"があります。このうち"的"についてもう少し説明します。

"的"については様々な用法を学びましたが，語気助詞として使われた場合には確定の語気を表します。

是的。Shì de.（そうです，そのとおりです）
好的。Hǎo de.（よろしい，いいですよ，承知しました）
我知道的。Wǒ zhīdao de.（私は知っているのです）
挺热闹的。Tǐng rènao de.（とてもにぎやかです）

語気助詞は語気を表しているだけなので，省略しても文としては成立します。しかし，次の例文の"的"は省略することはできません。

真的吗？Zhēn de ma?（本当ですか）
真的。Zhēn de.（本当です）

"真的"の"的"は「……の」という意味で，あとに「こと」が省略されていると考えられます。

そのほかの語気助詞についても見ておきます。語気助詞はすべて軽声で発音します。

"吧 ba"は推量・軽い命令・提案などの語気を表します。なお，軽声になると無気音は日本語の濁音に近く発音されるので，"吧 ba"は軽く「バ」と発音します。

他是李老师吧？Tā shì Lǐ lǎoshī ba?（彼は李先生でしょう？）
请喝茶吧。Qǐng hē chá ba.（どうぞお茶をお飲みください）

第8章 動詞に関する表現

咱们一块儿走吧。Zánmen yíkuàir zǒu ba.
（私たちは一緒に行きましょう）

　上のはじめの例文の"吧"は、「……でしょう？」という推量を表しています。これを疑問の"吗"と混同しないようにしてください。"他是李老师吗？"であれば「彼は李先生ですか」という意味になります。最後の例文の"吧"は「……しましょう」という提案を表します。勧誘の語気といってもいいでしょう。なお、"咱们"は自分と話し相手を含めた「私たち」という意味です。

"啊 a"は感嘆・肯定・疑問・命令など様々な語気を表します。
今天很冷啊！Jīntiān hěn lěng a!（今日は寒いです！）
是啊！Shì a！（そうですよ！）
他来不来啊？Tā lái bu lai a?（彼は来るのですか）
你一定来啊！Nǐ yídìng lái a!（あなたはきっと来るんですよ）

"啊"は様々な語気を表すので難しく思われるかもしれませんが、すべてに共通する基本的な働きは表現をより口語的にすることです。上の例文の"啊"はすべて省略してもかまいませんが、"啊"をつけた方が口語的な生き生きとした表現になります。

　"啊"についてもう1つ覚えておかなければならないことは、"啊"の直前に来る音によって、"啊"の音が変化することがあるということです。中国語の音節は音としての独立性が高いので、英語の"an apple"が「アナップル」と発音されるような現象は基本的にないのですが、この"啊"だけは例外です。"啊"は直前に来る音によって次のような音の変化を起こすことがあります。

　直前に"a"または"e"または"i"または"o"または"ü"があるときに、"ya"に変わり、"呀 ya"と書くことがあります。

　また、直前に"u"または"ao"または"ou"があるときに、"wa"に変わり、"哇 wa"と書くことがあります。

　さらに、直前に"n"があるときに、"na"に変わり、"哪 na"と書くこと

があります。なお，"哪 na"は"哪 nǎ"と同じ字を使います。
　上の説明はやや複雑なので，もう少し単純化して次のように覚えておけばいいでしょう。

| -i ＋ a（啊） → ya（呀） |
| -u ＋ a（啊） → wa（哇） |
| -n ＋ a（啊） → na（哪） |

"啊"が音の変化を起こした例を挙げます。

> 他是谁呀？ Tā shì shéi ya?（彼は誰ですか）
> 你不走哇？ Nǐ bù zǒu wa?（あなたは行かないのですか）
> 汉语很难哪！ Hànyǔ hěn nán na!（中国語は難しいですね！）

　最後に，"吗"と同音の語気助詞"嘛 ma"について見ておきます。"嘛"は「当然だ」というような語気を表します。「……なんだから」と訳すことが多いのですが，「……なんだから当然だ」というようなニュアンスをもっています。

> 他还小嘛！ Tā hái xiǎo ma!
> 　　　　　（彼はまだ小さいんだから，彼はまだ子供なんだから）
> 那当然，我是中国人嘛！ Nà dāngrán, wǒ shì Zhōngguórén ma!
> 　　　　　（それは当然です，私は中国人なんですから）

"嘛"と"吗"とは同音なので，"他还小嘛！"と"他还小吗？"（彼はまだ小さいですか）を発音で区別できないように思われるかもしれませんが，実際には当然の語気を表す"嘛"はやや低めに発音され，疑問の語気助詞"吗"はやや高めに発音されます。

7、連動式文

　中国語で「……しに行く」と言う場合には"去＋動詞"で表します。「行って……する」という形にするわけで，中国語ではこのように複数の動詞を使う文では，動作の行われる順に動詞を並べます。同様に「……しに来る」と言う場合も"来＋動詞"（来て……する）で表します。このように動作の行わ

第8章 動詞に関する表現

れる順に動詞を並べる文を,「動詞を連ねて使う文」という意味で連動式文といいます。連動式文で最も多いのは"去＋動詞"と"来＋動詞"です。

我去拿。Wǒ qù ná.（私は行って取ります → 私は取りに行きます）
你来拿。Nǐ lái ná.
（あなたは来て取りなさい → あなたは取りに来なさい）

"去""来"が目的語をとることもあります。また,"去""来"のあとに動詞句が置かれることもあります。

你去干什么？Nǐ qù gàn shénme?（あなたは何をしに行くのですか）
我去邮局寄信。Wǒ qù yóujú jì xìn.
（私は郵便局に手紙を出しに行きます）
你来这儿看看。Nǐ lái zhèr kànkan.
（あなた, ここに来てちょっと見てください）

上の最初の例文の日本語訳は「何をしに行く」となっていますが, 中国語で表すときには「行って何をする」という語順にします。あとの2つの例文でも同様です。

「食事に行く」も同様に「行って食事をする」という語順にするのが普通ですが, この表現を使って北京語でしばしば使われる表現についても説明しておきます。

咱们去吃饭吧。Zánmen qù chīfàn ba.（私たちは食事に行きましょう）
咱们去饭馆吃饭吧。Zánmen qù fànguǎn chīfàn ba.
（私たちはレストランに食事に行きましょう）

上の2つの例文は「(レストランに) 行って食事をする」という語順の連動式文ですが,"咱们去吃饭吧"は北京語では次のようにも言います。

咱们吃饭去吧。Zánmen chīfàn qù ba.（私たちは食事に行きましょう）

上の北京語の例文では, 動作の行われる順に動詞が並べられておらず,"去"が"吃饭"のあとに置かれています。また,"吃饭"のあとに置かれた"去"は, 動詞としての働きが弱まっていて目的語をとることができません。

したがって、"×吃饭去饭馆"と言うことはできません。さらに北京語では"去吃饭去"のように，"去"を2つ使って「食事に行く」という意味を表すこともあります。

「食事をしに来る」は「来て食事をする」と考えて"来吃饭"とするのが普通ですが，北京語ではこれも"吃饭来"と言うことがあります。しかし，これを間違いだとする中国人が多いようですから使わない方がいいでしょう。

上で"動詞〔句〕＋来"は使わない方がいいと述べましたが，"動詞〔句〕＋来了"は「……しに来た」という意味として成立します。同様に「……しに行った」は"動詞〔句〕＋去了"で表されます。もちろん，「……しに来た」「……しに行った」という意味で，それぞれ"来＋動詞〔句〕＋了""去＋動詞〔句〕＋了"を使ってもかまいません。

我来看你了。Wǒ lái kàn nǐ le.（私はあなたに会いに来ました）
我看你来了。Wǒ kàn nǐ lái le.（同上）
他去开会了。Tā qù kāihuì le.（彼は会議に行きました）
他开会去了。Tā kāihuì qù le.（同上）

次も連動式文です。

我坐火车去。Wǒ zuò huǒchē qù.（私は汽車に乗って行きます）
中国人用筷子吃饭。Zhōngguórén yòng kuàizi chīfàn.
　　　　　　　　　　（中国人は箸を使って食事をします）
你替我参加吧。Nǐ tì wǒ cānjiā ba.
　　　　　　　　　　（あなたは私にかわって参加してください）

上の例文の"坐""用"を「(汽車)で」「(箸)で」のような意味と考えて，これらを動詞ではなく介詞だとする人もいます。"替"についても「交代する」という動詞としての強い意味はなくなっていると考えて，やはり介詞だとする人もいます。しかし，本書では"坐""用""替"はすべて動詞と考えることにします。上の3つの例文はすべて動作の行われる順に動詞が並べられた連動式文と考えられます。

第8章 動詞に関する表現

　さきほど「……しに行く」という意味の北京語"動詞〔句〕＋去"について説明しましたが，"坐火车去"は「汽車に乗って行く」という意味のほかに，北京語では「汽車に乗りに行く」という意味をもつことになります。

　"来＋動詞〔句〕"の"来"が，「来る」という具体的な意味を表さない場合があります。

> 我来拿。Wǒ lái ná.（私が持ちましょう）
> 我来介绍一下。Wǒ lái jièshào yíxià.
> 　　　　　　　　　　　　（私からちょっとご紹介しましょう）
> 你来唱。Nǐ lái chàng.（あなたが歌ってください）

　上の最初の例文は「私が来て持つ」という意味にもなりえますが，しばしば（　）内の日本語訳のような意味で使われます。この"来"は，「私」が積極的に"拿"という動作に取り組むような気持ちを表しています。2番目の例文も同様の例です。これらの"来"は省略しても文の基本的な意味は変わりませんが，これらの"来＋動詞〔句〕"も連動式文の1種と考えられます。最後の例文の"来"は，相手に積極的に動作に取り組むことを促すような気持ちを表しています。中国語では相手に向かって「さあ，さあ」と何かを促す意味で，"来，来！"と言うこともあります。

　次のような文も連動式文と同種の文と考えていいように思われます。

> 你来日本两年了。Nǐ lái Rìběn liǎng nián le.
> 　　　　　　　　　　　（あなたは日本に来て2年になります）
> 我学汉语快一年了。Wǒ xué Hànyǔ kuài yì nián le.
> 　　　　　　　　　　　（私は中国語を学んでもうすぐ1年になります）

　上のはじめの例文の"两年〔了〕"の部分は動詞ではありませんが，主語"我"に対して，"来日本"という述語と"两年〔了〕"という述語が連用されています。あとの例文でも同様です。

練習

（　　）内の語や語句を使って中国語に訳しなさい。

① 私たちはちょっと相談します。（**商量** shāngliang）

② あなたたちはしばらく休憩しなさい。（**休息** xiūxi）

③ 王先生は私に中国語文法を教えてくれます。（**汉语语法** Hànyǔ yǔfǎ）

④ あなたは私に紙を1枚取ってください。（**递给** dìgěi）

⑤ 私は卓球をするのが好きです。（**打乒乓球** dǎ pīngpāngqiú）

⑥ あなたはいつレポートを書くつもりですか。（**报告** bàogào）

⑦ 私はあなたがきっと同意してくれると信じています。（**相信** xiāngxìn）

⑧ この万年筆は父が私にプレゼントしてくれたものです。
（**自来水笔** zìláishuǐbǐ）

⑨ 彼はちょうど宿題をしているところです。（**做作业** zuò zuòyè）

⑩ 私は中国に留学に行きたいと思います。（**留学** liúxué）

第9章 形容詞に関する表現

1、「ちょっと……」

　形容詞を使って「ちょっと……」と言う場合には，形容詞の後ろに"**一点儿** yìdiǎnr"を置いて"形容詞＋**一点儿**"とします。
　　这个好一点儿。Zhège hǎo yìdiǎnr.（これはちょっといい）
　"**一点儿**"は，程度や量が「ちょっと，少し」という意味です。"**一**"を省略して"**点儿** diǎnr"とだけ言うこともあります。

　"**一点儿**"のかわりに"**一些** yìxiē"を使っても「ちょっと……」という意味を表します。
　　那个大一些。Nàge dà .yìxiē.（あれはちょっと大きい）
　"**一些**"も単に"**些** xiē"と言うことがあります。"〔**一**〕**些**"は"〔**一**〕**点儿**"よりやや硬い感じがする語です。

　"形容詞＋〔**一**〕**点儿**"が動詞の前に置かれ，副詞的に使われる場合があります。
　　你快点儿走吧。Nǐ kuài diǎnr zǒu ba.
　　　　　　　　　　　　　（あなたはちょっとはやく歩きなさい）
　　请慢点儿说。Qǐng màn diǎnr shuō.
　　　　　　　　　　　　　（ちょっとゆっくり話してください）

　また，"形容詞＋〔**一**〕**点儿**"だけで1種の命令文になることもあります。
　　快点儿。Kuài diǎnr.（ちょっと急いで）
　　慢点儿。Màn diǎnr.（ゆっくりと，あわてないで）

　「ちょっと，少し」という意味の副詞に"**稍微** shāowēi"がありますが，し

ばしば"稍微＋形容詞＋〔一〕点儿"の形で使われます。"稍微"と"〔一〕点儿"を2つとも日本語に訳出すると冗漫な表現になりますが，中国語では自然な表現です。"稍微"は形容詞の前に置き，"〔一〕点儿"は形容詞の後ろに置くことに注意してください。また，"〔一〕点儿"のかわりに"〔一〕些"を使ってもかまいません。

今天稍微凉快一点儿。Jīntiān shāowēi liángkuai yìdiǎnr.
(今日はちょっと涼しい)

今天稍微暖和一些。Jīntiān shāowēi nuǎnhuo yìxiē.
(今日はちょっと暖かい)

"稍微"は動詞の前に置くこともありますが，その場合はしばしば"稍微＋動詞＋一下"などの形で使われます。

请稍微等一下。Qǐng shāowēi děng yíxià.（ちょっと待ってください）
请稍微等一会儿。Qǐng shāowēi děng yíhuìr.（同上）
请稍微等一等。Qǐng shāowēi děng yi děng.（同上）

"稍微"は単に"稍 shāo"と言うこともあります。"稍〔微〕"は"一"のつくことばと呼応して使われると覚えておくといいでしょう。

"〔一〕点儿""〔一〕些"は量的な「ちょっと，少し」という意味も表すので，名詞の前に置くこともできます。

我喝一点儿水。Wǒ hē yìdiǎnr shuǐ.（私は少し水を飲みます）
我吃些东西。Wǒ chī xiē dōngxi.（私はちょっと何か食べます）

上の例文の述語の部分は，文法的に次のように考えられます。

喝	一点儿水	（少しの水を飲む）
動詞	目的語	
吃	些东西	（少しのものを食べる）
動詞	目的語	

第9章　形容詞に関する表現

"一点儿""一些"は，数詞"一"に量詞"点儿""些"がついた語と考えられ，品詞名を数量詞といいます。

動詞を使った文の中で，"一点儿""一＋量詞""一会儿"が副詞"多""再"と併用される場合があります。

> 你多吃一点儿吧。Nǐ duō chī yìdiǎnr ba.
> 　　　　　　　　（あなたはもっとたくさん食べてください）
> 请再说一遍。Qǐng zài shuō yí biàn.（もう1度言ってください）
> 你多坐一会儿吧。Nǐ duō zuò yíhuìr ba.
> （あなたはもうしばらく座ってください，もう少しゆっくりしてください）

上の最初の例文の"多吃一点儿"は「もう少し多めに食べる」という意味ですが，副詞"多"は動詞の前に，"一点儿"は動詞の後ろに置きます。他の例文でも同様です。

「ちょっと暑い」「ちょっと遅い」などのように不如意なことを表す場合には，形容詞の前に副詞"有点儿 yǒudiǎnr"を置いて"有点儿＋形容詞"とします。

> 房间里有点儿热。Fángjiān li yǒudiǎnr rè.（部屋の中はちょっと暑い）
> 速度有点儿慢。　Sùdù yǒudiǎnr màn.（速度がちょっと遅い）
> 这个菜有点儿辣。Zhège cài yǒudiǎnr là.（この料理はちょっと辛い）
> 我有点儿头疼。　Wǒ yǒudiǎnr tóuténg.（私はちょっと頭が痛い）

"有点儿"は"有一点儿 yǒuyìdiǎnr"とも言います。また，"有〔一〕点儿"とほぼ同義の語に"有些 yǒuxiē""有一些 yǒuyìxiē"がありますが，"有〔一〕些"は"有〔一〕点儿"よりやや硬い感じがする語です。

"有点儿……"は不如意なことを表すので，"……"に否定形が入ることもあります。

> 我有点儿不舒服。Wǒ yǒudiǎnr bù shūfu.（私はちょっと気分が悪い）
> 他有点儿不高兴。Tā yǒudiǎnr bù gāoxìng.（彼はちょっと機嫌が悪い）

次の例文にも"有点儿"が含まれていますが，上で述べたものとは異なります。

外边有点儿风。Wàibian yǒu diǎnr fēng.（外は少し風があります）
还有点儿希望。Hái yǒu diǎnr xīwàng.（まだ少し希望があります）

上の例文の"有点儿……"は，文法的には次のように考えられます。

<u>有</u>	点儿风	（少しの風がある）
動詞	目的語	
<u>有</u>	点儿希望	（少しの希望がある）
動詞	目的語	

したがって，上の"**有点儿**"は1語の副詞ではなく，"**有**"と"**点儿**"の2語です。

"形容詞＋了＋点儿"でも，不如意な「ちょっと……（すぎる）」を表すことができます。

这双鞋小了点儿。Zhè shuāng xié xiǎole diǎnr.
　　　　　　　　　　　　　　（この靴はちょっと小さすぎます）
这条裤子短了点儿。Zhè tiáo kùzi duǎnle diǎnr.
　　　　　　　　　　　　　（このズボンはちょっと短かすぎます）
这件衣服瘦了点儿。Zhè jiàn yīfu shòule diǎnr.
　　　　　　　　　　　　　　（この服はちょっと窮屈です）

これは試してみたあとで不満を述べる表現です。例えば上のはじめの例文は，靴を試着してみたあとで，「ちょっと小さい」と不満を述べたものです。他の例文も同様です。

なお，"**点儿**"のかわりに"**一点儿**""〔一〕些"を使ってもかまいませんが，この表現では"**点儿**"が多用されるようです。

2、比較の表現

「AはBより……だ」という比較の表現は，介詞 "比 bǐ" を使って "A比B＋形容詞" で表します。

这个比那个贵。 Zhège bǐ nàge guì.（これはあれより値段が高い）
我比小张大。 Wǒ bǐ Xiǎo Zhāng dà.（私は張さんより年上です）

比較の表現では，形容詞の前に比較の度合いを表す副詞を伴うことがあります。

这个比那个还贵。 Zhège bǐ nàge hái guì.
（これはあれよりさらに値段が高い）
这个比那个更贵。 Zhège bǐ nàge gèng guì.（同上）

"还" や "更" のかわりに "很" や "非常" を用いることはできません。"很" や "非常" は程度を表す副詞ですが，比較の度合いを表さないからです。

「Bよりどれだけ……だ」の「どれだけ」にあたることばは，形容詞の後ろに置きます。

这个比那个贵一点儿。 Zhège bǐ nàge guì yìdiǎnr.
（これはあれよりちょっと値段が高い）
这个比那个贵两块钱。 Zhège bǐ nàge guì liǎng kuài qián.
（これはあれより2元値段が高い）
你比小张大几岁？ Nǐ bǐ Xiǎo Zhāng dà jǐ suì?
（あなたは張さんより何歳年上ですか）

"比" を使った比較を表す文をいくつか挙げます。

大的比小的好。 Dà de bǐ xiǎo de hǎo.（大きいのは小さいのよりいい）
我的水平比他差。 Wǒ de shuǐpíng bǐ tā chà.
（私のレベルは彼より劣ります）
他比以前胖了。 Tā bǐ yǐqián pàng le.（彼は以前より太りました）

上の最初の例文の "大的" "小的" のあとには，「もの」が省略されていま

す。2番目の例文では，厳密な論理関係から考えれば"我的水平"と"他"を比較することはできませんが，文として成立します。日本語の「私のレベルは彼より劣る」も成立します。3番目も同様の例文です。

"比"の後ろには簡単な名詞〔句〕が置かれるだけではありません。
　她比结婚以前瘦了。Tā bǐ jiéhūn yǐqián shòu le.
　　　　　　　　　　　　　　　（彼女は結婚する前より痩せました）
　坐飞机去比坐火车去快。Zuò fēijī qù bǐ zuò huǒchē qù kuài.
　　　　　　　　　　（飛行機に乗って行く方が汽車に乗って行くよりはやい）

上のはじめの例文では，"比"の後ろに"结婚以前"というやや複雑な名詞句が置かれています。"動詞〔句〕＋以前"は「……する前」という意味です。あとの例文では，主語が"坐飞机去"という動詞句になっています。中国語では動詞や形容詞が主語になることがあります。"比"の後ろの"坐火车去"も動詞句です。

"比"を使ったフレーズも覚えておきましょう。次の例文の"一天比一天"は「日一日」，"一年比一年"は「年々」という意味です。
　天气一天比一天暖和了。Tiānqì yì tiān bǐ yì tiān nuǎnhuo le.
　　　　　　　　　　　　　（気候が日一日と暖かくなってきました）
　人口一年比一年增多了。Rénkǒu yì nián bǐ yì nián zēngduō le.
　　　　　　　　　　　　　　　　（人口が年々増えてきました）

「AはBほど……ではない」という否定文を作るときには，"不"を"比B＋形容詞"の前に置いて，述語全体を否定します。
　今天不比昨天冷。Jīntiān bù bǐ zuótiān lěng.（今日は昨日ほど寒くない）

第4章の5で介詞について説明したときにはふれませんでしたが，介詞を用いた文を否定文にするときには，一般に"不"や"没〔有〕"などの否定詞を介詞の前に置いて述語全体を否定します。

> 我还没给他打电话。Wǒ hái méi gěi tā dǎ diànhuà.
> 　　　　　　　　　　　　（私はまだ彼に電話をかけていません）
> 我不跟他说话。Wǒ bù gēn tā shuōhuà.（私は彼と話をしません）

「AはBほど……ではない」は次のようにして表すこともできます。

> 他没有我这么高。Tā méiyǒu wǒ zhème gāo.
> 　　　　　　　　　　　　（彼は私ほど背が高くない）
> 我没有他那么高。Wǒ méiyǒu tā nàme gāo.（私は彼ほど背が高くない）

　上の例文の"这么""那么"は，それぞれ「こんなに」「そんなに，あんなに」という意味ですが，省略してもかまいません。"这么""那么"のかわりに"这样 zhèyàng"（このように）や"那样 nàyàng"（そのように，あのように）を使うこともありますが，簡略化して"A没〔有〕B＋形容詞"で「AはBほど……ではない」と覚えておくといいでしょう。

　"那么"が出てきたついでに，"那么"には「それなら」という意味の接続詞としての用法があることも覚えておきましょう。接続詞の"那么"は単に"那 nà"とも言いますが，その場合に「それ，あれ」という指示代名詞と勘違いしないように注意してください。

> 那么拜托您了。Nàme bàituō nín le.（それじゃああなたにお願いします）
> 那就这样吧。Nà jiù zhèyàng ba.（それじゃあそうしましょう）

　上のあとの例文の"就"は「……の場合には」というような意味を表す副詞で，条件を受ける働きをします。しばしば"那〔么〕就……"で，「それじゃあ（その場合には）……」という意味を表します。"这样"は提案の語気助詞"吧"を伴って「このようにしましょう」という意味になっています。日本語では普通「それじゃあそうしましょう」と言いますが，これは"这""那"が日本語の「これ」「それ，あれ」に厳密に対応するわけではない例の１つです。

　"A不如 bùrú B＋形容詞"としても「AはBほど……ではない」という意味を表します。"A不如B"は「AはBに及ばない」という意味です。

这个不如那个好。Zhège bùrú nàge hǎo.（これはあれほどよくない）
哥哥不如姐姐和气。Gēge bùrú jiějie héqi.（兄は姉ほど優しくない）

"A不如B"は「AはBに及ばない」という意味なので，次のように使うこともできます。

大家都不如她。Dàjiā dōu bùrú tā.（みんな彼女に及びません）
百闻不如一见。Bǎiwén bùrú yíjiàn.（百聞は一見にしかず）

また，"不如"のあとに主述句や動詞句を置くと，「……した方がいい」という意味になります。

我做不如你做。Wǒ zuò bùrú nǐ zuò.
（私がするよりあなたがする方がいい）
今天去不如明天去。Jīntiān qù bùrú míngtiān qù.
（今日行くより明日行く方がいい）

上の例文は，文末にさらに形容詞"好"を置いて，"我做不如你做好""今天去不如明天去好"と言うこともできます。

3、"多么＋形容詞"

"多么 duōme"を形容詞の前に置くと，「何と……だろう」という1種の感嘆文ができます。

多么美！Duōme měi!（何と美しいんだろう）
多么讨厌！Duōme tǎoyàn!（何と嫌らしい）

文末に感嘆の語気助詞"啊"を伴うこともあります。また，"多么"は単に"多"と言うこともあります。

这儿的风景多么美丽啊！Zhèr de fēngjǐng duōme měilì a!
（ここの風景は何と美しいんだろう）
这部电影多有意思啊！Zhè bù diànyǐng duō yǒu yìsi a!
（この映画は何とおもしろいんだろう）

第9章　形容詞に関する表現

上のあとの例文の"有意思"の"意思"は「意味」という意味で，"有意思"で「意味がある」となりますが，そこから少し意味がずれて「おもしろい」という意味になっています。「つまらない」は"没意思 méi yìsi"と言います。

"多么""多"には「どのくらい」という疑問詞としての用法もあります。疑問詞として使われる場合は，"多么"よりも"多"が多用されます。

你多大？　Nǐ duō dà?（あなたは何歳ですか）
要多长时间？　Yào duō cháng shíjiān?
　　　　　　　　　（どのくらいの時間がかかりますか）
还有多远？　Hái yǒu duō yuǎn?（あとどのくらいの距離がありますか）
这座塔有多高？　Zhè zuò tǎ yǒu duō gāo?
　　　　　　　　　（この塔はどのくらいの高さがありますか）
这条河有多深？　Zhè tiáo hé yǒu duō shēn?
　　　　　　　　　（この川はどのくらいの深さがありますか）

上の最初の例文は第6章の7に挙げた年齢の尋ね方です。"大"には「年をとっている」という意味があるので，"多大"で「どのくらい年をとっている→何歳ですか」という意味になります。2番目の例文の"多长"は「どのくらい長い」という意味で，その後ろに"时间"（時間）が置かれています。その他の例文の"多远""多高""多深"は，それぞれ「どのくらい遠い」「どのくらい高い」「どのくらい深い」という意味です。"有"は省略することもできますが，"有"があった方が「どのくらいの……があるのか」という意味がはっきりします。

もちろん，上の"多大""多长""多远""多高""多深"は「何と大きい」「何と長い」……という意味にもなりえます。感嘆の意味なのか，疑問の意味なのかは文脈で決めなければなりません。

4、"可〔真〕＋形容詞"と"够＋形容詞"

"可 kě"には，「本当に，まったく，絶対に」という意味の副詞としての用法があります。

那可不行！Nà kě bùxíng!（それは絶対にだめです）
你可别忘了！Nǐ kě bié wàng le!
（あなたは絶対に忘れてしまわないでください）

上のあとの例文の"忘了"は「忘れた」ではなく，「忘れてしまう」という意味です。

"可"を形容詞の前に用いるときには，しばしば文末に語気助詞"了"や"呢"を伴います。

可有意思了！Kě yǒu yìsi le!（本当におもしろい）
人可多呢！Rén kě duō ne!（人が本当に多いですね）

上のはじめの例文の"了"は，きっぱりと言い切る語気を表す語気助詞です。あとの例文の"呢"は，誇張の語気を表す語気助詞です。"呢"については第8章の5で述べた用法のほか，誇張の語気についても覚えておいてください。

"可"の後ろにさらに，「本当に，じつに」という意味の副詞"真"を重ねて"可真＋形容詞"とすることもあります。2つの副詞をどちらも訳出すると冗漫な日本語になりますが，中国語では自然な表現です。

今天可真热！Jīntiān kě zhēn rè!（今日は本当に暑い）
最近可真倒霉！Zuìjìn kě zhēn dǎoméi!（最近本当についていない）
这个点心可真好吃！Zhège diǎnxin kě zhēn hǎochī!
（このお菓子は本当においしい）

"够 gòu"には「十分に」という意味の副詞としての用法がありますが，"够＋形容詞"を用いた文では，しばしば文末に語気助詞"的"を伴います。

今天够冷的！Jīntiān gòu lěng de!（今日はひどく寒い）
你够累的！Nǐ gòu lèi de!（あなたはひどく疲れたでしょう）

"够＋形容詞＋的"のあとにさらに語気助詞"了"を伴うこともあります。

这个菜够辣的了！Zhège cài gòu là de le!（この料理はひどく辛い）
你够辛苦的了！Nǐ gòu xīnkǔ de le!
　　　　　　　（あなたはひどく疲れたでしょう，本当にご苦労様でした）

　次の例文に使われている"够"は副詞ではなく，「十分だ，足りる」という意味の形容詞です。

钱够吗？Qián gòu ma?（お金は足りますか）
时间不够。Shíjiān bú gòu.（時間が足りません）
够了。Gòu le.（十分です）

5、その他の副詞と形容詞を用いた表現

　ここでは形容詞とともに使われる副詞をいくつか見ておきます。
　"好"には「とても，ひどく」という意味の副詞としての用法があります。

外边好热闹。Wàibian hǎo rènao.（外はひどくにぎやかだ）
这件衣服好漂亮。Zhè jiàn yīfu hǎo piàoliang.
　　　　　　　　　　　　　　　（この服はとてもきれいだ）

　"怪 guài"には「すごく，ひどく」という意味の副詞としての用法があります。文末にしばしば語気助詞"的"を伴います。

他怪可怜的。Tā guài kělián de.（彼はすごくかわいそうだ）
那怪可惜的。Nà guài kěxī de.（それは実に惜しい）

　次の例文の"怪"は副詞ではありません。

他有点儿怪。Tā yǒudiǎnr guài.（彼はちょっと変だ）
你别怪我。Nǐ bié guài wǒ.（あなたは私を責めないでください）

　上のはじめの例文の"怪"は「変だ，おかしい」という意味の形容詞で，あとの例文の"怪"は「責める，とがめる」という意味の動詞です。

　"顶 dǐng"には「最も，いちばん」という意味の副詞としての用法がありま

す。"最"とほぼ同義です。

  他顶聪明。Tā dǐng cōngming.（彼がいちばん賢い）
  我顶喜欢吃生鱼片。Wǒ dǐng xǐhuan chī shēngyúpiàn.
       （私は刺身を食べるのがいちばん好きです）

"顶"には，"一顶帽子"（1つの帽子）のように帽子を数える量詞としての用法もあります。

"十分 shífēn"は「たいへん，非常に」という意味の副詞です。あとに多く2音節の形容詞をとります。"非常"より硬いことばです。

  我十分高兴。Wǒ shífēn gāoxìng.（私は非常にうれしい）
  情况十分复杂。Qíngkuàng shífēn fùzá.（状況はたいへん複雑だ）

"不算 bú suàn"は1語の副詞ではなく，「勘定に入らない」という意味の2語ですが，形容詞の前に置くと「……と認められない，それほど……とはいえない」という意味を表します。

  这件事不算重要。Zhè jiàn shì bú suàn zhòngyào.
       （この事はそれほど重要とはいえない）
  这一带交通不算太方便。Zhè yídài jiāotōng bú suàn tài fāngbiàn.
       （この一帯は交通がそれほど便利とはいえない）

上のあとの例文は"不算太＋形容詞"の形になっています。

6、形容詞の重ね型

1音節の形容詞のあるものは2つ重ねると強意形になり，愛らしさや親しみを表すことがあります。

  她的脸红红的。Tā de liǎn hónghóng de.（彼女の顔は真っ赤だ）
  他个子高高的。Tā gèzi gāogāo de.（彼は背がとても高い）

形容詞の重ね型はそれだけでは述語になることができず，述語になる場合は必ず"的"を伴います。また"很"や"非常"などの副詞の修飾を受けることはできません。

第9章 形容詞に関する表現

"1音節の形容詞の重ね型+的"の後ろには，名詞を置くこともあります。

她长长的头发。Tā chángcháng de tóufa.
（彼女はとても長い髪をしている）

那个孩子大大的眼睛。Nàge háizi dàdà de yǎnjing.
（あの子はぱっちりした目をしている）

上の例文は"她有长长的头发"のように動詞"有"を加えてもかまいませんが，"1音節の形容詞の重ね型+的+名詞"はこれだけでも述語になることができます。

2音節の形容詞で重ね型になるものもありますが，重ね方に注意してください。2音節の形容詞を"AB"で表すと，その重ね方は"A<u>A</u>BB"となります。また，重ね型では下線を引いた2番目の"<u>A</u>"を少し軽く発音することもあります。2音節の形容詞の重ね型は強意を表します。

房间里干干净净的。Fángjiān li gāngān-jìngjìng de.
（部屋の中はとてもきれいだ）

他生活朴朴素素的。Tā shēnghuó pǔpǔ-sùsù de.
（彼は生活がとても質素だ）

上の例文の"干干净净""朴朴素素"はそれぞれ形容詞"干净 gānjìng""朴素 pǔsù"を重ね型にしたものですが，やはり"的"を伴って述語になっています。2音節の形容詞の重ね型は"的"を伴わずに述語となることもありますが，その場合は普通"**房间里干干净净**，……"のように後ろにさらに文が続きます。

形容詞の重ね型が副詞的に使われることもあります。この場合，重ね型の末尾がしばしばアル化します。

你慢慢儿吃。Nǐ mànmānr chī. （あなたはゆっくり食べなさい）
你好好儿学习。Nǐ hǎohāor xuéxí. （あなたはしっかり勉強しなさい）

上の例文の"慢慢儿""好好儿"は，"慢慢 mànmàn""好好 hǎohǎo"とも言いますが，口語ではしばしばアル化し，下線を引いた2番目の"<u>慢</u>儿 mānr"

"好儿 hāor"が第1声に変調します。

　また，"慢慢儿""好好儿"のあとに"地 de"を伴って，"慢慢儿地""好好儿地"としても同じ意味を表します。"地"は"的"と同じ発音です。"……地"の"地"は"……"の部分が副詞的に使われていることを示す助詞です。

　2音節の形容詞の重ね型も副詞的に使うことができますが，この場合には必ず"地"が必要です。

> 他们高高兴兴地聊天儿。Tāmen gāogāo-xìngxìng de liáotiānr.
> 　　　　　　　　　　（彼らは大喜びでおしゃべりをしています）
> 我们痛痛快快地玩儿了一天。Wǒmen tòngtòng-kuàikuài de wánrle yì tiān.
> 　　　　　　　　　　（私たちはとても愉快に1日遊びました）

　上の例文の"高高兴兴""痛痛快快"は，それぞれ形容詞"高兴""痛快 tòngkuai"を重ね型にしたものです。"痛快"の"快"は一般に軽声で発音しますが，"痛痛快快"と重ね型にした場合には，"快快"の部分を強く発音します。また，"聊天儿""玩儿"はそれぞれ「おしゃべりをする」「遊ぶ」という意味の動詞ですが，動詞でもこのようにアル化するものがあります。

　さきほど2音節の形容詞"ＡＢ"の重ね型は"ＡＡＢＢ"だと述べましたが，重ね型が"ＡＢＡＢ"となる形容詞もあります。

> 她的皮肤雪白雪白的。Tā de pífū xuěbái xuěbái de.
> 　　　　　　　　　　（彼女の肌は真っ白だ）
> 我喝了冰凉冰凉的水。Wǒ hēle bīngliáng bīngliáng de shuǐ.
> 　　　　　　　　　　（私は氷のように冷たい水を飲みました）

　上のはじめの例文の"雪白"は「雪のように白い」という意味で，あとの例文の"冰凉"は「氷のように冷たい」という意味です。このように「ＡのようにＢだ」という意味をもつ形容詞"ＡＢ"の重ね型は"ＡＢＡＢ"となります。なお，この種の形容詞は"很"や"非常"などの修飾を受けることはできません。

第9章 形容詞に関する表現

そのほか，"**热乎乎** rèhūhū"（ほかほか温かい）"**冷冰冰** lěngbīngbīng"（冷ややかだ）"**硬邦邦** yìngbāngbāng"（がんじょうだ）"**绿油油** lǜyōuyōu"（青くてつやつやしている）"**暖融融** nuǎnróngróng"（ぽかぽか暖かい）など，"ＡＢＢ"型のものがあります。また，"**糊里糊涂** húlihútú"（愚かである）"**啰里啰唆** luōliluōsuō"（くどくどしい）など，"Ａ里ＡＢ"型のものもあります。これらも後ろに"的"を伴って述語になりますが，これらはこれで１つの語として覚えていくのがいいでしょう。なお，"ＡＢＢ"型のものは"ＢＢ"の部分をどちらも第１声で発音するものが多いようです。

練習

（　）内の語を使って中国語に訳しなさい。

① 母の病気はちょっとよくなりました。（病 bìng）

② 私はちょっと緊張しています。（紧张 jǐnzhāng）

③ この服はちょっとだぶだぶです。（肥 féi）

④ 今年は例年よりちょっと寒い。（往年 wǎngnián）

⑤ 彼は何と失礼なんだ！（礼貌 lǐmào）

⑥ 天安門はどのくらいの高さがありますか。（天安门 Tiān'ānmén）

⑦ 彼のお姉さんは本当に怖い！（厉害 lìhai）

⑧ 彼女は大喜びで帰宅しました。（回家 huíjiā）

⑨ あの子はまん丸な顔をしている。（圆 yuán）

⑩ 外は真っ暗だ。（漆黑 qīhēi）

第10章 助動詞

1、"会" と "能"

「……することができる」と日本語訳される助動詞で、最もよく使われるものに"会 huì"と"能 néng"があります。ここではまず"会"と"能"の使い分けについて学びます。

助動詞"会"は、学習や訓練をへて獲得した技術について「……することができる」という意味を表します。助動詞は動詞の前に置きます。助動詞"会"を用いた文の肯定形・否定形・疑問形を見てみましょう。

> 我会开车。Wǒ huì kāichē.（私は車の運転ができます）
> 我不会开车。Wǒ bú huì kāichē.（私は車の運転ができません）
> 你会开车吗？Nǐ huì kāichē ma?（あなたは車の運転ができますか）
> 你会不会开车？Nǐ huì bu huì kāichē?（同上）
> 你会开车不会？Nǐ huì kāichē bu huì?（同上）

"开车"は「車を運転する」という意味の動詞ですが、車の運転技術は学ばなければ獲得できません。したがって、「車を運転することができる」と言う場合には"会开车"とします。

否定文を作るときには、"不"を助動詞の前に置いて"不会……"とします。疑問文を作るときには、文末に"吗"を置くか、肯定形"会"と否定形"不会"を組合せます。否定形の部分は軽く発音します。

疑問文に簡単に答えるときには、次のように言います。

> 会。Huì.（できます）
> 不会。Bú huì.（できません）

助動詞"会"を用いた文をいくつか挙げます。すべて学習や訓練をへて獲得した技術について「……することができる」という意味を表しています。

> 我会滑冰。Wǒ huì huábīng.（私はスケートができます）

> 我不会游泳。Wǒ bú huì yóuyǒng.（私は泳げません）
> 你会说汉语吗？Nǐ huì shuō Hànyǔ ma?（あなたは中国語を話せますか）
> 我会说一点儿汉语。Wǒ huì shuō yìdiǎnr Hànyǔ.
> （私は中国語を少し話せます）

　上の最後の例文は，3番目の例文に対する答えになっています。ここでは"一点儿"が使われていますが，"一点儿汉语"で「少しの中国語」という意味になっています。

　上の3番目の例文"你会说汉语吗？"に答えるときには，次のような言い方も可能です。

> 会说一点儿。Huì shuō yìdiǎnr.（少し話せます）
> 会一点儿。Huì yìdiǎnr.（少しできます）

　上のはじめの例文では"汉语"が省略され，あとの例文ではさらに"说"が省略されていると考えることができます。

　助動詞"能"は，能力や可能性があって「……することができる」という意味を表します。能力を表す場合はさきほど説明した"会"との区別がやや難しいので，はじめに可能性を表す場合について説明します。
　次の例文は，可能性を表す"能"を用いた文の肯定形・否定形・疑問形です。

> 我明天能去。Wǒ míngtiān néng qù.（私は明日行けます）
> 我明天不能去。Wǒ míngtiān bù néng qù.（私は明日行けません）
> 你能去吗？Nǐ néng qù ma?（あなたは行けますか）
> 你能不能去？Nǐ néng bu neng qù?（同上）

"能去"は「行くことが可能だ」という意味を表しています。

　次の例文は，"能"が能力を表す場合のものです。

> 你能喝酒吗？Nǐ néng hē jiǔ ma?（あなたはお酒が飲めますか）
> 我不能回答。Wǒ bù néng huídá.（私は答えられません）

上の例文の"能"が能力を表すというのはわかりやすいと思いますが，次の例文では"会"との違いがやや難解です。

> 我能游一公里。Wǒ néng yóu yì gōnglǐ.（私は1キロメートル泳げます）
> 你能游多远？Nǐ néng yóu duō yuǎn?（あなたはどのくらい泳げますか）
> 我不能翻译。Wǒ bù néng fānyì.（私は翻訳できません）
> 你能看中文报吗？Nǐ néng kàn Zhōngwén bào ma?
> 　　　　　　　　　　　　（あなたは中国語の新聞が読めますか）

「泳げる」は普通"会游泳"です。しかし，「1キロメートル泳げる」とか「どのくらい泳げるか」というのは，泳ぐ技術をすでに獲得している（つまり"会游泳"）ことはわかった上での発言なので，能力について述べているものと考えられます。

「中国語を話せる」は"会说汉语"です。しかし，翻訳とか読解は中国語を話す技術をすでに獲得している（つまり"会说汉语"）ことはわかった上での発言なので，やはり能力について述べているものと考えられます。

したがって，上の例文では"会"ではなく"能"が使われることになります。

なお，「泳ぐ」という意味の動詞には，"游泳"と"游"の2つがあります。"游泳"は「"泳"を（泳ぎを）"游"する（泳ぐ）」のように"動詞＋目的語"構造からなる離合動詞なので，さらに別の目的語をとる場合には使えません。「1キロメートル」「どのくらい」という目的語をとる場合には"游"の方を用います。

"能"の否定は普通"不能"ですが，「行けなかった」のような過去の事実に対しては"没〔有〕能"を使います。

> 我昨天没能去。Wǒ zuótiān méi néng qù.（私は昨日行けませんでした）

2、"可以"

助動詞"可以 kěyǐ"は「……してもよい」という許可を表します。

> 你可以参加。Nǐ kěyǐ cānjiā.（あなたは参加してもよろしい）

你不可以参加。Nǐ bù kěyǐ cānjiā.（あなたは参加してはいけません）
　我可以参加吗？Wǒ kěyǐ cānjiā ma?（私は参加してもいいですか）
　我可以不可以参加？Wǒ kěyǐ bu keyi cānjiā?（同上）
上の最後の例文の"可以不可以"は"可不可以"と言うこともあります。

否定形の"不可以"は禁止を表しますが，"不能"としてもほぼ同じ意味を表します。"不可以"より"不能"を好んで使う人もいます。
　你不能参加。Nǐ bù néng cānjiā.（あなたは参加できません）

"可以"のあとに否定形を置くこともあります。
　你可以不参加。Nǐ kěyǐ bù cānjiā.（あなたは参加しなくてもよろしい）

"可以"も「……することができる」という日本語訳になることがあり，少しやっかいです。
　我现在可以去。Wǒ xiànzài kěyǐ qù.（私は今行けます）
　我可以帮忙。Wǒ kěyǐ bāngmáng.（私は手伝うことができます）
上の例文の"可以"は，事情が許されて「……することができる」という意味を表しています。この"可以"は"能"に置き換え可能です。また，否定するときは"不可以"を用いることができず，"不能"を用います。
　我现在不能去。Wǒ xiànzài bù néng qù.（私は今行けません）
　我不能帮忙。Wǒ bù néng bāngmáng.（私は手伝うことができません）

次の例文の"可以"も「……することができる」という日本語訳になります。
　这个书架可以放四百本书。Zhège shūjià kěyǐ fàng sìbǎi běn shū.
　　　　　　　　　　　（この本棚は400冊の本を置くことができます）
上の例文の"可以"は，「この本棚ならば」という客観的な条件があって「……することができる」という意味を表しています。この"可以"もやはり"能"に置き換え可能で，否定するときは"不可以"を用いることができず，"不能"を用います。

> 这个书架不能放四百本书。Zhège shūjià bù néng fàng sìbǎi běn shū.
> （この本棚は400冊の本を置くことはできません）

結局、"会""能""可以"のどれもが「……することができる」という日本語訳になりうるわけですが、このうち使用範囲が最も広いのは"能"です。「……することができる」を中国語に訳すとき、どれを使うか迷った場合には、"能"を使うのも無難な方法でしょう。

"可以"には「……する価値がある」という意味もあります。
> 这个问题可以研究。Zhège wèntí kěyǐ yánjiū.
> （この問題は研究する価値があります）
> 这篇文章可以参考一下。Zhè piān wénzhāng kěyǐ cānkǎo yíxià.
> （この文章はちょっと参考にする価値があります）

上の例文の"可以"は、動詞"值得 zhíde"に置き換え可能です。"值得"の"得"は、"的""地"と同じ発音で、中国語には"觉得 juéde"（感じる）"记得 jìde"（覚えている）"认得 rènde"（知っている）のように"得"を含む動詞がいくつかあります。

"可以"には文末に置いて、「……してもいい」と許可を表す用法もあります。
> 你不去也可以。Nǐ bú qù yě kěyǐ.（あなたは行かなくてもよろしい）
> 我讲日语可以吗？Wǒ jiǎng Rìyǔ kěyǐ ma?
> （私は日本語を話してもいいですか）

"……可以吗？"は相手に許可を求める表現ですが、"可以吗？"のかわりに"好吗？""行吗？"を使ってもほぼ同様の意味を表すことができます。この場合の"可以"はかなり形容詞に近いものですが、"好""行"は形容詞です。
> 我跟你一起去好吗？Wǒ gēn nǐ yìqǐ qù hǎo ma?
> （私はあなたと一緒に行ってもいいですか）

"可以"には「まずまずだ、悪くない」という意味もありますが、この意味

の場合は形容詞です。ほとんどの場合"还可以"の形で使います。

他们的关系还可以。Tāmen de guānxi hái kěyǐ.
（彼らの関係はまずまずです）

味道还可以。Wèidao hái kěyǐ.（味はまずまずです）

3、"要"

助動詞"要 yào"はいくつかの意味をもっていますが、はじめに動詞としての"要"を見ておきます。

動詞"要"は「要る、必要とする」という意味です。

他要一辆汽车。Tā yào yí liàng qìchē.
（彼は自動車を1台ほしがっています）

你还要什么？Nǐ hái yào shénme?（あなたはほかに何が要りますか）

我不要这个。Wǒ bú yào zhège.（私はこれは要りません）

"要"の後ろに別の動詞を置くと、その"要"は助動詞になり、「……したい」という意味を表すことがあります。

你要买什么？Nǐ yào mǎi shénme?（あなたは何を買いたいのですか）

我要买邮票。Wǒ yào mǎi yóupiào.（私は切手を買いたい）

我要看京剧。Wǒ yào kàn jīngjù.（私は京劇が見たい）

「……したくない」という否定文は、第8章の3に挙げた動詞"想"を使って"不想……"とします。"不要"は使わないので注意してください。

我不想看京剧。Wǒ bù xiǎng kàn jīngjù.
（私は京劇を見たいと思いません）

"不要 búyào"は「……するな」という禁止を表します。この"不要"は1語の副詞で、"别 bié"と同義です。"不要"も"别"も文末に語気助詞"了"を添えると、「もう……するな」という意味になります。なお、禁止を表す"不要"を「要らない」という意味の2語と誤解しないように気をつけてください。

你不要客气。Nǐ búyào kèqi.（ご遠慮なく）
你不要走。Nǐ búyào zǒu.（あなたは行かないでください）
你不要说了。Nǐ búyào shuō le.（もう言わないで）
你别提了。Nǐ bié tí le.（同上）

上の最後の例文の"提"は「話題にする」という意味です。

助動詞"要"には「……しなければならない」という意味もあります。
我要做作业。Wǒ yào zuò zuòyè.（私は宿題をしなければなりません）
你要小心点儿。Nǐ yào xiǎoxīn diǎnr.
　　　　　　　（あなたはちょっと気をつけなければいけません）

「……しなくてもよい，……する必要はない」という否定は，副詞"不用 búyòng"を使って"不用……"とします。やはり"不要"は使わないので注意してください。

我不用做作业。Wǒ búyòng zuò zuòyè.（私は宿題をしなくてもいい）

助動詞"要"には，「……しようとする，……しそうだ」という意味もあります。この意味の"要"を用いた文ではしばしば文末に"了"を伴いますが，この"了"は近い将来における変化を表します。このことについては第7章の6でも述べました。

我要迟到了。Wǒ yào chídào le.（私は遅刻しそうです）
天要黑了。Tiān yào hēi le.（もうすぐ日が暮れます）

助動詞"要"は，「……したい」「……しなければならない」「……しようとする」などの意味をもつわけですが，どの意味で使われているのかを文脈で決めなければならない場合もあります。

4、"应该"

助動詞"应该 yīnggāi"は「(当然)……すべきだ」という意味です。"要"よ

りずっと強い意味を表します。"应该"とほぼ同義の助動詞に"应当 yīngdāng"がありますが，"应该"より硬いことばです。

　　你应该努力。Nǐ yīnggāi nǔlì.（あなたは努力すべきです）
　　我们应该互相帮助。Wǒmen yīnggāi hùxiāng bāngzhù.
　　　　　　　　　　　　　　　　（私たちはお互いに助け合うべきです）

否定形"不应该……"は「……すべきではない」という意味になります。
　　你不应该这么说。Nǐ bù yīnggāi zhème shuō.
　　　　　　　　　　　　（あなたはこのように言うべきではありません）

"应该"のあとに主述句を置くこともあります。
　　这次应该我去。Zhè cì yīnggāi wǒ qù.（今回は私が行くべきです）
"应该我去"は「私が行くべきだ」という意味です。"我应该去"とすると「私は行くべきだ」という意味になります。

"应该"は助動詞ですが，後ろに動詞〔句〕を伴わずに使われることもあります。その場合は「当然だ，そうあるべきだ」という意味になります。
　　这样做是应该的。Zhèyàng zuò shì yīnggāi de.
　　　　　　　　　　　（このようにするのは当然のことです）
　　那样做很不应该。Nàyàng zuò hěn bù yīnggāi.
　　　　　　　　　　　（あのようにするのはとてもよくない）
上の例文では，"这样做"（このようにする）"那样做"（あのようにする）という動詞句が主語になっています。さらに"做"の主語をつけて次のように言うことも可能です。中国語で主語になるものは名詞だけではありません。
　　我这样做是应该的。Wǒ zhèyàng zuò shì yīnggāi de.
　　　　　　　　　　　（私がこのようにするのは当然のことです）

"应该……"のあとに副詞"才 cái"を置いて，"应该……才──"という形で使われることがあります。"才"は「……してこそ」という意味です。一般

に"──"の部分には"対"（正しい）"是"（正しい）"行"（よい）などが入ります。したがって，"应该……才对"で「……すべきだ，それでこそ正しい」という意味になりますが，日本語に訳しにくいので，訳し方を工夫しなければなりません。"应该"のかわりに"必须 bìxū"を使うこともあります。"必须"は「必ず……しなければならい」という意味ですが，品詞は助動詞ではなく副詞です。

> 你应该努力学习才对。Nǐ yīnggāi nǔlì xuéxí cái duì.
> 　　　　　　（あなたはぜひとも一生懸命勉強しなければなりません）
> 你应该帮助弟弟才是。Nǐ yīnggāi bāngzhù dìdi cái shì.
> 　　　　　　（あなたはぜひ弟を助けてやらなければなりません）
> 我们必须下苦功才行。Wǒmen bìxū xià kǔgōng cái xíng.
> 　　　　　　（私たちはぜひともひたむきな努力をしなければなりません）

上の例文を直訳すると，それぞれ「あなたは一生懸命勉強すべきだ，それでこそ正しい」「あなたは弟を助けるべきだ，それでこそ正しい」「私たちは必ずひたむきな努力をしなければならない，それでこそよい」となります。なお，2番目の例文の"是"は形容詞です。最後の例文の"下苦功"は「ひたむきな努力をする」という意味です。

　副詞"才"が出てきたついでに，"才"のその他の用法についても見ておきましょう。

> 我的孩子才五岁。Wǒ de háizi cái wǔ suì.
> 　　　　　　（私の子供はたったの5歳です）
> 我现在才明白。Wǒ xiànzài cái míngbai.（私は今やっとわかりました）
> 他十点才起床。Tā shí diǎn cái qǐchuáng.
> 　　　　　　（彼は10時にやっと起きました）

上の最初の例文の"才"は「たった，わずかに」という意味で，数詞の前に置かれています。2・3番目の例文の"才"は「（……になって）やっと」という意味です。この意味の場合，一般に"了"は用いませんが，「今やっと……」と強調する場合には，"了"を用いることもあります。したがって，2

番目の例文は"我现在才明白了"と言ってもかまいません。

"该 gāi"にも"应该"と同じように「……すべきだ」という意味の助動詞としての用法がありますが，"该"はしばしば"该……了"の形で使って，「……すべき（状態・事態）になった」という意味を表します。

> 我该走了。Wǒ gāi zǒu le.（私はもう失礼しなければ）
> 你该休息一下了。Nǐ gāi xiūxi yíxià le.（あなたは少し休まなければ）

"该"には動詞としての用法もあります。

> 这次该你了。Zhè cì gāi nǐ le.（今回はあなたの番です）
> 我该他十块钱。Wǒ gāi tā shí kuài qián.（私は彼に10元借りています）

上のはじめの例文の"该"は「……の番である」という意味の動詞です。あとの例文の"该"は「借りがある」という意味の動詞で，目的語を2つとっています。

5、再び"会"

"会"には，「（外国語などが）できる」という意味の動詞としての用法もあります。

> 他也会英语。Tā yě huì Yīngyǔ.
> （彼も英語ができます，彼は英語もできます）

上の例文は「彼も英語ができます」と「彼は英語もできます」の2通りの意味をもっています。副詞"也"が主語を受けているのか，述語を受けているのかは文脈で決めてください。

助動詞"会"は「……することができる」という意味ですが，前に"很"や"真"など程度を表す副詞を置くと，「……するのが上手だ」という意味になります。

> 他很会游泳。Tā hěn huì yóuyǒng.（彼は水泳がとても上手です）

你真会买东西。Nǐ zhēn huì mǎi dōngxi.
　　　　　　　　　　　（あなたは本当に買い物が上手です）
她真会开玩笑。Tā zhēn huì kāi wánxiào.（彼女は本当に冗談がうまい）

助動詞"会"には「……するはずだ」という意味もあります。この意味の場合，文末にしばしば語気助詞"的"を伴います。

他会知道的。Tā huì zhīdao de.（彼は知っているはずです）
她不会来的。Tā bú huì lái de.（彼女は来るはずがありません）

また，"会"の前に副詞"一定"を置いて，"一定会……的"（きっと……するはずだ，きっと……するだろう）という形で使われることもあります。

老张一定会知道的。Lǎo Zhāng yídìng huì zhīdao de.
　　　　　　　　　　　（張さんはきっと知っているはずです）
刘老师一定会来日本的。Liú lǎoshī yídìng huì lái Rìběn de.
　　　　　　　　　　　（劉先生はきっと日本に来るでしょう）
他们一定会欢迎你的。Tāmen yídìng huì huānyíng nǐ de.
　　　　　　　　　　　（彼らはきっとあなたを歓迎してくれるでしょう）

6、その他の助動詞

助動詞"得 děi"は「……しなければならない」という意味を表します。意味的には，最も強い"应该"と最も弱い"要"の中間です。

我得去一趟。Wǒ děi qù yí tàng.（私は1度行かなければなりません）
你得亲自去。Nǐ děi qīnzì qù.（あなたは自分で行かなければなりません）

上のはじめの例文の"趟"は量詞です。"次"が単なる回数を表すのに対して，"趟"は行ったり来たりする回数を表します。

"得"には「(費用や時間が)かかる」という意味の動詞としての用法もあります。

做一件旗袍得多少钱？Zuò yí jiàn qípáo děi duōshao qián?
　　　　　　　　　　　（チーパオを1着作るのにいくらかかりますか）

从这儿到那儿去得多长时间？
　Cóng zhèr dào nàr qù děi duō cháng shíjiān?
　　　　　（ここからそこまで行くのにどれだけの時間がかかりますか）

　助動詞"肯 kěn"は「進んで……する」という意味を表します。
　　他肯努力工作。Tā kěn nǔlì gōngzuò.（彼は進んで仕事に精を出します）
　　大家都不肯说。Dàjiā dōu bù kěn shuō.（誰も話そうとはしません）

　助動詞"敢 gǎn"は「……する勇気がある，大胆にも……する」という意味を表します。
　　你还敢去吗？Nǐ hái gǎn qù ma?
　　　　　　　　　　　（あなたはそれでも行く勇気がありますか）
　　我不敢去。Wǒ bù gǎn qù.（私は行く勇気がありません）

7、助動詞的な動詞と副詞

　第8章の3に挙げた動詞"想""打算""准备"は，かなり助動詞的な動詞といえます。ここではもう1つ助動詞的な動詞として"愿意 yuànyì"を取りあげます。
　"愿意"は後ろに別の動詞を置くと，「……したい（と願う）」という意味を表します。
　　我愿意参加。Wǒ yuànyì cānjiā.（私は参加したい）
　　我不愿意参加。Wǒ bú yuànyì cānjiā.（私は参加したくありません）
　　你愿意不愿意参加？Nǐ yuànyì bu yuanyi cānjiā?
　　　　　　　　　　　　　　　（あなたは参加したいですか）
　上の最後の例文の"愿意不愿意"は"愿不愿意"とも言います。

　"愿意"は程度を表す副詞の修飾を受けることができます。
　　我非常愿意参加。Wǒ fēicháng yuànyì cānjiā.（私はとても参加したい）

第10章 助動詞

他很愿意跟你见面。 Tā hěn yuànyì gēn nǐ jiànmiàn.
（彼はとてもあなたと会いたがっています）

上のような例文を見ると"愿意"はかなり助動詞的ですが，"愿意"は主述句を目的語としてとることもできるので，やはり動詞と考えた方がいいでしょう。

我愿意你以后也努力。 Wǒ yuànyì nǐ yǐhòu yě nǔlì.
（私はあなたが今後も努力することを願います）

上の例文の"愿意"は「願う，望む」という意味で，動詞"**希望** xīwàng"とほぼ同義です。

"**非** fēi"は副詞ですが，"**不可** bùkě""**不行** bùxíng"などと呼応して「……しなければならない」という助動詞的な意味を表します。"非……不可"は直訳すると「……でなければだめだ」となります。"……"の部分には動詞〔句〕・主述句・名詞などが入ります。

你非努力不可。 Nǐ fēi nǔlì bùkě.（あなたは努力しなければなりません）
这件事非我办不可。 Zhè jiàn shì fēi wǒ bàn bùkě.
（この事は私がやらなければなりません）
办这件事非你不行。 Bàn zhè jiàn shì fēi nǐ bùxíng.
（この事をするのはあなたでなければだめです）

"非"のかわりに"**非得** fēiděi"を使うこともあります。また，この章の4に挙げた"**才行**"（……でこそよい）などを使って，"**非〔得〕……才行**"などの形をとることもあります。

📖 **練習**

（　）内の語や語句を使って中国語に訳しなさい。

① あなたはダンスができますか。（**跳舞** tiàowǔ）

② 私は理解できません。（**理解** lǐjiě）

③ あなたは写真を撮ってはいけません。（**照相** zhàoxiàng）

④ あなたはまだほかのものが要りますか。（**别的** biéde）

⑤ 私は葉書を買いたい。（**明信片** míngxìnpiàn）

⑥ あなたは私を迎えに来る必要はありません。（**接** jiē）

⑦ あなたは今回の会議に参加すべきです。（**会议** huìyì）

⑧ 彼はスキーがとても上手です。（**滑雪** huáxuě）

⑨ 彼はきっとあなたたちを熱烈に歓迎してくれるでしょう。
　　　　　　　　　　　　　　　　　　　（**热烈地** rèliè de）

⑩ 彼女は本当のことを話そうとはしません。（**说实话** shuō shíhuà）

第11章 補語

1、結果補語

中国語で「聞いてわかる」と言うときには，「聞く」という意味の動詞 "听 tīng" の後ろに「わかる」という意味の動詞 "懂 dǒng" を置いて，"听懂" とします。この場合，後ろの "懂" は "听" という動作の結果を表しているので，結果補語と呼ばれます。同様に「見てわかる」は "看懂 kàndǒng" と言います。結果補語は動作の結果を表すので，しばしば "了" を伴います。

　你听懂了吗？ Nǐ tīngdǒng le ma?（あなたは聞いてわかりましたか）
　我听懂了。　 Wǒ tīngdǒng le.（私は聞いてわかりました）
　我没听懂。　 Wǒ méi tīngdǒng.（私は聞いてもわかりませんでした）

"听懂了" の否定形は "没〔有〕听懂" です。

「終える，終わる」という意味の動詞 "完 wán" を用いた結果補語の例をいくつか挙げます。

　看完 kànwán（読み終える）　　写完 xiěwán（書き終える）
　说完 shuōwán（言い終える）　　卖完 màiwán（売り終える，売り切れる）

"懂" "完" は動詞ですが，形容詞が結果補語になることもあります。次の例の "错 cuò" は「間違っている」という意味の形容詞で，やはり動作の結果が間違っているという意味を表しています。

　看错 kàncuò（見間違える）　　写错 xiěcuò（書き間違える）
　说错 shuōcuò（言い間違える）　拿错 nácuò（持ち間違える）

次も形容詞が結果補語となっています。

　来晚 láiwǎn（来て遅くなる → 遅刻する）
　去晚 qùwǎn（行って遅くなる → 遅刻する）

洗干净 xǐ gānjìng（洗ってきれいになる → きれいに洗う）
扫干净 sǎo gānjìng（掃いてきれいになる → きれいに掃く）

上に挙げた以外の"動詞＋結果補語"を含む例文をいくつか見ましょう。
我吃饱了。Wǒ chībǎo le.（私は十分に食べました）
我喝多了。Wǒ hēduō le.（私は飲みすぎました）
我听够了。Wǒ tīnggòu le.（私は聞き飽きました）
我弄坏了。Wǒ nònghuài le.（私は壊してしまいました）

上の最初の例文の"饱"は「満腹だ」という意味の形容詞です。最後の例文の"弄"は「手でもてあそぶ，いじる」という意味の動詞で，"坏"は「悪い」という意味の形容詞です。"弄坏"で「いじった結果，悪くなる → 壊す」という意味になっています。

もう少し"動詞＋結果補語"を含む例文を挙げます。
我来早了。Wǒ láizǎo le.（私は早く来すぎました）
这个汤做咸了。Zhège tāng zuòxián le.
　　　　　　　　（このスープは塩辛く作りすぎました）
请说清楚一点儿。Qǐng shuō qīngchu yìdiǎnr.
　　　　　　　　（もう少しはっきりと話してください）
请开慢一点儿。Qǐng kāimàn yìdiǎnr.
　　　　　　　　（もう少しゆっくり運転してください）

上の最初の例文の"来早了"は「来た結果，早くなった」ということですが，これは予定していた時刻よりも早く来たという意味を表します。2番目の"做咸了"も思っていたよりも「塩辛く作りすぎた」という意味を表しています。この2つの例文は，動作の結果が一定の基準に合わないことを表しているといえます。"来晚了""去晚了"（遅刻した）なども同様の例です。なお，2番目の例文の主語は"这个汤"になっていて，これは"做咸了"の目的語ではないかと思う人もいると思いますが，中国語の主語についてはこの章の2で説明します。

3番目と4番目の例文では形容詞の結果補語のあとに"**一点儿**"がついています。

これまでに挙げた結果補語は，すべてもともとの意味で使われていますが，原義から離れて抽象的な意味合いをもつ結果補語もあります。
　"動詞＋**好**"は動作の結果が満足のいく状態であることを表します。
　　我们说好了。Wǒmen shuōhǎo le.
　　　　（私たちはきちんと言いました，私たちはちゃんと約束しました）
　　你吃好了吗？Nǐ chīhǎo le ma?（おいしく食べていただけましたか）

　"動詞＋**住**"は動作の結果，安定・固定することを表します。
　　我都记住了。Wǒ dōu jìzhù le.（私は全部しっかり記憶しました）
　　他突然站住了。Tā tūrán zhànzhù le.（彼は突然立ち止まりました）

　"動詞＋**见**"は動作の結果，視覚や聴覚を感じ取ることを表します。
　　你看见了吗？Nǐ kànjiàn le ma?（あなたは見えましたか）
　　我没听见。Wǒ méi tīngjiàn.（私は聞こえませんでした）
「動作の結果，視覚や聴覚を感じ取る」という説明はわかりにくいかもしれませんが，"**看见**"は「(見た結果)見える」，"**听见**"は「(聞いた結果)聞こえる」というような意味を表しているのです。このように抽象的な意味合いをもつ"動詞＋結果補語"は1つの語として覚えた方がいいかもしれません。実際，多くの中国語辞典が"**看见**""**听见**"を1つの語として収録しています。

　"動詞＋**着** zháo"は動作の結果，目的が達成されることを表します。
　　他已经睡着了。Tā yǐjing shuìzháo le.（彼はすでに寝つきました）
　　你找着了吗？Nǐ zhǎozháo le ma?（あなたは探しあてましたか）

　"動詞＋**光** guāng"は動作の結果，すっかりなくなることを表します。
　　他全都吃光了。Tā quándōu chīguāng le.

(彼はすっかり食べつくしてしまいました)

钱都花光了。Qián dōu huāguāng le.（お金はすべて使い果たしました）

2、中国語の主語について

日本語ではしばしば「この本は読み終えましたか」といった表現を使います。「この本」は本来は動詞「読む」の目的語ですが，文の主題として文頭に取り立てられているのです。中国語でもこのような表現が可能で，この傾向は，述語が結果補語などの別の成分を伴って複雑な構造になっているときに顕著です。

这本书看完了吗？Zhè běn shū kànwán le ma?
（この本は読み終えましたか）

那些衣服洗干净了。Nàxiē yīfu xǐ gānjìng le.
（あれらの服はきれいに洗いました）

もちろん「あなたはこの本を読み終えましたか」という意味で，"你看完〔了〕这本书了吗？"と言うことも可能です。しかし，結果補語を用いた"看完〔了〕"は"完〔了〕"の部分に意味的な重点が置かれるので，さらにその後ろに目的語を置くと意味的な重点があいまいになってしまうのです。そのような場合，本来は目的語であった部分を主題として文頭に取り立てます。

上に挙げた2つの例文の"这本书""那些衣服"を目的語と考えてはいけません。主題として文頭に取り立てられたものです。主題も主語の1種なので，"这本书""那些衣服"は主語であると考えられます。主題として文頭に取り立てられるものは，一般に「この本」「あの本」のように特定のものであることも覚えておいてください。

上の例文は次のように言うことも可能です。

这本书你看完了吗？Zhè běn shū nǐ kànwán le ma?
（この本はあなたは読み終えましたか）

那些衣服我洗干净了。Nàxiē yīfu wǒ xǐ gānjìng le.

(あれらの服は私はきれいに洗いました)

これらの文は次のように主語が2つある文と考えられます。

这本书	你	看完了吗？
主語	主語	述語
那些衣服	我	洗干净了。
主語	主語	述語

さらに次のような表現も可能です。

你这本书看完了吗？ Nǐ zhè běn shū kànwán le ma?
(あなたはこの本は読み終えましたか)

我那些衣服洗干净了。 Wǒ nàxiē yīfu xǐ gānjìng le.
(私はあれらの服はきれいに洗いました)

"这本书"と"你"，"那些衣服"と"我"はすべて主語なので，どちらを先に文頭に置いてもかまいません。上の文も次のような構造であると考えられます。

你	这本书	看完了吗？
主語	主語	述語
我	那些衣服	洗干净了。
主語	主語	述語

次の例文も主語が2つある文です。

他讲的话你都听懂了吗？ Tā jiǎng de huà nǐ dōu tīngdǒng le ma?
(彼が話したことはあなたは全部聞いてわかりましたか)

作业你已经做好了吗？ Zuòyè nǐ yǐjing zuòhǎo le ma?
(宿題はあなたはもうきちんとやりましたか)

妈妈给我的钱我都花光了。 Māma gěi wǒ de qián wǒ dōu huāguāng le.
(母がくれたお金は私はすべて使ってしまいました)

さきほど，主題として文頭に取り立てられるものは一般に特定のものだと述べました。上の最初の例文の"他讲的话"（彼が話した話）と最後の例文の"妈妈给我的钱"（母が私にくれたお金）は特定のものです。2番目の例文の"作业"には特定のものであることを示す修飾語が何もついていませんが，この"作业"も「今日出た宿題」のような意味をもっていて，文脈から特定のものであることが決まります。

3、可能補語

"動詞＋結果補語"のあるものは，"動詞"と"結果補語"の間に"得 de"を挿入して"X 得 Y"とすると可能補語と呼ばれる文法形式になります。"得 Y"の部分が可能補語です。"得 de"の発音はすでに学んだ"的""地"と同じです。"得"には"děi"という発音もあり，これについては第10章の6に挙げました。

> 听得懂 tīngdedǒng （聞いてわかりえる → 聞いてわかる）
> 看得懂 kàndedǒng （見てわかりえる → 見てわかる）

"听得懂""看得懂"は，この章の1で述べた結果補語の表現"听懂""看懂"と似ていますが，若干ニュアンスが異なり，"能听懂""能看懂"という意味です。

可能補語を用いた"X 得 Y"の否定形は"X 不 Y"で，この"不"は軽声で発音します。

> 听不懂 tīngbudǒng （聞いてもわからない）
> 看不懂 kànbudǒng （見てもわからない）

可能補語の肯定形と否定形の例をいくつか挙げます。

> 做得完 zuòdewán （やり終えられる）
> 做不完 zuòbuwán （やり終えられない）
> 记得住 jìdezhù （覚えられる）
> 记不住 jìbuzhù （覚えられない）

第11章 補語

看得见 kàndejiàn（見える）
看不见 kànbujiàn（見えない）
睡得着 shuìdezháo（眠れる）
睡不着 shuìbuzháo（眠れない）
洗得干净 xǐ de gānjìng（きれいに洗える）
洗不干净 xǐ bu gānjìng（きれいに洗えない）

可能補語を含んだ動詞句は1つ1つ覚えるのがいいでしょう。

可能補語を用いた例文をいくつか挙げます。

你听得懂吗？Nǐ tīngdedǒng ma?（あなたは聞いてわかりますか）
你听得懂听不懂？Nǐ tīngdedǒng tīngbudǒng?（同上）
这篇文章我看不懂。Zhè piān wénzhāng wǒ kànbudǒng.
　　　　　　　　　（この文章は私は見てもわかりません）
你今天做得完吗？Nǐ jīntiān zuòdewán ma?
　　　　　　　　　（あたなは今日やり終えられますか）
太难了，我记不住。Tài nán le, wǒ jìbuzhù.
　　　　　　　　　（難しすぎて，私は覚えられません）
太热了，我睡不着。Tài rè le, wǒ shuìbuzháo.
　　　　　　　　　（暑すぎて，私は眠れません）

上の2番目の例文は，肯定形"听得懂"と否定形"听不懂"を重ねた疑問文です。3番目の例文は主語を2つもつ文です。

"動詞＋得了 deliǎo""動詞＋不了 buliǎo"となる可能補語もあります。この場合，"了"は"liǎo"と読み，「……しきる」という意味です。

吃得了 chīdeliǎo（食べきれる）
吃不了 chībuliǎo（食べきれない）
忘得了 wàngdeliǎo（忘れられる）
忘不了 wàngbuliǎo（忘れられない）
来得了 láideliǎo（来られる）

来不了　láibuliǎo（来られない）
去得了　qùdeliǎo（行ける）
去不了　qùbuliǎo（行けない）

　上の後半の"来""去"を使った4例は，事情により「来る」「行く」という行為が「まっとうできる・まっとうできない」という意味を表しますが，それぞれ"能来""不能来""能去""不能去"とほとんど同じ意味でよく使われる表現です。

这么多的菜我吃不了。Zhème duō de cài wǒ chībuliǎo.
　　　　　　　　（こんなにたくさんの料理は私は食べきれません）
我一辈子忘不了你。Wǒ yíbèizi wàngbuliǎo nǐ.
　　　　　　　　（私は一生あなたを忘れられません）
对不起，我去不了了。Duìbuqǐ, wǒ qùbuliǎo le.
　　　　　　　　（すみません，私は行けなくなりました）

　上の最後の例文では，"去不了"のあとに変化を表す"了 le"が置かれています。

　実は"对不起"（すみません）も可能補語を含んだ表現です。このように漢字を見ただけでは意味を理解しがたいものもあるので，可能補語を含んだ表現は1つずつ覚えていくのがいいでしょう。

对得起　duìdeqǐ（申し訳がたつ，顔向けができる）
对不起　duìbuqǐ（申し訳がたたない，顔向けができない）
来得及　láidejí（間に合う）
来不及　láibují（間に合わない）

你这样对得起父母吗？Nǐ zhèyàng duìdeqǐ fùmǔ ma?
　　　　　　　　（あなたはこんなふうで両親に申し訳がたちますか）
我真对不起你。Wǒ zhēn duìbuqǐ nǐ.（本当に申し訳ありません）
还来得及吗？Hái láidejí ma?（まだ間に合いますか）

来不及了。Láibují le.（間に合わなくなりました、もう間に合いません）

4、状態補語

動詞の後ろについて、動作の状態を補足する語を状態補語といい、"X 得 Y"で表します。一般に"X"には動詞が、"Y"には形容詞が入り、「Xの仕方がYだ」という意味を表します。

跑得快 pǎo de kuài（走るのがはやい）
走得慢 zǒu de màn（歩くのが遅い）

"得Y"の部分が状態補語にあたり、見た目は可能補語と同じです。しかし、否定形になると可能補語との違いが現れます。可能補語の否定形は"X不Y"ですが、状態補語の否定形は"X得不Y"（Xの仕方がYではない）です。また、"Y"の前には程度を表す副詞などを置くことが可能です。

我跑得不快。Wǒ pǎo de bú kuài.（私は走るのがはやくありません）
他走得很慢。Tā zǒu de hěn màn.（彼は歩くのがとても遅い）

次も状態補語を含んだ表現です。

你说汉语说得很流利。Nǐ shuō Hànyǔ shuō de hěn liúlì.
（あなたは中国語を話すのがとても流暢です）
他说汉语说得好吗？Tā shuō Hànyǔ shuō de hǎo ma?
（彼は中国語を話すのが上手ですか）
他说汉语说得好不好？Tā shuō Hànyǔ shuō de hǎo bu hao?（同上）
他说汉语说得怎么样？Tā shuō Hànyǔ shuō de zěnmeyàng?
（彼の中国語の話し方はどうですか）

上の3番目の例文は、"说得"のあとに肯定形"好"と否定形"不好"を重ねた疑問文です。最後の例文では"Y"の部分に疑問詞が入っています。

上の例文ではすべて動詞"说"が2度繰り返されています。「中国語を話す」は"说汉语"ですが、この直後に"得"を置いて"×说汉语得……"と

言うことはできません。"得"は必ず動詞の直後に置かなければならないからです。したがって、"说汉语"のあとにもう1度動詞"说"を重ねて、"说汉语说得……"とします。

"你说汉语说得很流利"は、はじめの"说"を省略して次のように言うことも可能です。

> 你汉语说得很流利。Nǐ Hànyǔ shuō de hěn liúlì.
> （あなたは中国語を話すのがとても流暢です）

上の文は日本語に直訳しにくいのですが、"你"と"汉语"がともに主語となった文です。また、この文は次のように言うことも可能です。

> 汉语你说得很流利。Hànyǔ nǐ shuō de hěn liúlì.
> （中国語、あなたは話すのがとても流暢です）

この文もやはり主語が2つある文です。

状態補語を用いた例文をさらにいくつか挙げます。

> 你唱歌唱得很好啊！Nǐ chàng gē chàng de hěn hǎo a!
> （あなたは歌を歌うのが上手ですね）
> 那位老师讲得很清楚。Nà wèi lǎoshī jiǎng de hěn qīngchu.
> （あの先生は話し方がとてもはっきりしている）
> 那个姑娘长得非常漂亮。Nàge gūniang zhǎng de fēicháng piàoliang.
> （あの娘は非常にきれいだ）

上の最後の例文の"长 zhǎng"は「育つ，成長する」という意味の動詞です。"长得漂亮"で「育ち方が美しい→容貌がきれいだ」という意味になります。なお、"长"の字は「長い」という意味の形容詞の場合は"cháng"と発音します。

5、方向補語

動詞の後ろについて、動作の方向を補足する語を方向補語といいます。最も簡単で最もよく使われる方向補語は"来"と"去"です。"来"は別のとこ

ろからこちらへの方向を，"去"はこちらから別のところへの方向を表します。方向補語は一般に軽声で発音します。

走来 zǒulai（歩いて来る）	走去 zǒuqu　歩いて行く）
跑来 pǎolai（走って来る）	跑去 pǎoqu（走って行く）
拿来 nálai（持って来る）	拿去 náqu（持って行く）
上来 shànglai（上がって来る）	上去 shàngqu（上がって行く）
下来 xiàlai（下りて来る）	下去 xiàqu（下りて行く）
进来 jìnlai（入って来る）	进去 jìnqu（入って行く）
出来 chūlai（出て来る）	出去 chūqu（出て行く）
回来 huílai　（帰って来る）	回去 huíqu（帰って行く）
过来 guòlai　（やって来る）	过去 guòqu（通りすぎて行く）
起来 qǐlai（起き上がる，起きる）	

最後の"**起来**"に対する"×起去"という言い方は一般に使われません。

　上に挙げた"動詞＋方向補語"のうち□で囲ったものは，さらに別の動詞の後ろについて，複雑な方向補語となることがあります。このような複雑な方向補語を複合方向補語と呼びます。

走上来 zǒu shanglai（歩いて上がって来る）
跑进去 pǎo jinqu（走って入って行く）
拿回来 ná huilai（持って帰って来る）
站起来 zhàn qilai（立ち上がる）

　方向補語を用いた例文をいくつか挙げます。

你上来吧。Nǐ shànglai ba.（あなたは上がって来なさい）
我可以进来吗？Wǒ kěyǐ jìnlai ma?（私は入って行ってもいいですか）
你快起来。Nǐ kuài qǐlai.（あなたははやく起きなさい）
看来，你不高兴。Kànlai, nǐ bù gāoxìng.
　　　　　　（見たところ，あなたはうれしくないようですね）

　上の例文はすべて単純な方向補語を用いたものです。2番目の例文は，日

本語訳では「入って行く」となっていますが，中国語では"进来"が使われています。"进去"を使ってもかまわないのですが，中国語では相手のいるところを中心にしてしばしば"进来"が使われます。

最後の例文の"看来"は，直訳すると「見てくる」となりますが，しばしば文頭に置いて「見たところ」という意味で使われます。"看样子kàn yàngzi"（様子を見たところ）と言うこともあります。

次は複合方向補語を用いた例文です。

他轻轻地走进来了。Tā qīngqīng de zǒu jinlai le.
（彼は静かに歩いて入って来ました）

他偷偷儿地拿回去了。Tā tōutōur de ná huiqu le.
（彼はこっそりと持ち帰って行きました）

他慢慢儿地走过来了。Tā mànmānr de zǒu guolai le.
（彼はゆっくりと歩いてやって来ました）

第9章の6で，"慢慢儿地""好好儿地"という1音節の形容詞の重ね型が副詞的に使われるものについて述べました。上の最初の例文の"轻轻地"は形容詞"轻 qīng"（軽い）を重ね型にしたものですが，これはあまりアル化しません。2番目の例文の"偷偷儿地"の"偷 tōu"は形容詞ではなく，「盗む」という意味の動詞です。一般に"偷偷儿地"の形でしか使われないので，これで1語の副詞と考えることもできます。

"動詞＋方向補語"が目的語をとる場合，目的語を置く位置に注意してください。

请给我拿杯子来。Qǐng gěi wǒ ná bēizi lai.
（私にコップを持って来てください）

妈妈买回面包来了。Māma mǎihui miànbāo lai le.
（母はパンを買って帰って来ました）

他们跑进教室去了。Tāmen pǎojin jiàoshì qu le.
（彼らは教室に駆け込んで行きました）

第11章 補語

　上の最初の例文では，"拿"と"来"の間に目的語"杯子"が置かれていますが，"拿来""拿去"などが目的語をとる場合，目的語は"動詞"と方向補語"来"または"去"の間に置かれるのが普通です。
　2番目の例文では，"买回"と"来"の間に目的語"面包"が置かれています。これは"买回来"という"動詞＋複合方向補語"が目的語をとったものと考えられますが，このような場合は目的語が"複合方向補語"の間に入り込むのが普通です。同様に最後の例文でも，"跑进"と"去"の間に目的語"教室"が入り込んでいます。

　複合方向補語の中には具体的な方向を表さないものもあります。
　"動詞＋下来"は動作の結果がある状態に落ち着くことを表すことがあります。

风停下来了。Fēng tíng xialai le.（風は止みました）
日期定下来了。Rìqī dìng xialai le.（日取りは決まりました）

　上のあとの例文の"定"は「決める」という意味の動詞ですが，"定下来"とすると「決まる」という意味になります。

　"動詞＋下去"は「……し続ける」という意味を表すことがあります。

我还要干下去。Wǒ hái yào gàn xiaqu.
　　　　　　（私はまだやり続けなければなりません）
我们要活下去。Wǒmen yào huó xiaqu.
　　　　　　（私たちは生きていかなければなりません）

　"動詞＋起来"は「起き上がる」以外に様々な意味を表します。

她抱起小狗来了。Tā bàoqi xiǎogǒu lai le.
　　　　　　（彼女は子犬を抱き上げました）

　この例文の"起来"は「起き上がる」という意味をかなり残しています。なお，目的語"小狗"は"抱起"と"来"の間に置かれています。

我想起来了。Wǒ xiǎng qilai le.（私は思い出しました）

　この"**想**"は「思う，考える」という意味ですが，"**想起来**"で「思って記憶が起き上がる → 思い出す」という意味になります。なお，"xiǎng qi"の部分は実際には"xiáng qi"と発音します。これは"起 qǐ"がもともと第3声なので"xiǎng qǐ → xiáng qǐ"と変調したあとで"**起**"が軽声化したためです。方向補語"**起来**"の前に第3声の語が用いられた場合には変調に気をつけてください。

　ところで，上の例文には「私は起きたくなった」という意味もあります。"**想**"には「……したいと思う」という意味があるからです。その場合，"**起来** qǐlai"は「起きる」という意味になり，"**起**"は強く発音されます。

她笑起来了。Tā xiào qilai le.（彼女は笑い出しました）
天气冷起来了。Tiānqì lěng qilai le.（気候が寒くなってきました）

　上の"**起来**"は「起きる」という意味から少しずれて，「……しはじめる」という意味になっています。あとの例文の"**冷**"は形容詞ですが，動詞以外のものが方向補語の前に置かれることもあります。

　"**起来**"は「……してみる」という試みを表すこともあります。
这个用起来很方便。Zhège yòng qilai hěn fāngbiàn.
　　　　　　　　　　　　　　（これは使ってみるととても便利だ）
看起来简单，做起来很难。Kàn qilai jiǎndān, zuò qilai hěn nán.
　　　　　　　　　（見たところ簡単そうだが，やってみるととても難しい）

　また，"**起来**"は1つにまとまった状態にすることを表すこともあります。
她给我包起来了。Tā gěi wǒ bāo qilai le.
　　　　　　　　　　　　　（彼女は私のために包んでくれました）

　具体的な方向を表さない方向補語について，さらに見ていきます。
　"動詞＋**上**"は目的を達成することを表すことがあります。

第11章 補語

　　我妹妹考上北大了。Wǒ mèimei kǎoshàng Běi-Dà le.
　　　　　　　　　　　　　　　（私の妹は北京大学に合格しました）
　　请关上门。Qǐng guānshàng mén.（ドアを閉めてください）
　　上のはじめの例文の"考"は「試験を受ける」という意味ですが，"考上"とすると「合格する」という意味になります。なお，"北大"は"北京大学"の略称です。あとの例文の"关"は「閉める」という動作を表すだけですが，"关上"とすると「ぴったりと閉める」という意味になります。

　"動詞＋到"は動作の目的が達成されることを表すことがあります。この章の1に挙げた結果補語の"動詞＋着 zháo"とほぼ同じ意味です。
　　电影票买到了吗？Diànyǐng piào mǎidào le ma?
　　　　　　　　　　　　　　　（映画の切符は買えましたか）
　　钥匙找到了吗？Yàoshi zhǎodào le ma?（鍵は見つかりましたか）
　　上の例文の"买到"は「買って手に入れる」，"找到"は「探しあてる」という意味を表しています。

　"動詞＋开 kāi"は広がることを表します。
　　请张开嘴。Qǐng zhāngkāi zuǐ.（口を開けてください）
　　这个消息传开了。Zhège xiāoxi chuánkāi le.
　　　　　　　　　　　　　　　（この知らせは広まりました）
　　上のはじめの例文の"张"は「開く」という意味の動詞です。
　　そのほか，"打开 dǎkāi"（開ける），"离开 líkāi"（離れる），"想开 xiǎngkāi"（思いきる）なども本来は"動詞＋开"と考えられますが，これらは多くの中国語辞典が1つの語として収録しています。方向補語を用いた表現もやはり1つずつ覚えていくのがいいでしょう。

6、程度が甚だしいことを表す補語

　"形容詞＋极了 jí le"は，形容詞の程度が甚だしいことを表します。

那好极了。Nà hǎojí le.（それは実にいい）
　我高兴极了。Wǒ gāoxìng jí le.（私は実にうれしい）

"形容詞＋死了 sǐ le"も形容詞の程度が甚だしいことを表しますが，"形容詞＋极了"よりも感情的な表現です。
　今天热死了。Jīntiān rèsǐ le.（今日はひどく暑い）
　我饿死了。Wǒ èsǐ le.（私はおなかがぺこぺこです）

　これら"形容詞＋极了""形容詞＋死了"は形容詞の程度を表すので，程度補語と呼ぶ人もいます。
　しかし，"极了"は「極まった」という意味なので，"形容詞＋极了"は形容詞の程度が「極限に達した」ということになり，これは結果補語の1種と考えてもいいと思います。
　"形容詞＋死了"は実際に結果補語になることもあり，上の例文に用いた"热死了""饿死了"は次の2通りの意味をもっています。
　热死了（ひどく暑い，暑さのために死んだ）
　饿死了（ひどく空腹だ，餓死した）
「暑さのために死んだ」「餓死した」の意味の場合は結果補語で，「ひどく暑い」「ひどく空腹だ」の意味の場合は程度補語だと区別するのも面倒なので，本書ではどちらの意味の場合も結果補語とします。形容詞の程度が甚だしいことを表す"形容詞＋极了""形容詞＋死了"は結果補語の特殊なものとしておきましょう。

　次に挙げるいくつかも結果補語の特殊なものと考えます。
　"形容詞＋坏了 huài le"も形容詞の程度が甚だしいことを表します。"坏"はもともとは「悪い」という意味の形容詞です。
　我肚子饿坏了。Wǒ dùzi èhuài le.（私はおなかがぺこぺこです）
　你累坏了吧？Nǐ lèihuài le ba?（あなたはくたくたでしょう）

第11章 補語

"形容詞＋透了 tòu le"も形容詞の程度が極限に達していること，徹底していることを表します。

> 衣服湿透了。Yīfu shītòu le.（服がずぶぬれになりました）
> 那个人坏透了。Nàge rén huàitòu le.（あいつは本当に悪いやつだ）

"形容詞＋多了 duō le"は，他と比較して「ずっと……だ」という意味を表します。

> 你的汉语比以前好多了。Nǐ de Hànyǔ bǐ yǐqián hǎoduō le.
> （あなたの中国語は以前よりずっと上手になりました）
> 这样做麻烦多了。Zhèyàng zuò máfan duō le.
> （こんなふうにするとずっと面倒です）

"形容詞＋得很"は，形容詞の程度が「とても」という意味を表します。これも程度補語と呼ぶ人がいますが，形式として"X 得 Y"となっていて，状態補語と同じなので，本書では状態補語の特殊なものと考えることにします。ただ，普通の状態補語では"X"に主として動詞が入りますが，この場合の"X 得 Y"の"X"には形容詞が入ります。

> 天气冷得很。Tiānqì lěng de hěn.（気候がとても寒い）
> 他每天忙得很。Tā měi tiān máng de hěn.（彼は毎日とても忙しい）

"形容詞＋得多"は，他と比較して「ずっと……だ」という意味を表します。"形容詞＋多了"とほぼ同じ意味を表しますが，こちらは状態補語の特殊なものです。

> 这儿比那儿热得多。Zhèr bǐ nàr rè de duō.
> （ここはあそこよりずっと暑い）
> 他的英语比我好得多。Tā de Yīngyǔ bǐ wǒ hǎo de duō.
> （彼の英語は私よりずっと上手です）

次に挙げるいくつかも状態補語の特殊なものと考えます。

"形容詞＋**得慌** de huang"は「耐え難いほど……だ」という意味を表します。"**慌**"は軽く発音します。

> **今天冷得慌。** Jīntiān lěng de huang.（今日は寒くてたまらない）
> **我心里闷得慌。** Wǒ xīnli mèn de huang.（私は気がめいってたまらない）

"形容詞＋**得要命** de yàomìng"も「耐え難いほど……だ」という意味を表します。"**要命**"のもともとの意味は「命を取る」です。また，"**要命**"のかわりに"**要死** yào sǐ"（死にそうだ）が使われることもあります。

> **最近我忙得要命。** Zuìjìn wǒ máng de yàomìng.
> （最近私は忙しくてたまらない）
> **我痒得要死。** Wǒ yǎng de yào sǐ.（私はかゆくてたまらない）

"形容詞＋**得**"の後ろに"**不得了** bùdéliǎo"または"**了不得** liǎobude"を置いても，形容詞の程度が甚だしいことを表せます。"**不得了**""**了不得**"はどちらも「ひどい，たいへんだ」という意味です。

> **屋子里脏得不得了。** Wūzi li zāng de bùdéliǎo.
> （部屋の中はひどくきたない）
> **牙疼得了不得。** Yá téng de liǎobude.（歯が痛くてたまりません）

7、再び可能補語

"動詞＋方向補語"の"動詞"と"方向補語"の間に"**得**""**不**"を入れると，可能補語の肯定形・否定形になる場合があります。

> **进得去** jìndequ（入って行ける）　　**进不去** jìnbuqù（入って行けない）
> **过得去** guòdequ（通って行ける）　　**过不去** guòbuqù（通って行けない）
> **起得来** qǐdelái（起きられる）　　**起不来** qǐbulái（起きられない）

複合方向補語を使った"動詞＋可能補語"もあります。

> **我活不下去。** Wǒ huó bu xiàqu.（私は生きていけません）
> **我说不出来。** Wǒ shuō bu chūlai.（私は言い出せません）

第11章 補語

我想不起来。Wǒ xiǎng bu qǐlai.（私は思い出せません）
我想不出来。Wǒ xiǎng bu chūlai.（私は考えつきません）

可能補語を使うと様々なニュアンスを表せる場合があります。以下の"動詞＋可能補語"は日本語に訳すとすべて「買えない」となりますが，中国語ではそれぞれ表現が異なります。

这本书现在买不到。Zhè běn shū xiànzài mǎibudào.
（この本は今では買えません）
这么贵的东西我买不起。Zhème guì de dōngxi wǒ mǎibuqǐ.
（こんなに高価なものは私は買えません）
人太多，买不上。Rén tài duō, mǎibushàng.
（人が多すぎて，買えません）

上の最初の例文の"买不到"は物がなくて「買えない」という意味です。"买不着 mǎibuzháo"とも言います。2番目の例文の"买不起"はお金がなくて「買えない」という意味です。最後の例文の"买不上"は物のあるところまで行けず「買えない」という意味です。

"動詞＋可能補語"の中には，"对不起"のように漢字を見ただけでは意味の理解しがたいものがたくさんあります。そのようなもので，否定形で使われることの多い例を少し挙げます。これらは中国語辞典にしばしば1つの動詞として収録されています。

吃不来 chībulái（口に合わない，食べつけない）
吃不开 chībukāi（うまくいかない，受け入れられない）
吃不消 chībuxiāo（耐えきれない，我慢できない）
看不起 kànbuqǐ（軽視する，ばかにする）
说不定 shuōbudìng（……とは言えない，……かもしれない）

最後に，1つの文の中に複数の補語が用いられた例を見ておきましょう。

我们玩儿得高兴极了。Wǒmen wánr de gāoxìng jí le.

　　　　　　　　　　　　（私たちは実に楽しく遊びました）
他们高兴得跳起来了。Tāmen gāoxìng de tiào qilai le.
　　　　　　　　　　（彼らはうれしくて飛び上がりました）
我激动得说不出话来。Wǒ jīdòng de shuōbuchū huà lai.
　　　　　　　　　（私は感激してことばが出て来ません）

　上の最初の例文では，"**玩儿得**"の後ろに"形容詞＋**极了**"が入っています。2番目の例文では，"**高兴得**"の後ろに"動詞＋複合方向補語"が入っています。なお，状態補語"X **得** Y"の"X"には一般に動詞が入りますが，"**高兴**"は形容詞です。最後の例文では，"**激动得**"の後ろに可能補語の否定形を含んだ"**说不出**〔**话**〕**来**"が入っていますが，目的語"**话**"は"**说不出**"と"**来**"の間に入り込んでいます。

第11章 補語

📖 **練習**

（　）内の語や語句を使って中国語に訳しなさい。

① 夕刊はすべて売り切れました。（晚报 wǎnbào）

② 中国料理は私は食べ慣れました。（惯 guàn）

③ これらの新出単語はあなたはすべてしっかり覚えましたか。
　　　　　　　　　　　　　　　　　（生词 shēngcí）

④ 今日私は1通の手紙を受け取りました。（收到 shōudào）

⑤ 彼は容貌が中国人にとてもよく似ています。（像 xiàng）

⑥ 彼女は大あわてで駆け出して行きました。
　　　　　　　　（匆匆忙忙地 cōngcōng-mángmáng de）

⑦ 気候がだんだん暖かくなってきました。（渐渐地 jiànjiàn de）

⑧ この料理は見たところ油っこそうですが，食べてみると油っこくありません。（油腻 yóunì）

⑨ ここからあそこまで10分間かかりません。（用不了 yòngbuliǎo）

⑩ 四川料理は私は口に合いません。（四川菜 Sìchuāncài）

第12章 使役・受身など

1、使役

「誰々に……させる」という使役の表現は，「……させる，……することを許す」という意味の動詞 "让 ràng" を使って表します。語順は "让＋人＋動詞〔句〕" です。

> 我让他去。Wǒ ràng tā qù.（私は彼に行かせます）
> 妈妈让我做饭。Māma ràng wǒ zuò fàn.（母は私に食事を作らせます）

"让" のかわりに "叫 jiào" を使うこともあります。第1章の7で，「……という名前である」という意味の "叫" を学びましたが，どちらの意味もしっかり覚えておいてください。

> 我叫他去。Wǒ jiào tā qù.（私は彼に行かせます）
> 爸爸叫我去买东西。Bàba jiào wǒ qù mǎi dōngxi.
> （父は私を買い物に行かせます → 父の言いつけで私は買い物に行きます）

上のあとの例文では，"叫我" の後ろに "去买东西"（行って買い物をする，買い物に行く）という連動式文が入っています。連動式文については第8章の7で学びましたが，"去买东西" は "买东西去" と言うことも可能です。

実は，上のはじめの例文 "我叫他去" は2通りの意味をもっています。1つは上の日本語訳のとおり「私は彼に行かせる」です。もう1つは「私は彼を呼びに行く」という意味です。動詞 "叫" には「呼ぶ，呼びつける」という意味もあるので，"叫他" で「彼を呼ぶ」という意味にもなります。そのあとに "去" を置くと「私は彼を呼びに行く」という意味になります。この意味の場合，"我去叫他"（私は行って彼を呼ぶ）と言うこともできます。

使役を表す文の否定形は，"让" "叫" の前に "不" を置きます。

第12章 使役・受身など

爸爸不让我出门。Bàba bú ràng wǒ chūmén.
（父は私を外出させてくれません）

妈妈不叫我看电视。Māma bú jiào wǒ kàn diànshì.
（母は私にテレビを見させてくれません）

使役を表す"让""叫"は動詞ですが，これ自体に"了"や"过"を加えることはできません。「……させた」や「……させたことがある」と言うときには次のようにします。

我让他去了。Wǒ ràng tā qù le.（私は彼に行かせました）

让你久等了。Ràng nǐ jiǔděng le.
（あなたを長く待たせました → お待たせしました）

让你费心了。Ràng nǐ fèixīn le.
（あなたに心配させました → ご心配をおかけしました）

老师叫我说了一句话。Lǎoshī jiào wǒ shuōle yí jù huà.
（先生は私にひと言話させました）

我叫孩子学过英语。Wǒ jiào háizi xuéguo Yīngyǔ.
（私は子供に英語を学ばせたことがあります）

上の1・2・3番目の例文では，文末の"了"が使われています。4番目の例文では，"叫我"のあとに"说了一句话"（ひと言話した）が入っています。最後の例文では，"叫孩子"のあとに"学过英语"（英語を学んだことがある）が入っています。

「私に……させてください」と言うときには，普通"〔请〕让我……"の形を使い，"叫"は用いません。

让我来吧。Ràng wǒ lái ba.（私にやらせてください）

让我再想一想。Ràng wǒ zài xiǎng yi xiang.
（私にもうちょっと考えさせてください）

请让我说一句话。Qǐng ràng wǒ shuō yí jù huà
（私にひと言話させてください）

上の最初の例文の"来"は「(ある動作を)する」という意味で、いろいろな動詞のかわりに使われます。「私がやります」という意味で、"我来"と言うこともあります。

"让我们……"で「……しましょう、……しようではないか」という意味になるときがあります。これはかなり硬い表現です。

让我们共同努力吧！Ràng wǒmen gòngtóng nǔlì ba!
(私たちは共に努力しましょう)

2、受身

「誰々に……される」という受身の表現は、「(誰々)に、(誰々)から」という意味の介詞"被 bèi"を使って表します。語順は"被＋人＋動詞〔句〕"です。

小偷儿被警察抓住了。Xiǎotōur bèi jǐngchá zhuāzhù le.
(こそ泥は警察に捕まりました)

我被老师批评了一顿。Wǒ bèi lǎoshī pīpíngle yí dùn.
(私は先生に1度批判されました)

录音机被妹妹弄坏了。Lùyīnjī bèi mèimei nònghuài le.
(テープレコーダーは妹に壊されました)

上の最初の例文の"抓住"と、最後の例文の"弄坏"は"動詞＋結果補語"です。2番目の例文の"批评"は「批判する、叱る」という意味です。動詞"说"には「説教する、叱る」という意味があるので、2番目の例文は"我被老师说了一顿"と言うことも可能です。なお、"顿"は叱責の回数や食事の回数を表す量詞です。

"被"のかわりに"让""叫"を使って受身を表すこともあります。この章の1で述べたように"让""叫"は使役にも用いられるので、注意が必要です。"让""叫"が使役を表すのか受身を表すのかは、文脈で決めなければなりません。

照相机让哥哥弄坏了。Zhàoxiàngjī ràng gēge nònghuài le.
(カメラは兄に壊されました)

第12章 使役・受身など

打火机让弟弟弄丢了。Dǎhuǒjī ràng dìdi nòngdiū le.
（ライターは弟になくされました）

　上の例文はそれぞれ「壊させた」「なくさせた」という使役の意味にもなりえますが，常識的に考えれば受身の意味になります。

　ただ単に「……される」と言って，「誰々に，誰々から」を明示しないときは，"人"を省略して"被＋動詞〔句〕"で表します。"让""叫"にはこの用法はありません。

小偷儿被抓住了。Xiǎotōur bèi zhuāzhù le.（こそ泥は捕まりました）
我被批评了。Wǒ bèi pīpíng le.（私は批判されました）
录音机被弄坏了。Lùyīnjī bèi nònghuài le.
（テープレコーダーは壊されました）

　さきほど，受身の表し方を"被＋人＋動詞〔句〕"としましたが，"人"のところに人以外のものが入ることもあります。"被"のかわりに"让""叫"を使ったときも同様です。

他被汽车撞伤了。Tā bèi qìchē zhuàngshāng le.
（彼は車にぶつけられて怪我をしました）
衣服让雨淋湿了。Yīfu ràng yǔ línshī le.
（服は雨にぬれてしまいました）
树叶叫虫子吃光了。Shùyè jiào chóngzi chīguāng le.
（木の葉は虫に食いつくされてしまいました）

　上の例文は「人に（よって）」ではなく，それぞれ「車に」「雨に」「虫に」となっています。最初の例文の"撞伤"は，「ぶつかって怪我をする」という意味の"動詞＋結果補語"です。"被汽车撞伤了"は日本語に訳しにくいのですが，車によって"撞伤"されたと考えてください。2番目の例文の"淋湿"は「(水が)かかってぬれる」という意味の"動詞＋結果補語"です。"让雨淋湿了"も雨によって"淋湿"されたと考えてください。

3、使役・受身を表す"给"

"给 gěi" が使役を表すことがあります。

请给我看看。Qǐng gěi wǒ kànkan.（私にちょっと見せてください）
我不想给你看。Wǒ bù xiǎng gěi nǐ kàn.
（私はあなたに見せたくありません）

上の日本語訳では「見せる」となっていますが，これは「見させる」という使役です。上の"给"は"让""叫"に置き換え可能ですが，"给"を使った方がより口語的です。

"给我看"には「私に見せる」という意味のほかに，「私のために見る，私にかわって見る」という意味もあります。後者の意味の場合，"给"は「（誰々の）ために」という意味の介詞になります。次の例文の"给"は介詞です。

我看不懂，你给我看看。Wǒ kànbudǒng, nǐ gěi wǒ kànkan.
（私は見てもわからないので，あなたは私のためにちょっと見てください）

上の例文の"给"は，別の介詞"为 wèi"（……のために）や，動詞"替 tì"（かわる，交代する）に置き換え可能です。

ある動詞のあとに，使役を表す"给＋人＋動詞〔句〕"が置かれることもあります。

你拿给我看看。Nǐ ná gěi wǒ kànkan.
（あなたは手に持って私にちょっと見せてください）
你念给我听听。Nǐ niàn gěi wǒ tīngting.
（あなたは読んで私にちょっと聞かせてください）

これらは連動式文と考えられます。

"给"は受身を表すこともあります。

我做的菜给猫吃了。Wǒ zuò de cài gěi māo chī le.
（私が作った料理は猫に食われてしまいました）

衣服都给雨淋湿了。Yīfu dōu gěi yǔ línshī le.
　　　　　　　　　　　（服はすっかり雨にぬれてしまいました）

　上の例文の"给"は"让""叫"に置き換え可能ですが，"给"を使った方がより口語的です。なお，はじめの例文は「猫に食べさせた」という使役の意味になることもあります。

　上の例文の"猫""雨"は省略可能です。しかし，"给"のかわりに"让""叫"を使った場合には省略できません。

我做的菜给吃了。Wǒ zuò de cài gěi chī le.
　　　　　　　　　（私が作った料理は食べられてしまいました）
衣服都给淋湿了。Yīfu dōu gěi línshī le.
　　　　　　　　　　　（服はすっかりぬれてしまいました）

　1つの文の中に，受身を表す"被""让""叫"のいずれかと"给"が同時に使われることもあります。語順は"被＋人＋给＋動詞〔句〕"のようになります。もちろん，"人"のかわりに人以外のものが使われることもあります。

我家养的狗被车给轧死了。Wǒ jiā yǎng de gǒu bèi chē gěi yàsǐ le.
　　　　　　　　　　（私が家で飼っていた犬は車にひき殺されました）
我买的杂志让他给拿走了。Wǒ mǎi de zázhì ràng tā gěi názǒu le.
　　　　　　　　　　（私が買った雑誌は彼に持って行かれました）
相片叫孩子给撕碎了。Xiàngpiàn jiào háizi gěi sīsuì le.
　　　　　　　　　　　（写真は子供に破られました）

　上の例文の"给"はすべて省略可能ですが，"给"を用いた方がより口語的です。"轧死""拿走""撕碎"はすべて"動詞＋結果補語"です。

4、兼語式文

　使役を表す文"我让他去"は，次のような意味の総和からできています。

　　我让他（私は彼にさせる）＋　他去（彼は行く）→　我让他去

"我让他"の"他"は，動詞"让"の目的語です。"他去"の"他"は，動詞"去"の主語です。"我让他去"の"他"は，"让"の目的語と"去"の主語を兼ねていて，このような語を兼語といいます。そして，兼語を含んだ文を兼語式文といいます。

この章の1に挙げた使役を表す文はすべて兼語式文です。

次の文は使役的な意味をもっていますが，やはりすべて兼語式文です。

我派他调查。Wǒ pài tā diàochá.（私は彼を派遣して調査させます）
我劝他忌烟。Wǒ quàn tā jì yān.
（私は彼にタバコをやめるように忠告します）
我请他吃饭。Wǒ qǐng tā chīfàn.（私は彼を食事に招待します）

例えば上の最初の例文では，"他"は"派"の目的語と"调查"の主語を兼ねた兼語になっています。「彼を派遣して」「彼は調査する」という意味の総和から文ができているのです。2番目の例文も同様です。最後の例文の"请"は「招待する，ごちそうする」という意味の動詞で，"他"はやはり兼語になっています。

"请＋動詞〔句〕"は「どうぞ……してください」という意味ですが，同じ意味で"请你＋動詞〔句〕"を使うことがあります。"请"は「求める，請う」という意味の動詞です。"请你＋動詞〔句〕"は「あなたに求める」「あなたは……する」という意味の総和から文ができているので，これも兼語式文となります。兼語は"你"です。

请你明天再来一次。Qǐng nǐ míngtiān zài lái yí cì.
（明日もう1度来てください）
请您多多帮助。Qǐng nín duōduō bāngzhù.
（どうぞいろいろお助けください）

動詞"有"を用いる文もしばしば兼語式文になります。
我有一个朋友会说汉语。Wǒ yǒu yí ge péngyou huì shuō Hànyǔ.

第12章 使役・受身など

(私には中国語を話せる友人が1人います)

他有一个妹妹住在日本。Tā yǒu yí ge mèimei zhùzài Rìběn.

(彼には日本に住んでいる妹がいます)

外边有一个人来找你。Wàibian yǒu yí ge rén lái zhǎo nǐ.

(外にあなたを訪ねて来ている人がいます)

　上の最初の例文は，「友人がいて」「(その)友人は中国語を話せる」という意味の総和からできています。兼語は"一个朋友"です。2番目の例文も同様で，兼語は"一个妹妹"です。最後の例文は，兼語"一个人"のあとに"来找你"(来てあなたを訪ねる，あなたを訪ねて来る)という連動式文が置かれ，文が複雑になっています。

　兼語式文の例をもう少し挙げます。

我托她办这件事。Wǒ tuō tā bàn zhè jiàn shì.

(私は彼女に頼んでこの事をやってもらいます)

我们选谁当代表？Wǒmen xuǎn shéi dāng dàibiǎo?

(私たちは誰を代表に選びますか)

老师夸你进步快。Lǎoshī kuā nǐ jìnbù kuài.

(先生はあなたの進歩がはやいとほめています)

我喜欢你老实。Wǒ xǐhuan nǐ lǎoshi.

(私はあなたがまじめだから好きです)

　上の最初の例文は，「彼女に頼んで」「彼女はこの事をする」という意味になっていて，兼語は"她"です。2番目の例文は，「誰を選んで」「(その選ばれた)誰かが代表に就く」という意味になっていて，兼語は"谁"です。3番目の例文は，兼語"你"のあとに"进步快"(進歩がはやい)という主述述語が置かれています。また，この"进步快"は"夸你"(あなたをほめる)の原因になっています。最後の例文の兼語は"你"ですが，そのあとの"老实"(まじめだ)はやはり"喜欢你"(あなたを好きだ)の原因になっています。

　兼語式文の中には日本語に訳しにくいものもあります。まず文を見て兼語式文だということに気づいたら，適当な意訳をするのがいいでしょう。

5、介詞"把"

ここで介詞"把 bǎ"について学びます。

中国語の目的語は動詞の後ろに置かれますが、介詞"把"を使って動詞の前に引き出すことがあります。"把"は「……を」という意味です。次の例文を見てください。

> 我把这本书看完了。Wǒ bǎ zhè běn shū kànwán le.
> （私はこの本を読み終えました）
>
> 你把这件衣服洗一洗。Nǐ bǎ zhè jiàn yīfu xǐ yi xi.
> （あなたはこの服をちょっと洗いなさい）

上の例文は、それぞれ"我看完〔了〕这本书了""你洗一洗这件衣服"と言うことも可能ですが、ここではもともと目的語であった"这本书""这件衣服"が介詞"把"を伴って動詞句の前に引き出されています。

しかし、いつも目的語が"把"によって動詞〔句〕の前に引き出せるのかというと実はそうではありません。"把"を使う文は、一般に次の2つの条件を満たさなければなりません。

①　"把"によって引き出される目的語は特定のものでなければならない。
②　動詞には何らかの付加成分がついていなければならない。

目的語は、"把"によって引き出されたあとはすでに目的語ではなくなっているのですが、ここでは説明をわかりやすくしました。

条件①の「特定のもの」とは、話の場でどれであるか特定できるものを指します。上の2つの例文の"这本书""这件衣服"は「この本」「この服」ということで、特定のものです。

条件②は、動詞1語では使用できないということです。上の例文の"看完"は"動詞＋結果補語"、"洗一洗"は動詞の重ね型になっています。

次の例文を見てください。

> 请把窗户打开。Qǐng bǎ chuānghu dǎkāi.（窓を開けてください）
>
> 请把门关上。Qǐng bǎ mén guānshàng.（ドアを閉めてください）

第12章 使役・受身など

　上の例文の"窗户""门"には、「この」など特定のものであることを示す指示詞が何もついていません。しかし、この2つの例文は成立します。「窓を開けてください」とか「ドアを閉めてください」と言うときには、どの窓であるか、どのドアであるかは話の場でわかるからです。したがって、上の例文の"窗户""门"は特定のものといえます。また、"打开""关上"はどちらも"動詞＋方向補語"になっています。

　"把"を使った文を否定するときには、否定詞を"把"の前に置いて、"把……"全体を否定します。

> 我还没把这本书看完。Wǒ hái méi bǎ zhè běn shū kànwán.
> 　　　　　　　　　　（私はまだこの本を読み終えていません）

　次の例文では、受身を表す文の中で"把"が使われています。

> 我被人把护照偷了。Wǒ bèi rén bǎ hùzhào tōu le.
> 　　　　　　　　　（私は人にパスポートを盗まれました）

"护照"は「私のパスポート」であることが明らかですから、この"护照"は特定のものです。また、動詞"偷"には"了"がついています。動詞にはこのように"了"がつくだけでもいいのです。
　上の例文は、"被人"と"把护照"を入れ換えてもかまいません。

> 我把护照被人偷了。Wǒ bǎ hùzhào bèi rén tōu le.
> 　　　　　　　　　（私はパスポートを人に盗まれました）

　この章の1で使役について述べましたが、この"把"が使役の表現の中で使われることがあります。まず、第11章の6で説明した"形容詞＋死了"を思い出してください。
　"形容詞＋死了"は程度が甚だしいことを表します。

> 这儿的天气热死了。Zhèr de tiānqì rèsǐ le.
> 　　　　　　　　　（ここの気候は暑くてたまらない）
> 这个菜辣死了。Zhège cài làsǐ le.（この料理は辛くてたまらない）

"形容詞＋死"は使役的な意味をもつことができ，後ろに目的語"我"または"人"をとることがあります。この場合も文末にはやはり"了"を置かなければなりません。

这儿的天气热死我了。Zhèr de tiānqì rèsǐ wǒ le.
（ここの気候は暑くてたまらない）
这儿的天气热死人了。Zhèr de tiānqì rèsǐ rén le.（同上）
这个菜辣死我了。Zhège cài làsǐ wǒ le.
（この料理は辛くてたまらない）
这个菜辣死人了。Zhège cài làsǐ rén le.（同上）

上の例文の"热死我了"は「私を暑くてたまらなくさせる」という意味，"热死人了"は「人を暑くてたまらなくさせる」という意味を表しますが，結局は「暑くてたまらない」という意味になります。"辣死我了""辣死人了"も同様です。

"……死我了"は，"把"を用いて次のように言い換えることが可能です。

这儿的天气把我热死了。Zhèr de tiānqì bǎ wǒ rèsǐ le.
（ここの気候は暑くてたまらない）
这个菜把我辣死了。Zhège cài bǎ wǒ làsǐ le.
（この料理は辛くてたまらない）

上の例文の"把我热死了""把我辣死了"も「私を暑くてたまらなくさせる」「私を辛くてたまらなくさせる」という意味を表しますが，結局は「暑くてたまらない」「辛くてたまらない」という意味になります。"我"のかわりに"人"を使っても同様です。

"……死我了""把我……死了"は，日本語に直訳すると不自然な感じがしますが，中国語ではしばしば使われる感情的な表現です。

真累死我了。Zhēn lèisǐ wǒ le.（私は本当に疲れてへとへとです）
真把我累死了。Zhēn bǎ wǒ lèisǐ le.（同上）
你气死我了。Nǐ qìsǐ wǒ le.（お前には本当に腹がたつ）
你把我气死了。Nǐ bǎ wǒ qìsǐ le.（同上）

上の後半の例文の"气"は形容詞ではなく,「怒る」という意味の動詞ですが,ここでは「私をひどく怒らせる」という意味になっています。

6、再び使役と受身

この章の1で使役を表す"让""叫"を学びましたが,"使 shǐ"を使って使役を表すこともあります。語順は"使＋人＋動詞〔句〕"です。"使"は硬いことばで,書きことばによく使われます。

> 他的工作能力使大家佩服。Tā de gōngzuò nénglì shǐ dàjiā pèifu.
> 　　　　　　　　（彼の仕事の能力にはみんな敬服しています）
> 你的讲演能使听众感动。Nǐ de jiǎngyǎn néng shǐ tīngzhòng gǎndòng.
> 　　　　　　　　（あなたの講演は聴衆を感動させることができます）
> 我说的这句话使他生气了。Wǒ shuō de zhè jù huà shǐ tā shēngqì le.
> 　　　　　　　　（私の言ったこのことばは彼を怒らせました）

上のはじめの例文は,直訳すると「彼の仕事の能力はみんなを敬服させる」となります。

また,「……させる」という意味の動詞"令 lìng"を使った"令人……"というフレーズもあります。"……"の部分には2音節の動詞が入ります。日本語に訳すと「……させられる」となる場合もあります。

> 令人满意 lìng rén mǎnyì（人を満足させる）
> 令人感动 lìng rén gǎndòng（人を感動させる,感動的だ）
> 令人佩服 lìng rén pèifu（人を敬服させる,敬服させられる）
> 令人兴奋 lìng rén xīngfèn（人を興奮させる,刺激的だ）
> 令人失望 lìng rén shīwàng（人を失望させる,失望させられる）
> 令人厌倦 lìng rén yànjuàn（人を飽きさせる,飽き飽きさせられる）

これらはしばしば"真令人……"の形で使われます。

> 他写的文章真令人满意。Tā xiě de wénzhāng zhēn lìng rén mǎnyì.
> 　　　　　　　（彼の書いた文章は本当に満足のいく出来ばえです）

他的成绩真令人失望。 Tā de chéngjì zhēn lìng rén shīwàng.
（彼の成績には本当に失望させられます）

上のはじめの例文は，述語の部分を直訳すると「本当に人を満足させる」となります。

受身にも硬い表現があります。
"为 wéi……所 suǒ ──"は「……に──される」という受身を表します。
李白的诗为不少人所喜爱。 Lǐ Bái de shī wéi bùshǎo rén suǒ xǐ'ài.
（李白の詩は多くの人に好まれています）
他的作品为人们所欢迎。 Tā de zuòpǐn wéi rénmen suǒ huānyíng.
（彼の作品は人々に歓迎されています）

この"为"は"wèi"と発音することもあります。また，"为"のかわりに"被"が使われることもあります。

第12章 使役・受身など

📖 練習

（　）内の語や語句を使って中国語に訳しなさい。

① 会社は私を出張させます。（**出差** chūchāi）

② あなたにお金を使わせてしまいました。（**破费** pòfèi）

③ 私にちょっと細かく研究させてください。（**仔细** zǐxì）

④ 彼らはだまされました。（**欺骗** qīpiàn）

⑤ 私には商売をしている友人が1人います。（**做买卖** zuò mǎimai）

⑥ 私はあなたが買い物に行くお供をします。（**陪** péi）

⑦ この手紙を英語に訳してください。（**翻成** fānchéng）

⑧ あなたは帽子をとりなさい。（**摘下来** zhāi xialai）

⑨ 本当にびっくりしました。（**吓死** xiàsǐ）

⑩ 李白の詩は日本人にもよく知られています。（**熟悉** shúxī）

第13章 現象文など

1、現象文

「雨が降る」「風が吹く」などは自然の現象を表します。このような自然現象を中国語では次のように表します。

　　下雨了。Xià yǔ le.（雨が降ってきました）
　　冬天下雪。Dōngtiān xià xuě.（冬〔に〕は雪が降ります）
　　春天刮风。Chūntiān guā fēng.（春〔に〕は風が吹きます）

　上の1・2番目の例文の"下"は「降る」という意味の動詞，最後の例文の"刮"は「吹く」という意味の動詞です。「雨が」「雪が」「風が」にあたる語はすべて動詞の後ろに置かれています。

　次の文は自然の現象ではありませんが，やはりある種の現象を表しています。

　　出血了。Chū xiě le.（血が出ました）
　　我出汗了。Wǒ chū hàn le.（私は汗が出ました）
　　昨天来了一位客人。Zuótiān láile yí wèi kèren.
　　　　　　　　　　　　　　　　（昨日1人のお客さんが来ました）

　上の例文でもやはり「血が」「汗が」「1人のお客さんが」にあたる語〔句〕は，動詞"出"または動詞句"来了"の後ろに置かれています。

　このような現象を表す文を現象文と呼びますが，現象文では「……が」にあたる語を動詞の後ろに置くと覚えてください。日本語の「降雨（雨が降る）」「積雪（雪が積もる）」「開花（花が開く）」「出血（血が出る）」「来客（客が来る）」などと関連させて覚えるといいでしょう。

　上の例文の"雨""雪""风""血""汗""一位客人"は，動詞〔句〕の後ろに置かれているので目的語です。「……が」と日本語訳するからといって主語と考えてはいけません。

第13章 現象文など

　ここで，第5章の3で説明した"**桌子上有一本书**"（机の上に1冊の本がある）など，動詞"**有**"を用いる文を思い出してください。この文でも「1冊の本<u>が</u>」にあたる部分が動詞"**有**"の後ろに置かれています。これも日本語の「有名（名<u>が</u>ある）」「有人（人<u>が</u>いる）」などと関連させて覚えるといいでしょう。このような"**有**"を用いる文を存在文と呼ぶことがありますが，中国語では存在文と現象文は同じ構文です。また，存在文と現象文を合わせて存現文と呼ぶこともあります。

　存在文"**A 有 B**"の"**A**"には，一般に場所を表すことばが入りました。現象文でも，動詞〔句〕の前に場所を表すことばが入ることがあります。

外边下雨了。Wàibian xià yǔ le.（外〔で〕は雨が降ってきました）
我家来了一位客人。Wǒ jiā láile yí wèi kèren.
　　　　　　　　　　　　　　（我が家に1人のお客さんが来ました）

　上のはじめの例文は，"**外边**"でどのような現象が起こったかを述べる文です。普通"**外边**"の前に"**在**"を置く必要はありません。あとの例文は，"**我家**"でどのような現象が起こったかを述べる文です。日本語訳では「我が家<u>に</u>」となっていますが，"**我家**"の前に"**到**"を置く必要はありません。"**我家**"と"**来了**"の論理関係を考えて，日本語訳を工夫してください。

　次の例文も現象文ですが，述語の部分に"動詞＋複合方向補語"が使われています。

外边下起雨来了。Wàibian xiàqi yǔ lai le.
　　　　　　　　　　　　　（外〔で〕は雨が降りはじめました）
外边刮起风来了。Wàibian guāqi fēng lai le.
　　　　　　　　　　　　　（外〔で〕は風が吹きはじめました）

　上のはじめの例文では，"**下起来**"（降りはじめる）の"**下起**"と"**来**"の間に目的語"**雨**"が入り込んでいます。同様にあとの例文でも，"**刮起**"と"**来**"の間に目的語"**风**"が入り込んでいます。

次の例文も現象文です。

动物园里死了一只熊猫。Dòngwùyuán li sǐle yì zhī xióngmāo.
（動物園でパンダが 1 頭死にました）

书架上少了五本书。Shūjià shàng shǎole wǔ běn shū.
（本棚から本が 5 冊なくなりました）

我们宿舍搬走了一个同学。Wǒmen sùshè bānzǒule yí ge tóngxué.
（私たちの宿舎から同級生が 1 人引っ越して行きました）

上の例文は，ある場所から何かがなくなることを表しています。2 番目の例文の日本語訳では「本棚から」となっていますが，"书架上"の前に"从"を置く必要はありません。最後の例文でも同様です。なお，2 番目の例文の"少"は「なくなる，不足する」という意味の動詞です。

「雨が降る」は現象文の形を使って"下雨"と言いますが，「雨が止む」と言う場合には現象文の形を使いません。

雨停了。Yǔ tíng le.（雨は止みました）

雨下得很大。Yǔ xià de hěn dà.（雨の降り方がひどい）

「雨が止む」というのも確かに自然現象ですが，中国語では「(すでに降っていた) 雨は止んだ」のように「雨」を主題化して表します。上のはじめの例文がそれです。"住 zhù"にも「止む」という意味があるので，"雨住了"とも言います。「雨の降り方がひどい」という文も，すでに降っている雨の降り方について述べたものなので，「雨は降り方がひどい」のように「雨」を主題化して，上のあとの例文のように表します。なお，「(雨や風が) 強い，ひどい」と言う場合には"大"を使います。

2、「……している」

次の 2 つの例文を見てください。

外边在下雨呢。Wàibian zài xià yǔ ne.（外は雨が降っています）

外边下着雨呢。Wàibian xiàzhe yǔ ne.（同上）

第 8 章の 5 で，"〔正〕在＋動詞＋〔呢〕"（〔ちょうど〕……しているところ

第13章 現象文など

だ）という進行の表現について学びました。上のはじめの例文は"在下雨呢"となっていて、これは「雨が降っているところだ」という進行を表しています。

あとの例文は"下着雨呢"となっていますが、これも「雨が降っている」という意味です。助詞"着 zhe"は、動作の結果現れた状態の持続を表します。したがって、"下着雨"は、あるとき雨が降りはじめ、現在も雨降りという状態が持続しているという意味を表しています。文末の"呢"は進行中であることを表す語気助詞です。なお、"着 zhe"は軽声なので、軽く「ヂャ」と発音します。第11章の1に挙げた結果補語の"着 zháo"とは発音が異なるので注意してください。

次の2つの例文もほぼ同じ意味を表します。
老师们在开会呢。Lǎoshīmen zài kāihuì ne.（先生たちは会議中です）
老师们开着会呢。Lǎoshīmen kāizhe huì ne.（同上）

上のはじめの例文は、会議が進行中であることを表します。あとの例文は、あるとき会議が始まり、現在も会議中という状態が持続していることを表します。"开会"は離合動詞なので、"着"は動詞としての働きをもった"开"の後ろに置き、"开着会"とします。

また、"在"と"着"を2つとも使い"在＋動詞＋着"という形を使うこともあります。これは進行と持続の両方を表すわけではなく、単に"在＋動詞"と"動詞＋着"が混合した表現と思われます。
外边在下着雨呢。Wàibian zài xiàzhe yǔ ne.（外は雨が降っています）
老师们在开着会呢。Lǎoshīmen zài kāizhe huì ne.
　　　　　　　　　　　　　　　　　　　（先生たちは会議中です）

3、"動詞＋着 zhe"

2に挙げた"在＋動詞"と"動詞＋着"はほぼ同じ意味を表しています。しかし、この2通りの言い方は普通は区別しなければなりません。

日本語の「服を着ている」は2通りの意味をもっています。1つは「ちょうど服を着ているところだ」という意味で，これは着るという動作の進行を表します。もう1つは服をすでに着た状態の持続で，「今日彼女はいい服を着ている」などの文がこれにあたります。この2通りの意味は，中国語では次のような異なる表現で表されます。

他正在穿衣服呢。Tā zhèngzài chuān yīfu ne.
（彼はちょうど服を着ているところです）

今天她穿着好衣服。Jīntiān tā chuānzhe hǎo yīfu.
（今日彼女はいい服を着ています）

"在＋動詞"と"動詞＋着"の基本的な違いをしっかり覚えておいてください。"在＋動詞"は動作の進行を表します。"動詞＋着"は動作の結果現れた状態の持続を表します。

日本語の「めがねをかけている」「帽子をかぶっている」などは，普通は状態の持続の表現なので"動詞＋着"で表されます。

他戴着眼镜儿。Tā dàizhe yǎnjìngr.（彼はめがねをかけています）
她戴着好帽子。Tā dàizhe hǎo màozi.
（彼女はいい帽子をかぶっています）
你带着雨伞吗？Nǐ dàizhe yǔsǎn ma?（あなたは傘をもっていますか）

上の1・2番目の例文の"戴着"は，（めがねを）かけた状態の持続，（帽子を）かぶった状態の持続を表します。最後の例文の"带着"は，（雨傘を）携えた状態の持続を表します。なお，中国語では帽子・めがね・手袋などを「身につける」と言う場合には，動詞"戴"を用います。「手袋をはめる」は"戴手套 dài shǒutào"と言います。"带"は普通「携帯する」という意味で使います。

"動詞＋着"を否定する場合には"没〔有〕"を用いますが，否定文ではしばしば"着"が脱落します。

他没戴眼镜儿。Tā méi dài yǎnjìngr.（彼はめがねをかけていません）

我没带雨伞。Wǒ méi dài yǔsǎn.（私は傘をもっていません）

"動詞＋着"を用いた文の文末に"呢"を置くと，状態が持続したまま存在することを強調します。

你看，他戴着眼镜儿呢。Nǐ kàn, tā dàizhe yǎnjìngr ne.
（見てごらん，彼はめがねをかけています）
你看，她戴着好帽子呢。Nǐ kàn, tā dàizhe hǎo màozi ne.
（見てごらん，彼女はいい帽子をかぶっています）

上の例文は，めがねをかけた彼，いい帽子をかぶった彼女が目の前に存在していることを表しています。

「座る」「立つ」「横たわる」などの動詞は動作としては一瞬に終わってしまいますが，動作の結果現れた状態としては持続します。

他在椅子上坐着呢。Tā zài yǐzi shàng zuòzhe ne.
（彼は椅子に座っています）
他在那儿站着呢。Tā zài nàr zhànzhe ne.
（彼はあそこに立っています）
他在床上躺着呢。Tā zài chuáng shàng tǎngzhe ne.
（彼はベッドに横たわっています）

上の例文は"他"が実際に目の前にいる表現で，文末に"呢"が置かれています。

"動詞＋着"のあとにさらに別の動詞を置いて，"動詞１＋**着**＋動詞２"とすると，「（動詞１）しながら（動詞２）する」という意味になります。「（動詞１）しながら」の部分は「動詞１の状態を持続しながら」という意味で，この"**着**"もやはり持続を表します。「（動詞１）しながら」と訳してみて不自然な場合もあるので，その場合には日本語訳を工夫してください。

我们走着去吧。Wǒmen zǒuzhe qù ba.
（私たちは歩きながら行きましょう，私たちは歩いて行きましょう）

学生坐着听课。Xuésheng zuòzhe tīngkè.

（学生は座って授業を聞きます）

老师站着讲课。Lǎoshī zhànzhe jiǎngkè.（先生は立って授業をします）

これらは連動式文です。

次の例文を見てください。

他笑着看了我一眼。Tā xiàozhe kànle wǒ yì yǎn.

（彼は笑いながら私をひと目見ました）

他在床上躺着看书呢。Tā zài chuáng shàng tǎngzhe kàn shū ne.

（彼はベッドに横たわり本を読んでいます）

"動詞1＋着＋動詞2"の"動詞2"には"了"をつけることもあります。上のはじめの例文がそれです。また，「私をひと目見る」は"看我一眼"と言います。あとの例文は「（動詞1）しながら（動詞2）している」という意味になっていますが，持続の"躺着"の直後に進行の"在看书"を置くと，くどい表現になるので，文末の"呢"を使って進行の意味を補足しています。

"動詞＋着"が「……してみると」という意味になる場合もあります。この場合，"動詞＋着"のあとには主に形容詞が続きます。

这个东西拿着很重。Zhège dōngxi názhe hěn zhòng.

（これは持ってみるととても重い）

这件衣服穿着有点儿瘦。Zhè jiàn yīfu chuānzhe yǒudiǎnr shòu.

（この服は着てみるとちょっと窮屈です）

他看着还很年轻。Tā kànzhe hái hěn niánqīng.

（彼は見たところまだとても若そうです）

4、存在文における"動詞＋着 zhe"

例えば動詞"放 fàng"は普通「置く」という意味で使われますが，後ろに"着"をつけて"放着"とすると「置いてある」という意味になります。誰か

があるときに置いた結果現れた状態の持続を表すわけです。

放 fàng（置く）　→　放着 fàngzhe（置いてある）
挂 guà（掛ける）　→　挂着 guàzhe（掛かっている，掛けてある）
写 xiě（書く）　　→　写着 xiězhe（書いてある）

上に挙げた"動詞＋着"は，存在文"A 有 B"の"有"のかわりに用いることができます。

桌子上放着一张纸。Zhuōzi shàng fàngzhe yì zhāng zhǐ.
（机の上に紙が 1 枚置いてあります）

墙上挂着一幅画儿。Qiáng shàng guàzhe yì fú huàr.
（壁に絵が 1 枚掛かっています）

黑板上写着很多字。Hēibǎn shàng xiězhe hěn duō zì.
（黒板に字がたくさん書いてあります）

上の例文もやはり存在文です。"放着""挂着""写着"が"有"のかわりに使われていることに注意してください。"一张纸""一幅画儿""很多字"の部分は「……が」という日本語訳になります。なお，2 番目の例文の"幅"は絵画や布地を数えるときに使う量詞です。"张"を使って"一张画儿"と言ってもかまいません。

この章の 3 にあげた"坐着""站着""躺着"なども，存在文"A 有 B"の"有"のかわりに用いることができます。

客厅里坐着一个人。Kètīng li zuòzhe yí ge rén.
（応接室に 1 人の人が座っています）

门口站着一个人。Ménkǒu zhànzhe yí ge rén.
（入り口に 1 人の人が立っています）

床上躺着一个人。Chuáng shàng tǎngzhe yí ge rén.
（ベッドに 1 人の人が横たわっています）

「彼は座っている」ならば"他坐着〔呢〕"となりますが，「1 人の人が座っている」は"坐着一个人"となります。「1 人の人が座っている」というのは，

結局「1人の人がいる」というのと同じ内容を表していて，これは中国語では存在文で表現されます。上の3つの例文の"一个人"はすべて「1人の人が」という日本語訳になります。

上の3つの例文は，次のように言い換えることができます。
　　　有一个人在客厅里坐着呢。Yǒu yí ge rén zài kètīng li zuòzhe ne.
　　　　　　　　　　　　　　　　　（ある人が応接室に座っています）
　　　有一个人在门口站着呢。　Yǒu yí ge rén zài ménkǒu zhànzhe ne.
　　　　　　　　　　　　　　　　　（ある人が入り口に立っています）
　　　有一个人在床上躺着呢。　Yǒu yí ge rén zài chuáng shàng tǎngzhe ne.
　　　　　　　　　　　　　　　　　（ある人がベッドに横たわっています）

上の最初の例文は，「1人の人がいて」「その人は応接間にいる」という兼語式文になります。"一个人"が兼語です。他の例文も同様です。

5、方位詞

中国語には方位詞と呼ばれる語があります。意味的には名詞と同じなので，名詞を下位分類したものと考えていいかもしれません。すでに出てきた"桌子上"（机の上）や"家里"（家の中）などの"上""里"は方位詞ですが，ここではまず方位詞の基本的な形から見ていきます。

上边 shàngbian	上面 shàngmian	上头 shàngtou	（上）
下边 xiàbian	下面 xiàmian	下头 xiàtou	（下）
前边 qiánbian	前面 qiánmian	前头 qiántou	（前）
后边 hòubian	后面 hòumian	后头 hòutou	（後ろ）
里边 lǐbian	里面 lǐmiàn	里头 lǐtou	（中）
外边 wàibian	外面 wàimian	外头 wàitou	（外）

「上」「下」「前」「後ろ」「中」「外」を表す6種類の方位詞それぞれに，"…边""…面""…头"の3通りの言い方があり，すべて同じ意味で，またすべてよく使われます。

第13章 現象文など

东边 dōngbian	东面 dōngmiàn	（東）
南边 nánbian	南面 nánmiàn	（南）
西边 xībian	西面 xīmiàn	（西）
北边 běibian	北面 běimiàn	（北）

「東」「南」「西」「北」を表す4種類は"…头"の形はないわけではないのですが，あまり使われません。また，"**东头儿** dōngtóur"のようにアル化して「東の端」という意味を表すことがあります。

左边 zuǒbian	左面 zuǒmiàn	（左）
右边 yòubian	右面 yòumiàn	（右）
旁边 pángbiān		（そば，かたわら，横）

"×左头""×右头"という言い方はありません。また，「そば，かたわら，横」を表す"**旁边**"は"…边"の形しかありません。

上に挙げた方位詞"…边"の中で，"**旁边** pángbiān"の"**边**"だけが第1声で，その他の"**边**"はすべて軽声です。"…面"の"面"は軽声で発音するものと，第4声で発音するものがありますが，"面"の発音には個人差もあるようなので，あまり気にする必要はないでしょう。また，"…边""…面"はアル化することもあります。

「机の上」「学校の東」などと言う場合は次のように言います。

桌子上边 zhuōzi shàngbian （机の上）
学校东边 xuéxiào dōngbian （学校の東）

この場合"**的**"を加えて，"**桌子的上边**""**学校的东边**"と言ってもかまいません。

方位詞のうち，「上」と「中」を表すものは，名詞の後ろにつく場合，"**边**""**面**""**头**"を省略することができ，また省略したものが多用されます。すでに出てきた"**桌子上**""**家里**"の"**上**"と"**里**"がこれにあたります。

方位詞が介詞 "往 wǎng"（……へ，に）"向 xiàng"（……に向かって）などの後ろに置かれる場合は，しばしば "边" "面" "头" が省略されます。

请往里走。Qǐng wǎng lǐ zǒu.（中にお進みください）
请往右拐。Qǐng wǎng yòu guǎi.（右に曲がってください）
这条河向东流。Zhè tiáo hé xiàng dōng liú.
（この川は東に向かって流れています）
我们要向前看。Wǒmen yào xiàng qián kàn.
（我々は前を見なければなりません）

方位詞を使った例文をいくつか見ておきましょう。

前边来了一个人。Qiánbian láile yí ge rén.
（前から1人の人が来ました）
学校后面有一座小山。Xuéxiào hòumian yǒu yí zuò xiǎoshān.
（学校の裏に小さな山が1つあります）
你手里拿着什么？Nǐ shǒu li názhe shénme?
（あなたは手に何を持っているのですか）
坐在你旁边的人是谁？Zuòzài nǐ pángbiān de rén shì shéi?
（あなたの横に座っている人は誰ですか）

上の最初の例文は現象文です。"前边" は「前から，前方から」と日本語訳してください。2番目の例文は存在文です。

3番目の例文の "拿着"（持っている）は，動作の結果現れた状態の持続を表します。"手里"（手の中）の前に "在" を置いてもかまいませんが，"手里" と "拿着" の論理関係で「手に持っている」という意味が出てきています。

最後の例文は，"坐在……"（……に座る）という形が用いられています。日本語訳は「座っている」となっていますが，"坐在……" の場合は "着" を置くところがなく，このままで「座っている」という意味になります。なお，"你旁边" は "你的旁边" としてもかまいません。

6、語気助詞 "来着" "着呢"

この章で "着 zhe" が出てきたついでに、"着" を含む語気助詞を2つ覚えましょう。

語気助詞 "来着 láizhe" は、過去を回想する語気を表します。

昨天晚上我在家里看电视来着。
Zuótiān wǎnshang wǒ zài jiā li kàn diànshì láizhe.
（昨日の夜私は家でテレビを見ていました）

刚才小王在食堂吃饭来着。 Gāngcái Xiǎo Wáng zài shítáng chīfàn láizhe.
（さきほど王さんは食堂で食事をしていました）

上の2つの例文の日本語訳は「……していた」となっていますが、これは過去の進行を表しているのではなく、過去をふり返ってみて「(そう言えば)……していた」というような意味を表しています。"来着" を用いた文では、"了" や "过" を併用することはできません。

"来着" は、疑問詞を用いた疑問文の中で使われることがあります。その場合も答えを思い出そうとするような語気を表します。

他叫什么来着？ Tā jiào shénme láizhe?
（彼は何という名前だったっけ？）

刚才你说什么来着？ Gāngcái nǐ shuō shénme láizhe?
（さきほどあなたは何と言っていましたか）

語気助詞 "着呢 zhene" は、形容詞のあとに置いて、肯定し誇張する語気を表します。

他的朋友多着呢。 Tā de péngyou duō zhene.
（彼の友たちはそれは多いですよ）

我们学校大着呢。 Wǒmen xuéxiào dà zhene.
（私たちの学校はそれは大きいですよ）

时间还早着呢。 Shíjiān hái zǎo zhene. （時間はまだまだ早いですよ）

"形容詞＋着呢" の前には、"很" などの副詞を置くことはできません。

📖 **練習**

（　）内の語や語句を使って中国語に訳しなさい。

① 雷が鳴りましたか。（**打雷** dǎléi）

② 今年の4月私たちの学校に中国語の先生が1人転勤して来ました。
（**调来** diàolai）

③ 昨夜は風の吹き方が特にひどかった。（**特别** tèbié）

④ 私は腕時計をはめていません。（**手表** shǒubiǎo）

⑤ ドアは鍵がかかっています。（**锁** suǒ）

⑥ 彼はソファーに座って雑誌を見ています。（**沙发** shāfā）

⑦ テーブルにはたくさんの料理が並んでいます。（**摆** bǎi）

⑧ 病院の北側に公園が1つあります。（**医院** yīyuàn）

⑨ ここからまっすぐ南に行くとすぐに着きます。（**南** nán）

⑩ あなたが書いた文章の題名は何というんでしたか？（**题目** tímù）

第14章 疑問詞に関する表現など

1、これまでに学んだ疑問詞

　ここでは，これまでに学んだ疑問詞の意味と用法を確認しながら，疑問詞のやや難しい用法について学びます。疑問詞を用いた疑問文の文末には"吗"を置いてはいけません。

> 谁是你们的汉语老师？Shéi shì nǐmen de Hànyǔ lǎoshī?
> 　　　　　　　　　　　（誰があなたたちの中国語の先生ですか）
> 什么是社会主义？Shénme shì shèhuì zhǔyì?（社会主義とは何か）
> 什么叫资本主义？Shénme jiào zīběn zhǔyì?
> 　　　　　　　　　　　　　　　（何を資本主義と言うのか）

　中国語の疑問詞は，英語の疑問詞のように必ず文頭に置かれることはありませんが，疑問詞が主語になっている場合には，もちろん文頭（主語の位置）に置かれます。

　上の2・3番目の例文は直訳すると，それぞれ「何が社会主義であるか」「何が資本主義という名前か」となります。

　"什么的 shénmede"という単語がありますが，この語は「……など」という意味の助詞で，"等 děng""等等 děngděng"（……など）と同義です。

> 抽屉里只有铅笔、橡皮什么的。
> Chōuti li zhǐ yǒu qiānbǐ、xiàngpí shénmede.
> 　　　　（引き出しの中には鉛筆や消しゴムなどがあるだけです）

　疑問詞を用いた疑問文が，疑問の意味からずれて反語を表すこともあります。
> 谁知道？Shéi zhīdao?（誰が知ろうか → 誰も知りません）

　"什么"を使った次の例文も，疑問と反語の2通りの意味をもちえます。
> 你哭什么？Nǐ kū shénme?

　　　　　（あなたは何を泣いているのですか，泣くことはありません）
你笑什么？ Nǐ xiào shénme?
　　　　　（あなたは何を笑っているのですか，笑わないでください）
你忙什么？ Nǐ máng shénme?
　　　　　（あなたは何をあわてているのですか，あわてることはありません）
上の最後の例文の"**忙**"は「急ぐ，あわてる」という意味の動詞です。

"**吗**"を使った疑問文が反語を表すこともあります。
可不是吗！ Kěbushì ma!（そのとおりです）
上の例文は直訳すると「本当にそうではないか」となりますが，これは「そのとおりだ」という意味を表します。"**吗**"のかわりに当然の語気を表す"**嘛**"を使い"**可不是嘛**"と書くこともあります。また，"**可不是**"または単に"**可不** kěbu"と言うこともあります。

"**不是……吗**"の形で反語を表すこともあります。
你不是同意了吗？ Nǐ bú shì tóngyì le ma?
　　　　　（あなたは同意したではありませんか）
我们不是约好了吗？ Wǒmen bú shì yuēhǎo le ma?
　　　　　（私たちはちゃんと約束したではありませんか）
这不是你自己说的吗？ Zhè bú shì nǐ zìjǐ shuō de ma?
　　　　　（これはあなた自身が言ったことではありませんか）

　疑問詞の説明からは離れてしまいますが，動詞"**是**"は述語や主述句の前に置かれることもあります。この場合の"**是**"は肯定を強める働きをします。
我是第一次来中国。 Wǒ shì dì-yī cì lái Zhōngguó.
　　　　　（私ははじめて中国に来ました）
这都是我不好。 Zhè dōu shì wǒ bù hǎo.
　　　　　（これはすべて私が悪いのです）
上のはじめの例文の"**第一次**"は「1回目，はじめて」という意味で，"**是**"

は「はじめてだ」ということを強調しています。なお，「2回目」「3回目」は"第二次""第三次"と言います。

　また，"是不是"を文頭・述語の前・文末に置くと，相手に何かを確認する疑問文を作ることができます。

是不是你也知道？ Shì bu shi nǐ yě zhīdao?
（あなたも知っているでしょう？）

你是不是忘了？ Nǐ shì bu shi wàng le?（あなたは忘れたの？）

明天考试，是不是？ Míngtiān kǎoshì, shì bu shi?
（明日は試験があるのでしょう？）

　また，"是吗？""不是吗？"を文末に置いても，相手に何かを確認する疑問文になります。

听说你去过韩国，是吗？ Tīngshuō nǐ qùguo Hánguó, shì ma?
（あなたは韓国に行ったことがあるそうですね）

上の例文の"是吗？"は，"不是吗？"または"是不是？"に置き換えてもかまいません。

你喜欢什么样的？ Nǐ xǐhuan shénmeyàng de?
（あなたはどんなのが好きですか）

你要哪种颜色的？ Nǐ yào nǎ zhǒng yánsè de?
（あなたはどの種類の色のものがほしいのですか）

上のはじめの例文の"什么样"は「どのような」という意味です。あとの例文の"哪种"は「どの種類〔の〕」という意味です。なお，"颜色"は「色」という意味ですが，色を表すことばのあとに続けるときには，"红色 hóngsè"（赤色）や"白色 báisè"（白色）のように"颜"を省略することができます。

怎么办好呢？ Zěnme bàn hǎo ne?（どうしたらいいのですか）

怎么说好呢？ Zěnme shuō hǎo ne?（どう言ったらいいのですか）

上の例文の"怎么"は「どのように」という意味です。"好呢"は「(……すれば) いいのか」という意味になっています。"呢"は答えを求める語気を表します。

"好呢"ではなく，"好了"を文末に置くと，「(……すれば) いい」という意味を表します。この場合の"了"はきっぱりと言いきる語気を表します。
　你明天去好了。Nǐ míngtiān qù hǎo le. (あなたは明日行けばいい)
　你叫他干好了。Nǐ jiào tā gàn hǎo le. (あなたは彼にやらせればいい)

"怎么"(どのように)は，後ろに量詞を置くと「どのような」という意味になります。
　这是怎么回事？Zhè shì zěnme huí shì? (これはどういうことか)
　我教你怎么个吃法。Wǒ jiāo nǐ zěnme ge chīfǎ.
　　　　　　　　(私はあなたにどうやって食べるのかを教えてあげます)
上のはじめの例文は，量詞"回"の前に"一"を置いて，"怎么一回事"としてもかまいません。なお，"回"は回数を表す量詞ですが，"怎么＋量詞"の"量詞"には"回""个"以外はほとんど使われません。あとの例文の"怎么个吃法"は「どのような食べ方」という意味ですが，文全体は疑問文になっていません。

"这么""那么"も後ろに量詞を伴うことがあります。
　原来是这么回事。Yuánlái shì zhème huí shì.
　　　　　　　　　　　　(もともとこういうことだったのか)
　我没听说过那么个说法。Wǒ méi tīngshuōguo nàme ge shuōfǎ.
　　　　　　　　　(私はそんな言い方は聞いたことがありません)

"怎么也……"は，「どうしても……」という意味になります。
　我怎么也想不起来。Wǒ zěnme yě xiǎng bu qǐlai.
　　　　　　　　　　　　(私はどうしても思い出せません)

"怎么"の後ろに動詞や形容詞を置いて，"怎么＋動詞（または形容詞）＋也……"とすることもあります。この場合は「どんなに――でも……」という意味になります。

我怎么想也想不起来。Wǒ zěnme xiǎng yě xiǎng bu qǐlai.
（私はどんなに考えても思い出せません）

你怎么忙也得去一趟。Nǐ zěnme máng yě děi qù yí tàng.
（あなたはどんなに忙しくても1度行かなければなりません）

次の例文では"怎么"の前の主語と，文の後半部分の主語が異なるものになっています。

我怎么说，他也不听。Wǒ zěnme shuō, tā yě bù tīng.
（私がどんなに言っても，彼は聞きません）

上の例文の"**也**"は，「（私がどんなに言って）もそれでも」という意味です。"**他也**"の部分だけを見て，「彼も」と誤解しないように気をつけてください。

你怎么不知道？Nǐ zěnme bù zhīdào?
（あなたはどうして知らないのですか）

屋子里怎么这么乱？Wūzi li zěnme zhème luàn?
（部屋の中はどうしてこんなに散らかっているのですか）

你看这个怎么样？Nǐ kàn zhège zěnmeyàng?
（あなたは，これはどう思いますか）

上の1・2番目の例文の"**怎么**"は「なぜ，どうして」という意味です。"**怎么**"は，あとに否定文が続いたり，"**这么**＋形容詞"などが続くと「なぜ，どうして」という意味になります。この場合は"**为什么** wèi shénme"に置き換え可能です。

最後の例文の"**看**"は，「（見て）……と判断する，思う，考える」という意味ですが，そのあとに"**这个怎么样**"（これはどうか）という疑問文が目的語として置かれています。

"怎么样"を文末に置くと，相手の意向を尋ねる疑問文になります。

我们一起去故宫怎么样？ Wǒmen yìqǐ qù Gùgōng zěnmeyàng?
（私たちは一緒に故宮に行ってはどうでしょう）

2、疑問詞の不定用法

疑問詞には不定用法と呼ばれる用法があります。例えば「何？」というのは疑問詞本来の疑問用法ですが，「何か」というは不定用法です。何であるか定まっていないが「何か」という意味です。

疑問詞を用いた文の文末にさらに"吗"を加えると，疑問詞は不定用法になります。これまで，疑問詞を用いた疑問文の文末には"吗"を加えてはいけないと述べてきましたが，それは疑問用法の疑問詞を用いた文の場合のことです。

你喝什么吗？ Nǐ hē shénme ma?（あなたは何か飲みますか）
你有什么事吗？ Nǐ yǒu shénme shì ma?
（あなたは何か用事がありますか）

上の例文から文末の"吗"を取り去って，"你喝什么？""你有什么事？"とすると，それぞれ「あなたは何を飲みますか」「あなたはどんな用事があるのですか」という意味になります。これらの疑問文に答えるときは，"什么"に対する内容を答えなければなりませんが，上の"吗"を伴った疑問文には「はい」「いいえ」だけで答えることができます。

次も疑問詞が不定用法で用いられた例文です。

你吃点儿什么吗？ Nǐ chī diǎnr shénme ma?
（あなたは何か少し食べますか）
你到哪儿去了吗？ Nǐ dào nǎr qù le ma?
（あなたはどこかへ行きましたか）

疑問詞が不定用法であるかどうかを，文脈から決めなければならない場合もあります。

第14章 疑問詞に関する表現など

我没有什么事。Wǒ méiyǒu shénme shì.（私は何の用事もありません）
没有多少。Méiyǒu duōshao.（いくつもありません）
这几天天气很好。Zhè jǐ tiān tiānqì hěn hǎo.
（ここ数日天気がとてもよい）
我去过好几次。Wǒ qùguo hǎo jǐ cì.
（私は何度も行ったことがあります）

　上の１・２番目の例文は，否定文の中で不定用法の疑問詞が使われています。３番目の例文の"**这几天**"は「このいくつかの日」という意味です。最後の例文の"**好**"は「ずいぶん」という意味の副詞で，"**好几次**"で「ずいぶん何回か → 何回も」という意味になります。

　"**两**"が"**几**"の不定用法と同じ意味で使われることがあります。その場合，"**两**"は「いくつか」という意味になります。

我说两句话。Wǒ shuō liǎng jù huà.（私はちょっと話をします）
你多待两天吧。Nǐ duō dāi liǎng tiān ba.
（あなたはもう数日泊っていきなさい）

　上のはじめの例文の"**两句话**"は「２こと３ことの話」という意味です。あとの例文の"**多待两天**"は「多めに数日滞在する」という意味です。

3、疑問詞の特殊な用法

　中国語で，「誰でも知っている」「誰も知らない」などと言うときには次のように言います。

谁都知道。Shéi dōu zhīdao.（誰でも知っています）
谁也不知道。Shéi yě bù zhīdào.（誰も知りません）

　上の例文の"**谁**"は，意味的には動詞"**知道**"の主語です。

　次の例文では，意味的には動詞"**知道**"の目的語であるものが文頭に置かれています。

什么都知道。Shénme dōu zhīdao.（何でも知っています）

什么也不知道。Shénme yě bù zhīdào.（何も知りません）

このように「誰〔で〕も……だ」「何〔で〕も……だ」と言う場合には，"疑問詞＋都……""疑問詞＋也……"で表します。この文型には肯定形・否定形ともに存在しますが，肯定形のときには"**都**"が，否定形のときには"**也**"が多用される傾向があります。しかし，必ずそうだというわけではありません。

また，上の例文の"**谁**""**什么**"が文のどういう成分かという問題ですが，これは"疑問詞＋都……""疑問詞＋也……"という文型として覚えてしまった方が得策です。文の主題としての主語はさらに文頭に置くことができるからです。

这件事谁都知道。Zhè jiàn shì shéi dōu zhīdao.
（この事は誰でも知っています）
他什么也不知道。Tā shénme yě bù zhīdào.（彼は何も知りません）

上の例文の"**这件事**""**他**"は主題としての主語です。"疑問詞＋**都**……""疑問詞＋**也**……"の部分は全体が述語であると考えた方がいいようです。

次の例文は2通りの意味をもっています。

他谁都认识。Tā shéi dōu rènshi.（彼は誰〔のこと〕でも知っています。
彼〔のこと〕は誰でも知っています。）
他谁也不认识。Tā shéi yě bú rènshi.
（彼は誰〔のこと〕も知りません。彼〔のこと〕は誰も知りません）

次も"疑問詞＋**都**……""疑問詞＋**也**……"の例文です。

哪儿都去过。Nǎr dōu qùguo.（どこでも行ったことがあります）
哪儿也没去过。Nǎr yě méi qùguo.（どこにも行ったことがありません）

"疑問詞＋**都**……"を用いたやや複雑な例文をいくつか見ておきます。

你什么时候都可以去。Nǐ shénme shíhou dōu kěyǐ qù.
（あなたはいつでも行ってよろしい）

你几点来都行。Nǐ jǐ diǎn lái dōu xíng.

(あなたは何時に来てもよろしい)

我踢足球比什么都喜欢。Wǒ tī zúqiú bǐ shénme dōu xǐhuan.

(私はサッカーをするのが何より好きです)

　上の最初の例文では，"都"の前に"什么时候"（いつ）が置かれています。2番目の例文では，"都"の前に"几点来"（何時に来る）という動詞句が置かれています。最後の例文では，「何よりも……だ」という意味で"比什么都……"が使われています。

4、"一……都＋否定"

　上に挙げた表現に似たものとして，「1度も行ったことがない」のような言い方があります。このような表現は，中国語では"一……都＋否定"で表します。"都"のかわりに"也"を使ってもかまいません。この表現は否定文に限られますが，"都"も"也"もよく使われます。

一次都没去过。Yí cì dōu méi qùguo.

(1度も行ったことがありません)

一个人都不来。Yí ge rén dōu bù lái.（1人の人も来ません）

一本书也不看。Yì běn shū yě bú kàn.（1冊の本も読みません）

一点儿也不知道。Yìdiǎnr yě bù zhīdào.（少しも知りません）

一点儿也不觉得累。Yìdiǎnr yě bù juéde lèi.

(少しも疲れを感じません)

　上の4・5番目の例文では，"一点儿"が用いられています。日本語訳では「1」が使われていませんが，中国語では"一"が使われています。この"一点儿"は"一些"に置き換えることはできません。なお，最後の例文の"觉得"は「感じる」という意味の動詞で，形容詞を目的語にとることができます。

　述語に使われる動詞や形容詞が1音節の場合には，"都"または"也"を使わない場合もあります。

> 他一句话不说。Tā yí jù huà bù shuō.（彼はひと言も話しません）
> 这个菜一点儿不辣。Zhège cài yìdiǎnr bú là.
> 　　　　　　　　　　　　　　（この料理は少しも辛くありません）

上に挙げたような文では，主語と疑問詞の語順が入れかわることもあります。

> 什么他都知道。Shénme tā dōu zhīdao.（何でも彼は知っています）
> 一点儿我也不知道。Yìdiǎnr wǒ yě bù zhīdào.（少しも私は知りません）

「1度も中国に行ったことがない」と言うときには，次の2通りの言い方が可能です。

> 我一次也没去过中国。Wǒ yí cì yě méi qùguo Zhōngguó.
> 　　　　　　　　（私は1度も中国に行ったことがありません）
> 我一次中国也没去过。Wǒ yí cì Zhōngguó yě méi qùguo.（同上）

上のあとの例文の"一次中国也没去过"は直訳すると「1度の中国も行ったことがない」となります。なお，前者の方がよく使われる表現です。

また，次のように主語が2つある文にしても，同じ内容を表すことができます。

> 中国我一次也没去过。Zhōngguó wǒ yí cì yě méi qùguo.
> 　　　　　　　（中国は私は1度も行ったことがありません）

「子供ですら知っている」などの表現もこれまでに挙げたものと同類の表現と考えられます。中国語では，「……すら，……さえも」という意味の介詞"连 lián"を使って，"连……都——""连……也——"（……すら——だ）で表します。

> 这个字连小孩儿都认识。Zhège zì lián xiǎoháir dōu rènshi.
> 　　　　　　　　　　（この字は子供ですら知っています）
> 我连饭也不想吃。Wǒ lián fàn yě bù xiǎng chī.
> 　　　　　　　　　　（私はご飯も食べたくありません）

第14章 疑問詞に関する表現など

"连"は上で述べた"一……都＋否定"の"一……"の前や，動詞〔句〕や主述句の前に置くこともできます。

> 他连一天也不休息。Tā lián yì tiān yě bù xiūxi.
> （彼は１日も休みません）
>
> 我连看都不想看。Wǒ lián kàn dōu bù xiǎng kàn.
> （私は見るのさえ見たくありません → 私は見るのさえいやです）
>
> 她连一看都不看我。Tā lián yí kàn dōu bú kàn wǒ.
> （彼女はちらりとも私を見ません）
>
> 我连他姓什么也不知道。Wǒ lián tā xìng shénme yě bù zhīdào.
> （私は彼が何という姓なのかすら知りません）

上の最初の例文では，"连"の後ろに"一天"が置かれています。"连一天"で「１日すら」という意味を表しますが，"一天也不休息"でも「１日も休まない」という意味になるので，"连"は省略可能です。

２番目の例文では，"连"の後ろに動詞"看"が置かれています。３番目の例文では，"连"の後ろに"一看"（ちょっと見る）が置かれています。"一看"を"一眼 yì yǎn"（ひと目）に置き換えても同様の内容を表します。最後の例文では，"连"の後ろに"他姓什么"（彼が何という姓であるか）という主述句が置かれています。

5、疑問詞の連用

１つの文の中に同じ疑問詞が連用される場合があります。次の例文を見てください。

> 他想什么说什么。Tā xiǎng shénme shuō shénme.
> （彼は思ったことを何でも言います）

上の例文の"什么"も疑問用法ではありません。"想什么说什么"は「何かを思うとその何かを言う」ということで，「思ったことを何でも言う」という意味になります。

後半部分に，「その場合には」という意味の副詞"就"を伴うこともあります。

你喜欢吃什么就吃什么吧。Nǐ xǐhuan chī shénme jiù chī shénme ba.
　　　　　　　　　　　　　　（あなたは食べたいものを食べなさい）
你要几个就拿几个吧。Nǐ yào jǐ ge jiù ná jǐ ge ba.
　　　　　　　　　　　　　　（あなたはほしいだけ取りなさい）

　上のはじめの例文の"喜欢吃什么就吃什么"は「何かを食べるのが好きならば（その場合には）その何かを食べる」ということで，「食べたいものを食べる」という意味になります。あとの例文の"要几个就拿几个"は「いくつかほしければ（その場合には）そのいくつかを取る」ということで，「ほしいだけ取る」という意味になります。

　前半と後半の主語が異なることもあります。
你怎么说，我就怎么办。Nǐ zěnme shuō, wǒ jiù zěnme bàn.
　　　　　　　　　　　　　　（あなたが言うとおりに私はやります）
妈妈走到哪里，孩子就跟到哪里。
Māma zǒudào nǎli, háizi jiù gēndào nǎli.
　　　　　　　　　（母親が行くところどこへでも子供はついて行きます）
孩子要多少钱，他就给多少钱。
Háizi yào duōshao qián, tā jiù gěi duōshao qián.
　　　　　　　　　（彼は子供がほしがるだけお金をあげます）

　上の最初の例文は，「あなたがどのように言えば，私はどのようにする」ということです。2番目の例文は，「母親がどこかへ行けば，子供もそのどこかへついて行く」ということです。最後の例文は，「子供がいくらほしがれば，彼はそのいくらを与える」ということで，「彼は子供がほしがるだけ（いくらでも）お金を与える」という意味になります。

6、接続詞"还是"を用いる疑問文

　最後に，疑問詞も"吗"も用いない疑問文について見ておきます。
　「AかBか」という選択疑問文は，「それとも」という意味の接続詞"还是 háishi"を使って"A，还是B？"で表します。次の例文を見てください。

第14章 疑問詞に関する表現など

> 这是你的，还是小王的？Zhè shì nǐ de, háishi Xiǎo Wáng de?
> 　　　　（これはあなたのですか，それとも王さんのですか）
> 你的孩子是男的，还是女的？Nǐ de háizi shì nán de, háishi nǚ de?
> 　　　　（あなたのお子さんは男の子ですか，それとも女の子ですか）

上のはじめの例文では，"A，还是B？"の"A"に"你的"が，"B"に"小王的"が入っています。文末に"吗"を用いてはいけません。「AかBか」という日本語訳につられて，"吗"を2つ用いたり，文末に"吗"を置いたりしないように気をつけてください。

あとの例文も同様の文です。"男的""女的"のあとには「人」が省略されていると考えてください。中国語の"男""女"という語は単独で使うことができません。「男の子」「女の子」という意味の**"男孩儿 nánháir""女孩儿 nǚháir"**という語を用いてもかまいません。

"A，还是B？"の"A""B"には様々な成分が入ります。

> 你喜欢吃肉，还是喜欢吃鱼？Nǐ xǐhuan chī ròu, háishi xǐhuan chī yú?
> 　　　（あなたは肉を食べるのが好きですか，それとも魚を食べるのが好きですか）
> 你上午去，还是下午去？Nǐ shàngwǔ qù, háishi xiàwǔ qù?
> 　　　　（あなたは午前に行きますか，それとも午後に行きますか）
> 你走着去，还是骑自行车去？Nǐ zǒuzhe qù, háishi qí zìxíngchē qù?
> 　　　　（あなたは歩いて行きますか，それとも自転車に乗って行きますか）

上の例文では"A""B"に動詞句が入っています。

"A""B"に主述句が入る場合もあります。

> 你去，还是小王去？Nǐ qù, háishi Xiǎo Wáng qù?
> 　　　　（あなたが行きますか，それとも王さんが行きますか）

"还是"には「やはり」という意味の副詞としての用法もあります。

> 还是我一个人去。Háishi wǒ yí ge rén qù. （やはり私1人で行きます）

また，次の例文の"还是"は，副詞"还"（まだ）と動詞"是"の2語です。

那时候我还是中学生。Nà shíhou wǒ hái shì zhōngxuéshēng.

（あの時私はまだ中学生でした）

第14章 疑問詞に関する表現など

📖 **練習**

（　）内の語や語句を使って中国語に訳しなさい。

① 哲学とは何か。（**哲学** zhéxué）

② 私はどんなに学んでもマスターできません。（**学不好** xuébuhǎo）

③ あなたは何か要望がありますか。（**要求** yāoqiú）

④ ここ数ヶ月しょっちゅう霧が出ます。（**下雾** xià wù）

⑤ 私には少しの知識もありません。（**知识** zhīshi）

⑥ 雑技は私は1度も見たことがありません。（**杂技** zájì）

⑦ このみかんは少しもすっぱくありません。（**酸** suān）

⑧ 私たちは1分1秒も浪費できません。（**浪费** làngfèi）

⑨ あなたは暇があったらいつでも遊びに来なさい。（**空** kòng）

⑩ あなたは木曜日にアルバイトをしますか，それとも金曜日にアルバイトをしますか。（**打工** dǎgōng）

第15章 介詞・副詞・呼応表現

1、介詞 "除了"

　介詞についてはこれまでにいくつか説明しましたが，この章でははじめに用法のやや難しい介詞を取り上げます。

　まず，"除了 chúle"からです。"了"がついていますが，これで1語です。"除了"は「……を除いて，……のほかに」という意味の介詞ですが，この介詞は一般に文頭に置かれます。

> 除了小王，大家都学习日语。Chúle Xiǎo Wáng, dàjiā dōu xuéxí Rìyǔ.
> 　　　　　　　　　　（王さんを除いて，みんな日本語を学んでいます）
> 除了星期天，我每天去上班。Chúle xīngqītiān, wǒ měi tiān qù shàngbān.
> 　　　　　　　　　　（日曜日を除いて，私は毎日出勤します）

　上の例文はそれぞれ「王さんは学んでいない」「日曜日には出勤しない」ことを表し，"除了……"の"……"を排除する表現です。

　次の例文を見てください。

> 除了小王，小李和小张也学习日语。
> Chúle Xiǎo Wáng, Xiǎo Lǐ hé Xiǎo Zhāng yě xuéxí Rìyǔ.
> 　　　　　（王さんのほかに，李さんと張さんも日本語を学んでいます）
> 除了星期天，我星期六也不去上班。
> Chúle xīngqītiān, wǒ xīngqīliù yě bú qù shàngbān.
> 　　　　　（日曜日のほかに，私は土曜日にも出勤しません）

　上の例文はそれぞれ「李さんと張さんも学んでいる」「土曜日にも出勤しない」ということを表し，"除了……"の"……"にさらに累加する表現になっています。述語の部分に"也"(……も)が使われている点に注意してください。

　累加を表す場合は，述語に"还"(さらに)が使われることもあります。

第15章 介詞・副詞・呼応表現

> 除了小王，还有小李、小张和小刘。
> Chúle Xiǎo Wáng, hái yǒu Xiǎo Lǐ、Xiǎo Zhāng hé Xiǎo Liú.
> （王さんのほかに，さらに李さん・張さんと劉さんがいます）
>
> 除了北京，我还去过上海和广州。
> Chúle Běijīng, wǒ hái qùguo Shànghǎi hé Guǎngzhōu.
> （北京のほかに，私はさらに上海と広州に行ったことがあります）

"除了……" の後ろに "以外 yǐwài" "之外 zhīwài" を置いて，"除了……以外" "除了……之外" とすることもあります。この場合も排除と累加の2通りの意味を表します。

> 除了北京以外，我什么地方也没去过。
> Chúle Běijīng yǐwài, wǒ shénme dìfang yě méi qùguo.
> （北京を除いて，私はどこにも行ったことがありません）
>
> 除了北京之外，你还去过什么地方？
> Chúle Běijīng zhīwài, nǐ hái qùguo shénme dìfang?
> （北京のほかに，あなたはさらにどこに行ったことがありますか）

上のはじめの例文は排除を表しています。述語の部分に "也" が使われていますが，これは第14章の3で説明した "疑問詞＋也……" の "也" です。累加を表す "也" ではありません。あとの例文は，述語の部分に "还" が使われていて累加を表しています。

"除了" と同義の介詞として "除 chú" がありますが，"除……" は必ず後ろに "以外" "之外" を伴います。したがって，上の2つの例文では，"除了" を "除" に置き換えることが可能です。

"除了……" の "……" に，主述句や動詞句など複雑な成分が入ることもあります。

> 除了他是上海人，我们都是北京人。
> Chúle tā shì Shànghǎirén, wǒmen dōu shì Běijīngrén.
> （彼が上海の人であるのを除いて，私たちはみな北京の者です）

除了去北京以外，你还要去哪儿？
Chúle qù Běijīng yǐwài, nǐ hái yào qù nǎr?
（北京に行くほかに，あなたはさらにどこに行きたいですか）

"除了……"は文頭に置かれることが多いのですが，そうでない場合もあります。

老师除了讲课以外，还要开会。
Lǎoshī chúle jiǎngkè yǐwài, hái yào kāihuì.
（先生は授業をするほかに，さらに会議を開かなければなりません）

我除了当翻译之外，还要做什么？
Wǒ chúle dāng fānyì zhīwài, hái yào zuò shénme?
（私は通訳をするほかに，さらに何をしなければなりませんか）

上の例文では，"除了……"の"……"に動詞〔句〕が入っています。

2、介詞 "关于" "对于" "对"

"关于 guānyú"は「……に関して，……について」という意味の介詞ですが，この介詞も一般に文頭に置かれます。

关于这个问题，你有什么意见吗？
Guānyú zhège wèntí, nǐ yǒu shénme yìjian ma?
（この問題に関して，あなたは何か意見がありますか）

关于这个建议，大家都很赞成。
Guānyú zhège jiànyì, dàjiā dōu hěn zànchéng.
（この提案に関して，みんな大賛成です）

上の例文の"关于"は必ず文頭に置きます。主語を文頭に置いて，"×你关于这个问题……" "×大家关于这个建议……"とすることはできません。

また，はじめの例文の"有什么意见吗？"は，第14章の2で説明した疑問詞の不定用法です。"吗"を省略して"有什么意见？"とすると，「どんな意見があるか」という意味になります。

第15章 介詞・副詞・呼応表現

"关于……的＋名詞"は「……に関する──」という名詞句になります。

最近我读了关于汉语语法的参考书。
Zuìjìn wǒ dúle guānyú Hànyǔ yǔfǎ de cānkǎoshū.
（最近私は中国語文法に関する参考書を読みました）

过去他写过一篇关于中国历史的论文。
Guòqù tā xiěguo yì piān guānyú Zhōngguó lìshǐ de lùnwén.
（以前彼は中国の歴史に関する論文を1つ書いたことがあります）

上の例文の"关于……的＋名詞"は名詞句ですから，文頭に置く必要はありません。あとの例文では，名詞句"关于中国历史的论文"の前に"一篇"という"数詞＋量詞"が置かれています。

"关于"に似た意味をもつ介詞に"对于 duìyú"があります。"对于"は「……に対して」という意味です。"关于……"（……に関して）は文頭にしか置けませんが，"对于……"は文頭にも，述語の先頭にも置けます。

对于这个问题，我没有意见。 Duìyú zhège wèntí, wǒ méiyǒu yìjian.
（この問題に対して，私は意見がありません）

我对于这个问题没有意见。 Wǒ duìyú zhège wèntí méiyǒu yìjian.
（私はこの問題に対して意見がありません）

介詞"对 duì"にも「……に対して」という意味がありますが，"对……"は述語の前に置きます。次の最初の例文でいえば，"×对这个问题，我……"は間違いです。

我对这个问题没有意见。 Wǒ duì zhège wèntí méiyǒu yìjian.
（私はこの問題に対して意見がありません）

我对你的工作很满意。 Wǒ duì nǐ de gōngzuò hěn mǎnyì.
（私はあなたの仕事に対してとても満足しています）

你对什么感兴趣？ Nǐ duì shénme gǎn xìngqù?
（あなたは何に興味がありますか）

我对政治很感兴趣。 Wǒ duì zhèngzhì hěn gǎn xìngqù.

（私は政治にとても興味があります）

上の3・4番目の例文の"**感兴趣**"は，「興味を感じる，興味がある」という意味です。"**很感兴趣**"のように程度を表す副詞の修飾を受けることができます。

また，"**对**"には「(誰々)に対して，(誰々)に向かって」という意味もありますが，この意味の場合には"**对于**"は使いません。

她对谁都很热情。Tā duì shéi dōu hěn rèqíng.
（彼女は誰に対してもとても親切です）
她对我笑了一笑。Tā duì wǒ xiàole yi xiao.
（彼女は私に向かってちょっと笑いかけました）

上のはじめの例文の"**对谁都……**"は，「誰に対しても……」という意味です。これは"**谁**"が，第14章の3に挙げた疑問詞の特殊な用法で使われたものです。あとの例文の"**笑了一笑**"は，"**笑一笑**"（ちょっと笑う）に"**了**"が加えられたものです。

3、その他の介詞

"**由于** yóuyú"は「……によって」という意味の介詞で，原因を述べるときに使います。

由于种种原因，一直拖到今天。
Yóuyú zhǒngzhǒng yuányīn, yìzhí tuōdào jīntiān.
（様々な理由によって，ずっと今日まで引き延ばししてきました）
由于时间的关系，今天不多讲。
Yóuyú shíjiān de guānxi, jīntiān bù duō jiǎng.
（時間の関係で，今日は多くは語りません）

"**由** yóu"は動作を行う主体を表す介詞です。しばしば「……が」と訳しますが，"**由**……"は主語ではありません。また，上に挙げた"**由于**"とは意味が似ていないので注意してください。

这件事由我负责。Zhè jiàn shì yóu wǒ fùzé.

　　　　　　　　　　　　　（この事は私が責任を負います）

辅导教材由你决定。Fǔdǎo jiàocái yóu nǐ juédìng.

　　　　　　　　　　　　　（補習教材はあなたが決めてください）

　"为了wèile"は「……のために」という意味の介詞です。"了"がついていますが，これで1語です。単に"为"と言うこともあります。

母亲为了孩子不辞辛苦。Mǔqin wèile háizi bùcí xīnkǔ.

　　　　　　　　　　　　　（母は子供のために苦労をいといません）

父亲为了孩子的学习操心。Fùqin wèile háizi de xuéxí cāoxīn.

　　　　　　　　　　　　（父は子供の勉強のために気を配っています）

为各位的健康干杯！Wèi gè wèi de jiànkāng gānbēi!

　　　　　　　　　　　　　（皆様のご健康のために乾杯！）

我干的都是为了你。Wǒ gàn de dōu shì wèile nǐ.

　　　　　　　　　　　　（私がしたことはすべてあなたのためです）

　上の最後の例文では，動詞"是"のあとに"为了你"という介詞句が置かれています。

　介詞"跟"を用いた"跟……一样"（……と同じ）は第4章の5ですでに学びましたが，"跟……一样"の後ろにさらに形容詞が置かれ，"A跟B一样＋形容詞"（AはBと同じくらい──だ）となることがあります。"跟"は介詞"和"に置き換えてもかまいません。また，"跟""和"のかわりに「……のように」という意味の介詞"像xiàng"を使うこともあります。

屋子里跟外面一样冷。Wūzi li gēn wàimian yíyàng lěng.

　　　　　　　　　　　　　（部屋の中は外と同じくらい寒い）

你的汉语像中国人一样流利。
Nǐ de Hànyǔ xiàng Zhōngguórén yíyàng liúlì.

　　　　　　　　　（あなたの中国語は中国人と同じくらい流暢です）

他跑得跟我一样快。Tā pǎo de gēn wǒ yíyàng kuài.

(彼は私と同じくらい走るのがはやい)

我妻子和我一样喜欢爬山。 Wǒ qīzi hé wǒ yíyàng xǐhuan páshān.

(私の妻は私と同じように山登りが好きです)

上の3番目の例文では，状態補語の中に"跟B一样＋形容詞"が入っています。最後の例文では，形容詞ではなく，動詞"喜欢"が使われています。

介詞"从"は「……から」という意味ですでに何度も出てきていますが，"从……起 qǐ"という形で使われることがあります。"起"には「始まる，始める」という意味がありますが，"从……起"で主に「（いついつ）から」という開始を表します。"起"のかわりに"开始 kāishǐ"を使うこともあります。

从明天早晨起，我一定六点起床。
Cóng míngtiān zǎochen qǐ, wǒ yídìng liù diǎn qǐchuáng.

(明日の朝から，私は必ず6時に起きます)

从那年起，我一直在这儿工作。
Cóng nà nián qǐ, wǒ yìzhí zài zhèr gōngzuò.

(その年から，私はずっとここで働いています)

从三岁的时候开始，我一直学钢琴。
Cóng sān suì de shíhou kāishǐ, wǒ yìzhí xué gāngqín.

(3歳のときから，私はずっとピアノを習っています)

"从"に似た意味をもつ介詞に"离 lí"があります。"从"は場所や時間の起点を表しますが，"离"は空間的・時間的な隔たりを表します。

我家离学校很近。 Wǒ jiā lí xuéxiào hěn jìn.

(私の家は学校からとても近い)

饭店离车站远吗？ Fàndiàn lí chēzhàn yuǎn ma?

(ホテルは駅から遠いですか)

离春节还有一个月。 Lí Chūnjié hái yǒu yí ge yuè.

(春節まであと1ヶ月あります)

上の1・2番目の例文の"离……"は，空間的な隔たりを表しています。

「……から」と日本語訳しますが，間違えて"从"を使わないように気をつけてください。最後の例文の"离……"は，時間的な隔たりを表します。この"离……"はしばしば「あとどれだけ時間がたつと——だ」という内容を表すときに使われるので，「……まで」という日本語訳になります。

4．副詞

ここでは重要な副詞をいくつか取り上げます。

"刚 gāng"は「たったいま，いましがた」という意味の副詞です。"刚刚 gānggāng"と言うこともあります。

> 我刚来。Wǒ gāng lái.（私はたったいま来たところです）
> 我刚下班。Wǒ gāng xiàbān.
> （私はたったいま仕事がひけたところです）
> 我刚吃过午饭。Wǒ gāng chīguo wǔfàn.
> （私はたったいま昼食を終えたところです）

上の例文を見ると，"了"をつけたくなるかもしれませんが，"刚""刚刚"を使った文では，一般に"了"を用いません。最後の例文の"吃过"は「食べたことがある」という意味ではなく，「(すでに)食べ終える」という意味です。

"刚"と意味の似た語に"刚才 gāngcái"（いましがた，さきほど）がありますが，"刚才"は副詞ではなく，時を表す名詞です。

> 刚才进来的人是谁？Gāngcái jìnlai de rén shì shéi?
> （さきほど入って来た人は誰ですか）
> 我比刚才舒服一点儿了。Wǒ bǐ gāngcái shūfu yìdiǎnr le.
> （私はさきほどよりちょっと気分がよくなりました）

上のあとの例文を見ると，"刚才"が副詞ではなく名詞であることがよくわかるだろうと思います。

"怪不得 guàibude"は，もともとは「とがめることができない」という意味

の動詞ですが，副詞としては意味がずれて「なるほど，道理で」という意味になります。

他考上了，怪不得那么高兴。
Tā kǎoshàng le, guàibude nàme gāoxìng.
（彼は合格しました，道理であんなに喜んでいるわけです）

外头下雪了，怪不得这么冷。
Wàitou xià xuě le, guàibude zhème lěng.
（外は雪が降ってきました，道理でこんなに寒いわけです）

他在中国待过五年，怪不得汉语说得那么好。
Tā zài Zhōngguó dāiguo wǔ nián, guàibude Hànyǔ shuō de nàme hǎo.
（彼は中国に5年滞在したことがあります，道理で中国語を話すのがあんなにうまいわけです）

"怪不得"は，「もともと」という意味の副詞"原来 yuánlái"と呼応して，"怪不得……，原来——"（なるほど……だと思ったら，なんだもともと——だったのか）という形になることもあります。"原来——"の部分は，前半に述べた事柄の原因に気づいたような意味合いを表します。日本語に訳しにくいので注意してください。

怪不得这么冷，原来外头下雪了。
Guàibude zhème lěng, yuánlái wàitou xià xuě le.
（なるほどこんなに寒いと思ったら，なんだ外は雪が降っていたのか）

怪不得他汉语说得那么好，原来他在中国待过五年。
Guàibude tā Hànyǔ shuō de nàme hǎo, yuánlái tā zài Zhōngguó dāiguo wǔ nián.
（なるほど彼は中国語を話すのがあんなにうまいと思ったら，なんだ彼は中国に5年滞在したことがあったのか）

"好像 hǎoxiàng"は，もともと「まるで……のようだ」という意味の動詞ですが，「まるで」という意味の副詞としても使われます。"好像"はしばしば

第15章 介詞・副詞・呼応表現

助詞"似的 shìde"と呼応して,"好像……似的"の形で使われます。単に"像……似的"とも言います。あとに形容詞を置くと,「まるで……のように——だ」という意味になります。

你的汉语好像中国人似的流利。
Nǐ de Hànyǔ hǎoxiàng Zhōngguórén shìde liúlì.
(あなたの中国語はまるで中国人のように流暢です)

这儿的风景像一幅画儿似的美丽。
Zhèr de fēngjǐng xiàng yì fú huàr shìde měilì.
(ここの風景はまるで1枚の絵のように美しい)

上の"〔好〕像……似的"は,この章の3に挙げた"跟……一样"と似た意味を表しています。

"好像……似的"が「まるで」という比喩の意味を失い,「(どうも)……のようだ」という不確かな判断を表すこともあります。

我好像感冒了似的。Wǒ hǎoxiàng gǎnmào le shìde.
(私は風邪をひいたようです)

我好像在哪儿见过他似的。Wǒ hǎoxiàng zài nǎr jiànguo tā shìde.
(私はどこかで彼に会ったことがあるようです)

办公室里好像没人似的。Bàngōngshì li hǎoxiàng méi rén shìde.
(事務室には人がいないようです)

上の2番目の例文の"哪儿"は「どこか」という意味で,これは疑問詞の不定用法です。

"到底 dàodǐ"は「いったい,いったい全体」という意味の副詞で,疑問文に用いられます。

你到底去不去？Nǐ dàodǐ qù bu qu?
(あなたはいったい全体行くのですか)

他到底是谁？Tā dàodǐ shì shéi?（彼はいったい誰ですか）

这到底是为什么？Zhè dàodǐ shì wèi shénme?

(これはいったいなぜですか)

"到底"は，"吗"を用いた疑問文の中で使うことはできません。したがって，上の最初の例文を"×你到底去吗？"とすることはできません。最初の例文は「いったい行くのか，行かないのか」とどちらかの答えを選ばせるような意味合いをもっています。

第14章の6に挙げた"A，还是B？"（AかBか）という選択疑問文に"到底"を添えることもできます。

到底你去，还是小王去？ Dàodǐ nǐ qù, háishi Xiǎo Wáng qù?
（いったい全体あなたが行くのですか，それとも王さんが行くのですか）

"到底"とほぼ同義の副詞に"究竟 jiūjìng"があり，上の例文の"到底"はすべて"究竟"に置き換え可能です。"究竟"は"到底"よりもやや硬いことばです。

"差点儿 chàdiǎnr"は「もう少しで（……するところだった）」という意味の副詞です。"差一点儿 chàyìdiǎnr"と言うこともあります。

我差点儿忘了。 Wǒ chàdiǎnr wàng le.
（私はもう少しで忘れるところでした）

我差点儿坐过了站。 Wǒ chàdiǎnr zuòguòle zhàn.
（私はもう少しで駅を乗り過ごすところでした）

我差点儿没赶上。 Wǒ chàdiǎnr méi gǎnshàng.
（私はもう少しで間に合わないところでした）

上の2番目の例文の"坐过了站"は「駅を乗り過ごしてしまう」という意味です。

次の"差点儿"は「もう少しで」という意味ではなく，"差"（劣る）と"点儿"（少し）の2語です。

他的成绩比你差点儿。 Tā de chéngjì bǐ nǐ chà diǎnr.
（彼の成績はあなたより少し劣ります）

第15章 介詞・副詞・呼応表現

"好不容易 hǎobùróngyì"は「やっとのことで，かろうじて」という意味の副詞です。"好容易 hǎoróngyì"と言うこともありますが，"好不容易"ほど意味は強くありません。

> 他好不容易考上大学了。Tā hǎobùróngyì kǎoshàng dàxué le.
> 　　　　　　　　　（彼はやっとのことで大学に合格しました）
> 我好不容易赶上火车了。Wǒ hǎobùróngyì gǎnshàng huǒchē le.
> 　　　　　　　　　（私はやっとのことで汽車に間に合いました）

"只好 zhǐhǎo"は「……するよりほかない，仕方なく……する」という意味の副詞です。

> 我只好同意了。Wǒ zhǐhǎo tóngyì le.
> 　　　　　　　　　　（私は同意せざるをえませんでした）
> 机票都卖完了，我只好买了船票。
> Jīpiào dōu màiwán le, wǒ zhǐhǎo mǎile chuánpiào.
> （飛行機のチケットが売り切れたので，私は仕方なく船のチケットを買いました）

"我只好……"は「私は……するよりほかない」という意味ですが，「私が……するよりほかない」と言うときには"只好我……"とします。

> 别人都有事，只好我去。Biéren dōu yǒu shì, zhǐhǎo wǒ qù.
> 　　　（ほかの人はみんな用事があるので，私が行くよりほかありません）

"不得不 bùdébù"は「……しないわけにはいかない，……せざるをえない」という意味で，"只好"とよく似ています。

> 我不得不去。Wǒ bùdébú qù.（私は行かないわけにはいきません）
> 我不得不同意。Wǒ bùdébù tóngyì.（私は同意せざるをえません）

"难道 nándào"は「まさか……ではあるまい」という意味ですが，一般に文末に"吗"または"不成 bùchéng"を伴い，問い詰めるような意味合いを表し

ます。

> 难道你不知道吗？Nándào nǐ bù zhīdào ma?
> （まさかあなたは知らないわけではあるまい）
> 难道这是偶然的吗？Nándào zhè shì ǒurán de ma?
> （まさかこれは偶然のことではあるまい）
> 难道他病了不成？Nándào tā bìng le bùchéng?
> （まさか彼は病気になったのではあるまい）

上の例文は、"难道"と主語の語順を入れ換えて"你难道不知道吗？"などとしてもかまいません。

"少 shǎo"は副詞ではなく形容詞ですが、動詞の前に置いて副詞的に使うことがあります。"很少＋動詞"で「(とても少なめに……する→) めったに……しない」という意味を表します。

> 他很少说话。Tā hěn shǎo shuōhuà. （彼はめったに話をしません）
> 这儿很少下雨。Zhèr hěn shǎo xià yǔ.
> （ここはめったに雨が降りません）

"少＋動詞"が禁止の命令文になることもあります。「少なめに……しろ」という意味です。

> 少说几句！Shǎo shuō jǐ jù! （少しことばをつつしみなさい）

5、副詞の呼応表現

1つの文の中で同じ副詞が呼応して用いられることがあります。また、ある副詞と別の副詞が呼応して用いられることもあります。

"越 yuè……越──"は「……すればするほどますます──」という意味を表します。

> 越快越好。Yuè kuài yuè hǎo. （はやければはやいほどいい）
> 这本书越看越有意思。Zhè běn shū yuè kàn yuè yǒu yìsi.
> （この本は読めば読むほどおもしろい）

第15章 介詞・副詞・呼応表現

天気越来越冷了。Tiānqì yuè lái yuè lěng le.
(気候がますます寒くなってきました)

他越说，我越不高兴。Tā yuè shuō, wǒ yuè bù gāoxìng.
(彼が言えば言うほど，私はうれしくありません)

上の3番目の例文の"**越来越冷**"の"**来**"は時間の経過を表します。「時がたてばたつほど寒い」という意味になりますが，"**越来越……**"で「ますます……」と覚えておくといいでしょう。最後の例文では，前半と後半で異なる主語が用いられています。

"**又 yòu……又――**"は「……でもありまた――」という意味を表します。

这个苹果又大又甜。Zhège píngguǒ yòu dà yòu tián.
(このりんごは大きくて甘い)

学生们又认真又努力。Xuéshengmen yòu rènzhēn yòu nǔlì.
(学生たちはまじめでよく努力します)

他又会汉语又会英语。Tā yòu huì Hànyǔ yòu huì Yīngyǔ.
(彼は中国語もできるし英語もできます)

"**又……又――**"とよく似たものに"**既 jì……，又――**"がありますが，こちらは「……のうえに，さらに――」という意味で，後半の"**又――**"の部分に若干意味的な力点が置かれます。また，"**既……，也――**"となることもあります。

中国菜既好吃，又便宜。Zhōngguócài jì hǎochī, yòu piányi.
(中国料理はおいしいうえに，さらに安い)

她既懂汉语，也懂俄语。Tā jì dǒng Hànyǔ, yě dǒng Éyǔ.
(彼女は中国語がわかるうえに，ロシア語もわかります)

"**先 xiān……再――**"は「先に……してそれから――」という意味を表します。"**再**"は必ずしも「再び」という意味にならないので注意してください。また，"**再**"の前に接続詞"**然后 ránhòu**"(そのあとで，それから)を置いて，

"先……，然后再——"の形で使われることもあります。

  你先洗脸再吃饭。Nǐ xiān xǐ liǎn zài chīfàn.
        （あなたは先に顔を洗ってから食事をしなさい）
  你先做作业再出去玩儿。Nǐ xiān zuò zuòyè zài chūqu wánr.
        （あなたは先に宿題をしてから遊びに出かけなさい）
  我先看看，然后再买。Wǒ xiān kànkan, ránhòu zài mǎi.
        （私はまず見て、そのあとで買います）

"再"の基本的な意味は「再び，また」ですが，"又"にも「また」という意味があります。"又"はしばしばすでに起こった事柄に対して使われます。次の例文で，"再"と"又"の違いを覚えておきましょう。

  我明天再来。Wǒ míngtiān zài lái.（私は明日また来ます）
  你又来了吗？Nǐ yòu lái le ma?（あなたはまた来たのですか）

"一……就——"は「（ちょっと）……するとすぐに——」という意味を表します。

  我一看就明白了。Wǒ yí kàn jiù míngbai le.
        （私はちょっと見たらすぐにわかりました）
  他一躺下就睡着了。Tā yì tǎngxià jiù shuìzháo le.
        （彼は横になったらすぐに眠ってしまいました）
  她一有空就看小说。Tā yì yǒu kòng jiù kàn xiǎoshuō.
        （彼女は暇さえあれば小説を読みます）
  爸爸一说，妈妈就同意了。Bàba yì shuō, māma jiù tóngyì le.
        （父がちょっと言ったら，母はすぐに同意しました）

上の最後の例文では，前半と後半で異なる主語が用いられています。

"一边 yìbiān……，一边——"は「……しながら——」という意味を表します。直訳すれば「一方で……し，（もう）一方で——する」となります。

  他一边看表，一边打电话。Tā yìbiān kàn biǎo, yìbiān dǎ diànhuà.

(彼は時計を見ながら，電話をかけています)

我们一边散步，一边聊天儿。 Wǒmen yìbiān sànbù, yìbiān liáotiānr.
(私たちは散歩しながら，おしゃべりをしましょう)

奶奶喜欢一边看电视，一边织毛衣。
Nǎinai xǐhuan yìbiān kàn diànshì, yìbiān zhī máoyī.
(祖母はテレビを見ながら，セーターを編むのが好きです)

"一边"は単に"边 biān"とすることも可能です。また，"一边"のかわりに"一面 yímiàn"を使うこともあります。

"一会儿 yíhuìr"は「（時間的な）ちょっと，しばらく」という意味ですが，これを"一会儿……一会儿──"のように呼応して使うと，2つの異なる状況が交互に現れることを表します。

天气一会儿冷一会儿热。 Tiānqì yíhuìr lěng yíhuìr rè.
(気候が寒くなったり暑くなったりします)

孩子一会儿哭一会儿笑。 Háizi yíhuìr kū yíhuìr xiào.
(子供は今泣いていたかと思うともう笑っています)

"有的 yǒude"は「ある人，あるもの」という意味で，1種の代名詞ですが，"有的……，有的──"の形で使うことがあります。「あるものは……，またあるものは──」という意味です。

房间里的人，有的看书，有的谈话。
Fángjiān li de rén, yǒude kàn shū, yǒude tánhuà.
(部屋の中の人は，ある人は本を読み，ある人は話をしています)

老师讲的话，我有的听得懂，有的听不懂。
Lǎoshī jiǎng de huà, wǒ yǒude tīngdedǒng, yǒude tīngbudǒng.
(先生の話は，私はわかったこともあれば，わからないこともあります)

"不是……就是──"は「……でなければ──だ，……か──のどちらかだ」という二者択一を表します。

他不是中国人就是韩国人。Tā bú shì Zhōngguórén jiù shì Hánguórén.
（彼は中国人か韓国人のどちらかです）

这几天不是刮风就是下雨。Zhè jǐ tiān bú shì guā fēng jiù shì xià yǔ.
（ここ数日風が吹かなければ雨が降ります）

不是你去，就是我去。Bú shì nǐ qù, jiù shì wǒ qù.
（あなたが行くか，私が行くかのどちらかです）

例えば上の最初の例文を「中国人ではなく，韓国人だ」などと誤解しないようにしてください。「彼は中国人ではなく，韓国人だ」と言う場合には，接続詞 **"而 ér"** を使って **"他不是中国人，而是韩国人"** としますが，この **"而"** は省略することもできます。

第15章 介詞・副詞・呼応表現

練習

（　）内の語や語句を使って中国語に訳しなさい。

① 英語のほかに，あなたはさらにどんな外国語を学んだことがありますか。（**外语** wàiyǔ）

② この提案に関して，彼らはみんな反対しています。（**反对** fǎnduì）

③ 私は中国経済に非常に興味があります。（**经济** jīngjì）

④ ホテルは空港からどのくらい離れていますか。（**机场** jīchǎng）

⑤ 私はまるで夢を見ているようにうれしい。（**做梦** zuòmèng）

⑥ この事は彼はとっくに知っていたようです。（**早就** zǎojiù）

⑦ 私はもう少しで寝過ごすところでした。（**睡过** shuìguò）

⑧ あなたは先に食事をしてから歯をみがきなさい。（**刷牙** shuā yá）

⑨ 私は家に帰ったらすぐに薬を飲みます。（**吃药** chī yào）

⑩ 私は聞きながら，メモをとります。（**记笔记** jì bǐjì）

第16章 接続詞・間投詞

1、"和""但是""可是""不过"

中国語にも接続詞があります。接続詞は連詞ともいいます。「AとB」のように語と語を結ぶ"和 hé"はすでに出てきました。

> 我要买信封和信纸。Wǒ yào mǎi xìnfēng hé xìnzhǐ.
> （私は封筒と便箋を買いたい）
> 我想继续学习和研究。Wǒ xiǎng jìxù xuéxí hé yánjiū.
> （私は続けて学びそして研究したいと思います）

"和"はほとんどの場合、上のはじめの例文のように名詞と名詞を結びますが、動詞と動詞を結ぶこともあります。上のあとの例文の"学习和研究"は「学びそして研究する」という意味で、"和"によって動詞と動詞が結ばれています。なお、"继续"も動詞で、その後ろに動詞句"学习和研究"を目的語としてとっています。

次に逆接の接続詞を覚えましょう。「しかし」という意味で使われる接続詞に"但是 dànshì""可是 kěshì""不过 búguò"があります。

> 有是有，但是没有好的。Yǒu shì yǒu, dànshì méiyǒu hǎo de.
> （あることはありますが、しかしいいものはありません）
> 东西好是好，可是价钱比较贵。
> Dōngxi hǎo shì hǎo, kěshì jiàqian bǐjiào guì.
> （ものはいいことはいいが、しかし値段がわりと高い）
> 学过是学过，不过差不多都忘记了。
> Xuéguo shì xuéguo, búguò chàbuduō dōu wàngjì le.
> （学んだことはありますが、しかしほとんど全部忘れました）

上の例文の"A是A，……"は"A"に動詞や形容詞を入れて、「AであることはAであるが、……」という意味を表します。"……"の部分の先頭には一般に逆接の接続詞が用いられます。なお、最後の例文の"学过是学过"は

もう少し簡単にして"学是学过"とも言います。同様に「来たことは来たが」は"来〔了〕是来了"と言います。

逆接の接続詞"但是""可是"は単に"但 dàn""可 kě"とも言います。

2、"要是""如果"

中国語では1まとまりの内容であれば，接続詞を使わずに2つの節をコンマでつなぐことができます。今までにもそういう例はいくつか出てきました。次の例文を見てください。

> 你去，我不去。Nǐ qù, wǒ bú qù.
> （あなたが行くのなら，私は行きません）
> 你去，我也去。Nǐ qù, wǒ yě qù.
> （あなたが行くのなら，私も行きます）

上の例文では，"你去"と"我不去""我也去"がコンマでつながれているだけです。この2つの節の論理関係を文脈から判断して，例えば（　）内に示したような日本語訳をしなければなりません。2つの節の関係をはっきりと述べたいときには接続詞を使います。

"要是 yàoshi"は「もし……ならば」という意味の接続詞です。上の2つの例文に"要是"を使うと，次のようになります。

> 要是你去，我就不去。Yàoshi nǐ qù, wǒ jiù bú qù.
> （もしあなたが行くのなら，私は行きません）
> 要是你去，我也去。Yàoshi nǐ qù, wǒ yě qù.
> （もしあなたが行くのなら，私も行きます）

上のはじめの例文の"就"は「その場合には」という意味の副詞で，条件節を受ける働きをします。"就"は"要是"を使った文に必ず必要だというわけではなく，省略してもかまいません。上のあとの例文では，副詞"也"が使われている関係もあって"就"が用いられていません。

"要是"と同義の接続詞に"**如果** rúguǒ"があります。"如果"は"要是"より硬い感じのことばですが，それでも会話でしばしば使われます。

"要是""如果"のあとに助詞"**的话** dehuà"を置いて，"要是……的话""如果……的话"という形で使われることもあります。"……的话"のもともとの意味は「……という話」です。

如果下雨，我就不去。Rúguǒ xià yǔ, wǒ jiù bú qù.
（もし雨が降ったら，私は行きません）

要是下雨的话，我就不去。Yàoshi xià yǔ dehuà, wǒ jiù bú qù.
（同上）

如果下雨的话，我就不去。Rúguǒ xià yǔ dehuà, wǒ jiù bú qù.
（同上）

"要是""如果"を使った例文をいくつか挙げます。

要是有时间，咱们一起出去玩儿。
Yàoshi yǒu shíjiān, zánmen yìqǐ chūqu wánr.
（もし時間があったら，私たちは一緒に遊びに出かけましょう）

要是你不喜欢，我可以给你换。
Yàoshi nǐ bù xǐhuan, wǒ kěyǐ gěi nǐ huàn.
（もしあなたが気に入らなければ，私はあなたに交換してあげてもいいです）

如果明天天气不好，我就不去了。
Rúguǒ míngtiān tiānqì bù hǎo, wǒ jiù bú qù le.
（もし明日天気がよくなかったら，私は行きません）

如果有空的话，请给我写信。
Rúguǒ yǒu kòng dehuà, qǐng gěi wǒ xiě xìn.
（もし暇があったら，私に手紙を書いてください）

上の3番目の例文の"**不去了**"は「行きません」という意味で，この"了"はきっぱりと言い切る語気助詞です。「行かなかった」と勘違いしないように注意してください。

この2のはじめに述べたように、"要是""如果"を使わずに、文脈から「……ならば」という意味になる場合もあります。

> 有机会，请再来中国。Yǒu jīhuì, qǐng zài lái Zhōngguó.
> 　　　　　　　　（機会があったら、また中国に来てください）
> 有时间，请到我家去玩儿。Yǒu shíjiān, qǐng dào wǒ jiā qù wánr.
> 　　　　　　　　（時間があったら、我が家に遊びに来てください）
> 有什么困难，你尽管跟我说。
> Yǒu shénme kùnnan, nǐ jǐnguǎn gēn wǒ shuō.
> 　（何か困ったことがあったら、あなたは遠慮なく私に言ってください）

上の2番目の例文は、日本語訳では「来てください」となっていますが、中国語では"去"（行く）が使われています。我が家以外の場所で「(我が家に)来てください」と言う場合、中国語では"去"を使うことが多いようです。最後の例文の"什么"は疑問詞の不定用法です。また、"尽管"は「かまわずに、遠慮なく」という意味の副詞です。"尽管"には接続詞としての用法もありますが、それについてはこの章の4で述べます。

3、"因为""所以"

"因为 yīnwèi"は「……なので」という意味で、原因・理由を表す接続詞です。しばしば「だから」という意味の接続詞"所以 suǒyǐ"と呼応して、因果関係を表します。"因为……，所以——"は「……なので、だから——」という意味です。中国語では、このように接続詞もしばしば他の接続詞や副詞と呼応して使われます。

> 因为他很用功，所以他的成绩非常好。
> Yīnwèi tā hěn yònggōng, suǒyǐ tā de chéngjì fēicháng hǎo.
> 　　　　（彼はよく勉強するので、だから彼の成績は非常にいい）
> 因为感冒了，所以她今天不能去上课。
> Yīnwèi gǎnmào le, suǒyǐ tā jīntiān bù néng qù shàngkè.
> 　（風邪をひいたので、だから彼女は今日授業に行くことができません）

因为工作忙，所以我很长时间没来看你。
Yīnwèi gōngzuò máng, suǒyǐ wǒ hěn cháng shíjiān méi lái kàn nǐ.
（仕事が忙しかったので，だから私は長い間あなたに会いに来ませんでした）

上の最初の例文では，"因为……"と"所以——"の部分でそれぞれ異なる主語が使われています。2番目の例文では，"因为……"の部分に主語が用いられていませんが，ここに主語を入れて"因为她感冒了，所以——"としてもかまいません。この場合，"所以——"の部分にまた主語を入れるとやや冗漫な感じになります。最後の例文でも，"因为我工作忙，所以——"としてかまいません。

"因为……"と"所以——"は必ず呼応して使われるわけではなく，どちらかが省略されることもあります。

因为天气不好，我不去。Yīnwèi tiānqì bù hǎo, wǒ bú qù.
（天気がよくないので，私は行きません）
天气不好，所以我不去。Tiānqì bù hǎo, suǒyǐ wǒ bú qù.
（天気がよくない，だから私は行きません）

"因为……"には，事柄を述べたあとで，その原因・理由を加える用法もあります。その場合には「なぜなら」という意味になります。

我昨天没去，因为天气不好。
Wǒ zuótiān méi qù, yīnwèi tiānqì bù hǎo.
（私は昨日行きませんでした，なぜなら天気がよくなかったからです）
我没去上班，因为早上突然肚子疼。
Wǒ méi qù shàngbān, yīnwèi zǎoshang tūrán dùzi téng.
（私は出勤しませんでした，なぜなら朝突然おなかが痛くなったからです）

"因为"には，「……のため，……で」という意味の原因・理由を示す介詞としての用法もあります。

因为工作的关系，我去过好几次中国。
Yīnwèi gōngzuò de guānxi, wǒ qùguo hǎo jǐ cì Zhōngguó.
　　　　　　（仕事の関係で，私は何度も中国に行ったことがあります）

上の例文の"因为"は，介詞"由于 yóuyú"に置き換え可能です。

4．"虽然"

"虽然 suīrán"は「……だけれども」という意味の接続詞です。しばしば"但〔是〕""可〔是〕""不过"と呼応して，"虽然……，但〔是〕——"などの形で使われます。

虽然风大，但是天气不太冷。
Suīrán fēng dà, dànshì tiānqì bú tài lěng.
　　　　　　（風が強いけれども，しかし気候はそれほど寒くない）
虽然下雨，可是我还想出去玩儿。
Suīrán xià yǔ, kěshì wǒ hái xiǎng chūqu wánr.
　　　　　　（雨が降るけれども，しかし私はそれでも遊びに出かけたい）
虽然他没去过中国，不过他的汉语却说得不错。
Suīrán tā méi qùguo Zhōngguó, búguò tā de Hànyǔ què shuō de búcuò.
（彼は中国に行ったことがないけれども，しかし彼の中国語の話し方はなかなかのものです）

上の最後の例文に使われている"却"は，予想に反することを述べる場合に使われる副詞で，「……にもかかわらず」というような意味です。

"虽然"は主語の後ろに置くこともあります。次の例文では，2つの節の共通の主語が文頭に置かれています。

我虽然很喜欢吃中国菜，但是不会做。
Wǒ suīrán hěn xǐhuan chī Zhōngguócài, dànshì bú huì zuò.
（私は中国料理を食べるのがとても好きですが，しかし作ることはできません）
他虽然只学了半年汉语，可是说得非常好。

他虽然只学了半年汉语，可是说得非常好。
Tā suīrán zhǐ xuéle bàn nián Hànyǔ, kěshì shuō de fēicháng hǎo.
（彼は中国語を半年学んだだけですが、しかし話し方は非常に上手です）

"虽然"と意味の似た接続詞に"尽管 jǐnguǎn"があります。"尽管"の副詞としての意味はこの章の2で述べました。接続詞"尽管"は「……だけれども，……とはいえ」という意味です。

我尽管想去，但是一直没有机会。
Wǒ jǐnguǎn xiǎng qù, dànshì yìzhí méiyǒu jīhuì.
（私は行きたいと思ってはいるのですが，しかしずっと機会がありません）

他尽管很累，可是还帮助爱人做家务。
Tā jǐnguǎn hěn lèi, kěshì hái bāngzhù àiren zuò jiāwù.
（彼はとても疲れているけれども，しかしそれでも奥さんの家事の手伝いをします）

尽管困难很大，但我相信一定能成功。
Jǐnguǎn kùnnan hěn dà, dàn wǒ xiāngxìn yídìng néng chénggōng.
（非常に困難ですが，しかし私はきっと成功できると信じています）

上の例文の"尽管"をすべて"虽然"に置き換えても，意味はほとんど変わりません。

5、"不但……，而且——"

"不但 búdàn"は「ただ……だけでなく」という意味の接続詞で，"而且 érqiě"は「さらに，そのうえ」という意味の接続詞です。しばしば"不但……，而且——"の形をとり，「ただ……だけでなく，そのうえ——」という意味を表します。

这儿的商品不但便宜，而且很结实。
Zhèr de shāngpǐn búdàn piányi, érqiě hěn jiēshi.
（ここの商品はただ安いだけでなく，そのうえとても丈夫だ）

他不但说得好，而且写得也很好。
Tā búdàn shuō de hǎo, érqiě xiě de yě hěn hǎo.

（彼はただ話すのがうまいだけでなく，そのうえ書くのもうまい）

这条路不但人多，而且车也多。
Zhè tiáo lù búdàn rén duō, érqiě chē yě duō.
　　　　　（この道はただ人が多いだけでなく，そのうえ車も多い）

　上の最後の例文では"……""——"の部分に"人多""车也多"という主述句が入っています。

　"不但"のかわりに"不仅 bùjǐn"が，"而且"のかわりに"并且 bìngqiě"が使われることもあります。

他不仅自己努力，并且还帮助别人。
Tā bùjǐn zìjǐ nǔlì, bìngqiě hái bāngzhù biéren.
　　（彼はただ自分で努力するだけでなく，そのうえさらに人を助けます）
她工作做得不仅快，并且很正确。
Tā gōngzuò zuò de bùjǐn kuài, bìngqiě hěn zhèngquè.
　　（彼女は仕事の仕方がただはやいだけでなく，そのうえとても正確です）

6、その他の接続詞

　"不管 bùguǎn"は「……であろうとも，……にかかわらず」という意味の接続詞です。"不管……"の"……"には疑問詞を含んだ句，または肯定と否定を重ねた句が入ります。後半の節に，副詞"都"または"也"が呼応して使われます。

不管是谁，都不要这样做。Bùguǎn shì shéi, dōu búyào zhèyàng zuò.
　　　　　　（誰であろうと，みなこんなふうにしてはいけない）
不管有什么理由，你都不应该这样说。
Bùguǎn yǒu shénme lǐyóu, nǐ dōu bù yīnggāi zhèyàng shuō.
　　　（どんな理由があろうと，あなたはこのように言うべきではない）
不管你怎么说，我也不同意。Bùguǎn nǐ zěnme shuō, wǒ yě bù tóngyì.
　　　　　（あなたがどのように言おうと，私は同意しません）

不管你同意不同意，反正我也要干。

Bùguǎn nǐ tóngyì bu tongyi, fǎnzheng wǒ yě yào gàn.

（あなたが同意しようとしまいと、どうせ私はやらなければなりません）

　上の３・４番目の例文で、後半の節に用いられている"也"は「それでも」という意味です。"我也"の部分を「私も」などと誤訳しないように注意してください。

　"不管……"の"……"に"A还是B"が入ることもあります。

不管你干还是我干，结果都一样。

Bùguǎn nǐ gàn háishi wǒ gàn, jiéguǒ dōu yíyàng.

（あなたがやっても私がやっても、結果は同じです）

　"即使 jíshǐ"は「たとえ……でも」という意味の接続詞です。後半の節に副詞"也"が呼応して使われます。この"也"も「それでも」という意味です。日本語に訳すと"不管"を用いた文と似ていますが、"即使……"の"……"の部分には疑問詞を入れたりしません。

即使下大雨，我也不能不去。Jíshǐ xià dàyǔ, wǒ yě bù néng bú qù.

（たとえ大雨が降っても、私は行かないわけにはいきません）

即使你是坏人，我也喜欢你。Jíshǐ nǐ shì huàirén, wǒ yě xǐhuan nǐ.

（たとえあなたが悪人でも、私はあなたが好きです）

即使父母反对，我也跟他结婚。

Jíshǐ fùmǔ fǎnduì, wǒ yě gēn tā jiéhūn.

（たとえ両親が反対しても、私は彼と結婚します）

　"只要 zhǐyào"は「……しさえすれば」という意味の接続詞です。後半の節に副詞"就"が呼応して使われます。

你只要多练习，就一定会进步的。

Nǐ zhǐyào duō liànxí, jiù yídìng huì jìnbù de.

（あなたは何度も練習しさえすれば、必ず進歩するはずです）

> 只要他去，就能解决问题。Zhǐyào tā qù, jiù néng jiějué wèntí.
> （彼が行きさえすれば，問題を解決できます）

上のあとの例文の"只要他去"は，「"他去"でありさえすれば」という意味で，"只要……"の"……"の部分に主述句が入っています。

次の"只要"は接続詞ではなく，"只"（ただ）と"要"（要る）の2語です。また，"不要"も2語です。

> 我只要这个，不要别的。Wǒ zhǐ yào zhège, bú yào biéde.
> （私はこれがほしいだけで，ほかのものは要りません）

"只有 zhǐyǒu"は「……してはじめて，……した場合にかぎって」という意味の接続詞です。後半の節に副詞"才"（やっと，はじめて）が呼応して使われます。

> 你只有多练习，才能进步。Nǐ zhǐyǒu duō liànxí, cái néng jìnbù.
> （あなたは何度も練習してはじめて進歩することができます）
> 只有他去，才能解决问题。Zhǐyǒu tā qù, cái néng jiějué wèntí.
> （彼が行ってはじめて問題を解決することができます）

"只有……"は，さきほど挙げた"只要……"と似ているように感じられるかもしれませんが，"只有……"の方が意味が強く，絶対条件を表しています。上の例文でいえば，それぞれ「何度も練習しなければ（絶対に）進歩できない」「彼が行かなければ（絶対に）解決できない」というような強い意味をもっています。

次の"只有"は接続詞ではなく，"只"（ただ）と"有"（持っている）の2語です。

> 我只有这么点儿。Wǒ zhǐ yǒu zhème diǎnr.
> （私はこれっぽっち持っているだけです）

"既然 jìrán"は「……したからには，……である以上は」という意味の接

続詞です。後半の節に副詞"就"が呼応して使われます。

你既然来了，就多待几天吧。 Nǐ jìrán lái le, jiù duō dāi jǐ tiān ba.
（あなたは来たからには，もう数日泊まっていきなさい）

你既然做起来了，就索性做完吧。
Nǐ jìrán zuò qilai le, jiù suǒxìng zuòwán ba.
（あなたはやり始めたからには，いっそのことやり終えてしまいなさい）

もう少し接続詞を使った例文を挙げます。

无论干什么工作，你都要认真干。
Wúlùn gàn shénme gōngzuò, nǐ dōu yào rènzhēn gàn.
（どんな仕事をするにせよ，あなたはまじめにやらなければならない）

明天就是下大雨，我也要去。 Míngtiān jiùshì xià dàyǔ, wǒ yě yào qù.
（明日たとえ大雨が降っても，私は行かなければなりません）

哪怕天气不好，我也得去一趟。
Nǎpà tiānqì bù hǎo, wǒ yě děi qù yí tàng.
（たとえ天気がよくなくても，私は1度行かなければなりません）

除非你亲自去请他，他才会来。 Chúfēi nǐ qīnzì qù qǐng tā, tā cái huì lái.
（あなたが自分で行って彼に頼んではじめて彼は来てくれるでしょう）

你马上跟他联系，否则他会着急的。
Nǐ mǎshàng gēn tā liánxì, fǒuzé tā huì zháojí de.
（あなたはすぐに彼に連絡しなさい，さもないと彼は気をもむでしょう）

快点儿走，要不来不及了。 Kuài diǎnr zǒu, yàobù láibují le.
（はやく行きましょう，さもないと間に合わなくなります）

上の最初の例文の"无论"は"不管"とほぼ同じ意味で，"不论 búlùn"と言うこともあります。2番目の例文の"就是"と，3番目の例文の"哪怕"は"即使"とほぼ同じ意味です。4番目の例文の"除非"は"只有"とほぼ同じ意味です。5番目の例文の"否则"と，最後の例文の"要不"はどちらも「さもないと」という意味です。

第16章 接続詞・間投詞

"来"は接続詞ではありませんが，動詞句と動詞〔句〕を結ぶ働きがあります。

> 我用这个办法来解决问题。Wǒ yòng zhège bànfǎ lái jiějué wèntí.
> （私はこの方法で問題を解決します）
>
> 你有什么理由来批评我？ Nǐ yǒu shénme lǐyóu lái pīpíng wǒ?
> （あなたはどんな理由があって私を批判するのですか）

上の例文の"来"は省略可能ですが，動詞句と動詞句を結んで，そのつながりをなめらかにする働きをしています。

"拿……来说""拿……来看"は，何かを取り上げて「……について言えば」「……から見れば」という意味を表します。この場合の"来"も，"拿……"と"说""看"を結ぶ働きをしています。なお，"拿"は「取る，取り上げる」という意味です。

> 拿去年来说，他出版了三本书。
> Ná qùnián lái shuō, tā chūbǎnle sān běn shū.
> （昨年について言えば，彼は3冊の本を出版しました）
>
> 拿现在的水平来看，你今后一定能取得更好的成绩。
> Ná xiànzài de shuǐpíng lái kàn, nǐ jīnhòu yídìng néng qǔdé gèng hǎo de chéngjì.（今のレベルから見れば，あなたは今後きっとさらによい成績をおさめることができます）

介詞句"对……""从……"の後ろに"来说""来看"が置かれることもあります。

> 对我们日本人来说，这是根本不能理解的。
> Duì wǒmen Rìběnrén lái shuō, zhè shì gēnběn bù néng lǐjiě de.
> （我々日本人にとって言えば，これはまったく理解できないことです）
>
> 从这个角度来看，他说的也有一点儿道理。
> Cóng zhège jiǎodù lái kàn, tā shuō de yě yǒu yìdiǎnr dàoli.
> （この観点から見れば，彼が言うことにも多少の道理はあります）

7、間投詞

最後に間投詞について説明します。間投詞は感嘆詞または嘆詞ということもあります。

喂，请转三一二。Wèi, qǐng zhuǎn sān yāo èr.
（もしもし、312番につないでください）

上の例文の"喂"は，電話などで「もしもし」と言うときに使われる間投詞です。"wéi"と第2声で発音することもあります。間投詞は，その場の状況や話し手の気分によって異なる声調で発音されることがあります。なお，"三一二"は電話の内線番号ですが，電話番号やルームナンバーなど数字を1つずつ読み上げる場合，"一 yī"はしばしば"yāo"と読まれます。

啊，那太好了！Ā, nà tài hǎo le!（ああ，それはいい）
啊，下雪啦！Ā, xià xuě la!（あっ、雪が降ってきた）

上の2つの例文の"啊"は驚きや感嘆を表す間投詞です。文末に置く語気助詞"啊 a"と同じ漢字を使います。あとの例文の文末の"啦"は語気助詞です。この"啦"は，"了 le"と"啊 a"の音が結合して"la"となったもので、「……になった」という変化に感嘆の語気を添えます。

間投詞"啊"は，第1声以外で発音されることもあります。
啊，怎么了？Á, zěnme le?（あら，どうしましたか）
啊，怎么回事？Ǎ, zěnme huí shì?（おや，どういうことですか）
啊，我马上去。À, wǒ mǎshàng qù.（はい，すぐ行きます）

上の最初の例文の"啊 á"は疑問を表します。2番目の例文の"啊 ǎ"は以外に思ったときに使います。最後の例文の"啊 à"は承諾を表します。しかし、間投詞の声調は話し手の気分によって変わるので，あまり気にする必要はありません。

次の"欸"も様々な声調で発音されます。

第16章 接続詞・間投詞

欸，小王，快来！Ê, Xiǎo Wáng, kuài lái!
　　　　　　　　　　　（おい，王さん，はやく来なさい）
欸，你怎么没告诉我？É, nǐ zěnme méi gàosu wǒ?
　　　　　　　　　　（えっ，どうして知らせてくれなかったの）
欸，你说的不对呀！Ě, nǐ shuō de bú duì ya!
　　　　　　　　　　（えっ，あなたの言うことは間違っています）
欸，那就这么办！È, nà jiù zhème bàn!
　　　　　　　　　　　（ええ，それじゃあそうします）

"ê"は日本語の「エ」のように発音します。また，"欸"は"ēi""éi""ěi""èi"と発音することもあります。上の最初の例文の"欸 ê"は呼びかけを表します。2番目の例文の"欸 é"は驚きを表します。3番目の例文の"欸 ě"は信じられないというような気持を表します。最後の例文の"欸 è"は承諾を表します。

噢，原来是你！Ō, yuánlái shì nǐ!（ああ，あなたでしたか）
哦，我明白了！Ò, wǒ míngbai le!（ああ，わかりました）

上の例文の"噢""哦"はどちらも何かに気づいたりしたことを表します。

哎呀，糟糕！Āiyā, zāogāo!（ああ，たいへんだ）
哎哟，疼死了！Āiyō, téngsǐ le!（ああ，痛い）

上のはじめの例文の"哎呀"は驚きを表します。あとの例文の"哎哟"も驚きを表すことがありますが，ここでは苦痛を表しています。

📖 **練習**

（　）内の語や語句を使って中国語に訳しなさい。

① もし間に合うのならば，私も応募して受験します。
（**报名投考** bàomíng tóukǎo）

② 勉強がとても忙しいので，私はここ数ヶ月映画を見に行っていません。
（**紧张** jǐnzhāng）

③ この服は流行遅れなので，私は着たいと思いません。（**过时** guòshí）

④ 彼は有名な教授ですが，しかし少しの威張ったところもありません。
（**架子** jiàzi）

⑤ ここは環境がいいだけでなく，交通も便利です。（**环境** huánjìng）

⑥ 私がどんなに説明しても，彼は聞いてくれません。（**解释** jiěshì）

⑦ たとえあなたが私を相手にしてくれなくても，わたしはあなたを訪ねて行きます。（**理** lǐ）

⑧ あなたが承知してくれさえすれば，私はうれしい。（**答应** dāying）

⑨ 過ちを認めてこそ，進歩することができます。
（**承认错误** chéngrèn cuòwù）

⑩ あなたに別の用事がある以上，私はあなたの邪魔をしません。
（**打扰** dǎrǎo）

練習の解答例

（　）内は別の解答例です。〔　〕内は省略可能であることを示します。

第1章

① 王老师，您好！（王老师好！）
② 陈老师好吗？
③ 李主任很好。
④ 后天见！
⑤ 北京见！
⑥ 请放心！
⑦ 请喝茶！
⑧ 真对不起！
⑨ 我姓赵。
⑩ 她叫张丽。

第2章

① 我是司机。
② 他是医生吗？（他是不是医生？他是医生不是？）
③ 她不是护士。
④ 他们都是德国人。
⑤ 她是李老师的姐姐。
⑥ 这是英语词典。
⑦ 我爸爸是高中教师。
⑧ 这个行李是孙老师的。
⑨ 你的本子是哪个？
⑩ 这些书也都是刘教授的。

第 3 章

① 那个人很狡猾。

② 我不舒服。

③ 那个太便宜了。

④ 这个真好看!

⑤ 交通确实很方便。

⑥ 气候不太热。(气候不大热。)

⑦ 我头疼。

⑧ 他个子矮。

⑨ 我最近学习很忙。

⑩ 这是很贵的东西。

第 4 章

① 他不一定知道。

② 你经常吃中国菜吗?

③ 你为什么学习俄语?

④ 你老家在哪儿?(你老家在哪里?)

⑤ 晚上我在家。

⑥ 我一直在这儿工作。(我一直在这里工作。)

⑦ 我给你介绍。

⑧ 我跟弟弟一起去中国。(我和弟弟一起去中国。)

⑨ 她住在饭店。

⑩ 我要这个和那个。

第 5 章

① 我买十个苹果。

② 那枝铅笔是谁的?

③ 他有一个儿子。

④ 我有两个女儿。

⑤ 你有兄弟姐妹吗？（你有没有兄弟姐妹？你有兄弟姐妹没有？）

⑥ 那儿有一只狗和两只猫。（那里有一只狗和两只猫。）

⑦ 桌子上有一封信。

⑧ 那本书在抽屉里。

⑨ 你喝几杯咖啡？

⑩ 中国有多少人口？

第6章

① 你的生日几月几号？

② 我六点半左右起床。

③ 你几点下课？

④ 你待几天？

⑤ 我爷爷今年八十〔岁〕。

⑥ 鲁迅生于一八八一年。

⑦ 我们公司有三百零五个工作人员。

⑧ 一共九块五毛钱。（一共九块五〔毛〕。）

⑨ 一个月的工资多少钱？

⑩ 你一个月花多少钱？

第7章

① 我去过两次香港。

② 我还没〔有〕看过京剧。

③ 我累了。

④ 饭凉了。

⑤ 我在商店买了一瓶葡萄酒。

⑥ 我只学了半年汉语。（我只学了半年中文。）

⑦ 我们就要回国了。（我们快要回国了。）

⑧ 我奶奶快七十岁了。

⑨ 你〔是〕哪〔一〕年出生的？

⑩ 你们〔是〕怎么认识的？

第8章

① 我们商量商量。（我们商量一下。）
② 你们休息一会儿〔吧〕。
③ 王老师教我汉语语法。
④ 你递给我一张纸〔吧〕。
⑤ 我喜欢打乒乓球。（我爱打乒乓球。）
⑥ 你打算什么时候写报告？（你准备什么时候写报告？）
⑦ 我相信你一定同意。
⑧ 这枝自来水笔是爸爸送给我的。
⑨ 他正在做作业〔呢〕。
⑩ 我想去中国留学。

第9章

① 妈妈的病好〔一〕点儿了。（妈妈的病好〔一〕些了。）
② 我有〔一〕点儿紧张。
③ 这件衣服肥了点儿。（这件衣服有〔一〕点儿肥。）
④ 今年比往年冷〔一〕点儿。（今年比往年冷〔一〕些。）
⑤ 他多〔么〕不礼貌！
⑥ 天安门有多高？
⑦ 他姐姐可真厉害！（他姐姐可厉害了！）
⑧ 她高高兴兴地回家了。
⑨ 那个孩子圆圆的脸。
⑩ 外边漆黑漆黑的。

第10章

① 你会跳舞吗？（你会不会跳舞？你会跳舞不会？）
② 我不能理解。

③ 你不可以照相。（你不能照相。）
④ 你还要别的吗？
⑤ 我要买明信片。
⑥ 你不用来接我。
⑦ 你应该参加这次会议。
⑧ 他很会滑雪。
⑨ 他一定会热烈地欢迎你们的。
⑩ 她不肯说实话。

第11章

① 晚报都卖完了。（晚报都卖光了。）
② 中国菜我吃惯了。
③ 这些生词你都记住了吗？（这些生词你都记住了没有？）
④ 今天我收到了一封信。
⑤ 他长得很像中国人。
⑥ 她匆匆忙忙地跑出去了。
⑦ 天气渐渐地暖和起来了。
⑧ 这个菜看起来油腻，吃起来不油腻。
⑨ 从这儿到那儿用不了十分钟。（从这里到那里用不了十分钟。）
⑩ 四川菜我吃不来。

第12章

① 公司让我出差。（公司叫我出差。）
② 让你破费了。（叫你破费了。）
③ 〔请〕让我仔细研究研究。（〔请〕让我仔细研究一下。）
④ 他们被欺骗了。
⑤ 我有一个朋友做买卖。
⑥ 我陪你去买东西。（我陪你买东西去。）
⑦ 请把这封信翻成英语。

⑧ 你把帽子摘下来〔吧〕。
⑨ 真把我吓死了。（真吓死我了。我真吓死了。）
⑩ 李白的诗也为日本人所熟悉。

第13章

① 打雷了吗？（打雷了没有？）
② 今年四月我们学校调来了一位汉语老师。
③ 昨天晚上风刮得特别大。
④ 我没〔有〕戴手表。
⑤ 门锁着呢。
⑥ 他在沙发上坐着看杂志呢。
⑦ 桌子上摆着很多菜。
⑧ 医院〔的〕北边有一个公园。（医院〔的〕北面有一个公园。）
⑨ 从这儿一直往南走就到。（从这里一直往南走就到。）
⑩ 你写的文章的题目叫什么来着？

第14章

① 什么是哲学？
② 我怎么学也学不好。
③ 你有什么要求吗？（你有没有什么要求？你有什么要求没有？）
④ 这几个月经常下雾。
⑤ 我一点儿知识都没有。（我一点儿知识也没有。）
⑥ 杂技我一次也没〔有〕看过。
⑦ 这个橘子一点儿〔也〕不酸。
⑧ 我们一分一秒也不能浪费。
⑨ 你什么时候有空〔就〕什么时候来玩儿〔吧〕。
⑩ 你星期四打工，还是星期五打工？

練習の解答例

第15章

① 除了英语〔以外〕，你还学过什么外语？
② 关于这个建议，他们都反对。
③ 我对中国经济非常感兴趣。
④ 饭店离机场有多远？
⑤ 我好像做梦似的高兴。
⑥ 这件事他好像早就知道了似的。
⑦ 我差〔一〕点儿睡过了。
⑧ 你先吃饭再刷牙〔吧〕。
⑨ 我一回家就吃药。
⑩ 我一边听，一边记笔记。

第16章

① 要是来得及〔的话〕，我也报名投考。（如果来得及〔的话〕，我也报名投考。）
② 因为学习很紧张，〔所以〕我这几个月没〔有〕去看电影。
③ 因为这件衣服过时了，〔所以〕我不想穿。
④ 他虽然是有名的教授，但〔是〕一点儿架子也没有。
⑤ 这儿不但环境好，而且交通也方便。
⑥ 不管我怎么解释，他都不听。（不管我怎么解释，他也不听。）
⑦ 即使你不理我，我也去找你。
⑧ 只要你答应，我就高兴。
⑨ 只有承认错误，才能进步。
⑩ 既然你有别的事，我就不打扰你〔了〕。

小辞典

ここには本書に出てくる語をアルファベット順に並べて，品詞と意味を添えてあります。品詞の略号については下のようになっています。

"fǎnzheng fǎnzhèng 反正"のように2通りのピンインが示してあるものは，どちらの発音で読んでもかまいません。また，"bāng▲máng 帮忙"などピンイン表記中の"▲"は離合動詞の分離箇所を示します。

名	名詞
動	動詞
形	形容詞
代	代名詞（形容詞・副詞に代わるものも含む）
数	数詞
量	量詞（助数詞ともいう）
数量	数量詞
助動	助動詞
副	副詞
介	介詞（前置詞ともいう）
接	接続詞（連詞ともいう）
助	助詞
間	間投詞（感嘆詞・嘆詞ともいう）
方	方位詞
疑	疑問詞
接頭	接頭辞
接尾	接尾辞

A

ā 啊 嘆 感嘆を表す。
á 啊 嘆 疑問を表す。
ǎ 啊 嘆 意外な気持ちを表す。
à 啊 嘆 承諾を表す。
a 啊 助 感嘆・肯定・疑問・命令の語気を表す。
ǎi 矮 形 （背が）低い。
ài 爱 動 ①好む。好きだ。②……しがちだ。
àiren 爱人 名 夫。妻。配偶者を指す。
āiyā 哎呀 嘆 驚きを表す。
āiyō 哎哟 嘆 驚き・苦痛を表す。

B

bā 八 数 8。
bǎ 把 量 握って使うものを数える。介 ……を。
ba 吧 助 推量・軽い命令・提案の語気を表す。
bàba 爸爸 名 お父さん。
bǎi 摆 動 並べる。
bǎi 百 数 百。
báicài 白菜 名 白菜。
bǎihuò shāngdiàn 百货商店 名 デパート。
báisè 白色 名 白色。
bàituō 拜托 動 お願いする。
bǎiwén 百闻 名 百聞。
bān 班 名 クラス。
bān 搬 動 引っ越す。
bàn 办 動 する。
bàn 半 数 半。
bànfǎ 办法 名 方法。やり方。
bāng máng 帮忙 動 助ける。手伝う。
bàngōngshì 办公室 名 事務室。
bāngzhù 帮助 動 助ける。手伝う。
bāo 包 動 包む。
bǎo 饱 形 満腹だ。
bào 报 名 新聞。
bào 抱 動 抱く。
bàogào 报告 名 レポート。報告（書）。
bào míng 报名 動 申し込む。応募する。
bēi 杯 量 杯。
bèi 被 介 ……に——される。
běibian 北边 方 北。
Běi-Dà 北大 名 北京大学。"北京大学"の略称。
Běijīng 北京 名 北京。中国の首都。
Běijīng kǎoyā 北京烤鸭 名 北京ダック。料理名。
Běijīngrén 北京人 名 北京の人。
běimiàn 北面 方 北。

bēizi 杯子 名 コップ。
běn 本 量 冊。
běnzi 本子 名 ノート。
bǐ 比 介 ……より。……に比べて。
biān 边 副 (連用して)……しながら——。
biàn 遍 量 度。回。
biǎo 表 名 (腕)時計。
bié 别 副 ……するな。
biéde 别的 代 ほかの(もの)。
biéren 别人 名 ほかの人。他人。
bǐjì 笔记 名 筆記。メモ。
bǐjiào 比较 動 比較する。副 わりと。比較的。
bìng 病 名 病気。動 病気になる。
bīngliáng 冰凉 形 氷のように冷たい。
bìngqiě 并且 接 さらに。そのうえ。
bǐsài 比赛 名 試合。
bìxū 必须 副 必ず……しなければならない。
bì yè 毕业 動 卒業する。
bù 部 量 映画などを数える。
bù 不 副 ……しない。……でない。……するな。
bùchéng 不成 形 だめだ。"难道……不成"で「まさか……ではあるまい」。
bùcí 不辞 動 辞さない。いとわない。
búdà 不大 副 あまり……ではない。
búdàn 不但 接 ただ……だけでなく。
bùdébù 不得不 副 ……しないわけにはいかない。……せざるをえない。
bùdéliǎo 不得了 形 ひどい。たいへんだ。
bùguǎn 不管 接 ……であろうとも。……にかかわらず。
búguò 不过 接 しかし。
bùjǐn 不仅 接 ただ……だけでなく。
bùkě 不可 形 だめだ。
búlùn 不论 接 ……であろうとも。……にかかわらず。
bùrú 不如 動 及ばない。
bùshǎo 不少 形 少なくない。
bùxíng 不行 形 だめだ。よくない。
búyào 不要 副 ……するな。
búyòng 不用 副 ……しなくてもよい。……する必要はない。

C

cái 才 副 ①……してこそ。(……になって)やっと。②たった。わずかに。
cài 菜 名 料理。

cānguān 参观 動 参観する。
cānjiā 参加 動 参加する。
cānkǎo 参考 動 参考にする。
cānkǎoshū 参考书 名 参考書。
cāo xīn 操心 動 気を配る。
cèsuǒ 厕所 名 トイレ。
chá 茶 名 茶。
chà 差 動 欠ける。足りない。形 劣る。
chàbuduō 差不多 副 ほとんど。
chàdiǎnr 差点儿 副 もう少しで。
cháng 尝 動 食べる。味わう。
cháng 长 形 長い。
cháng 常 副 常に。よく。しょっちゅう。
chàng 唱 動 歌う。
chángcháng 常常 副 常に。よく。しょっちゅう。
chàyìdiǎnr 差一点儿 副 もう少しで。
chē 车 名 車。
Chén 陈 名 陳。中国人の姓。
chéng 成 動 なす。
chénggōng 成功 動 成功する。
chéngjì 成绩 名 成績。
chéngrèn 承认 動 認める。承認する。
chēzhàn 车站 名 駅。バス停。
chī 吃 動 食べる。"吃药"で「薬を飲む」。
chībukāi 吃不开 動 うまくいかない。受け入れられない。
chībulái 吃不来 動 口に合わない。食べつけない。
chībuxiāo 吃不消 動 耐えきれない。我慢できない。
chídào 迟到 動 遅刻する。
chīfǎ 吃法 名 食べ方。
chī fàn 吃饭 動 食事をする。
chóngzi 虫子 名 虫。
chōuti 抽屉 名 引き出し。
chū 出 動 出る。
chú 除 介 ……を除いて。……のほかに。
chuān 穿 動 （衣類などを）身につける。
chuán 船 名 船。
chuán 传 動 伝わる。
chuáng 床 名 ベッド。
chuānghu 窗户 名 窓。
chuánpiào 船票 名 船のチケット。
chūbǎn 出版 動 出版する。
chū chāi 出差 動 出張する。
chūfā 出发 動 出発する。
chúfēi 除非 接 ……してはじめて。……した場合にかぎって。
chūlai 出来 動 出て来る。
chúle 除了 介 ……を除いて。……

のほかに。

chū▲mén 出门 動 外出する。

Chūnjié 春节 名 春節。中国の旧正月。

chūntiān 春天 名 春。

chūqu 出去 動 出て行く。

chūshēng 出生 動 生まれる。

cì 次 量 度。回。

cídiǎn 词典 名 辞典。

cóng 从 介 ……から。

cōngmáng 匆忙 形 あわただしい。

cōngming cōngmíng 聪明 形 かしこい。

cuò 错 形 間違っている。

cuòwù 错误 名 誤り。過ち。

D

dǎ 打 動 ①打つ。(球技を)する。②(電話を)かける。

dà 大 形 ①大きい。②年をとっている。

dàgài 大概 副 たぶん。

dǎ▲gōng 打工 動 アルバイトをする。

dǎhuǒjī 打火机 名 ライター。

dāi 待 動 滞在する。泊る。

dài 带 動 持つ。携帯する。

dài 戴 動 (帽子・めがね・手袋などを)身につける。

dàibiǎo 代表 名 代表。

dàjiā 大家 代 みんな。

dǎkāi 打开 動 開ける。

dǎ▲léi 打雷 動 雷が鳴る。

dàn 但 接 しかし。

dāng 当 動 ……になる。就く。務める。

dāngrán 当然 形 当然だ。

dànshì 但是 接 しかし。

dào 到 動 ①着く。いたる。②動作の目的が達成される。介 ……へ。に。まで。

dàodǐ 到底 副 いったい。いったい全体。

dàoli 道理 名 道理。

dǎoméi 倒霉 形 ついていない。

dāozi 刀子 名 ナイフ。

dǎrǎo 打扰 動 邪魔する。

dǎsǎo 打扫 動 掃除する。

dǎsuan 打算 動 ……するつもりだ。

dàxué 大学 名 大学。

dàxuéshēng 大学生 名 大学生。

dāying 答应 動 承知する。

dàyǔ 大雨 名 大雨。

de 的 助 ①……の。②確定の語気を表す。③"是……的"で過去の事実がいつ・どこで・どのように行われたかを強調する。

de 得 助 ①可能補語を作る。②状

態補語を作る。
de 地 助 "……地"の形で、"……"の部分が副詞的に使われていることを示す。
Déguórén 德国人 名 ドイツ人。
dehuà 的话 助 ……であるならば。
děi 得 動 （費用や時間が）かかる。助動 ……しなければならない。
děng 等 動 ①待つ。②等しい。助 ……など。
děngděng 等等 助 ……など。
dì 递 動 手渡す。
dì 第 接頭 第。
diǎn 点 量 時。時刻の単位。
diànhuà 电话 名 電話。
diǎnr 点儿 量 ちょっと。少し。
diànshì 电视 名 テレビ。
diǎnxin 点心 名 菓子。
diànyǐng 电影 名 映画。
diào 调 動 転勤する。
diàochá 调查 動 調査する。
dìdi 弟弟 名 弟。
dìfāng 地方 名 （中央に対する）地方。
dìfang 地方 名 所。場所。
dǐng 顶 量 帽子などを数える。副 最も。いちばん。
dìng 定 動 決める。

diū 丢 動 なくす。
dōng 东 方 東。
dǒng 懂 動 わかる。
dōngbian 东边 方 東。
Dōngjīng 东京 名 東京。
dōngmiàn 东面 方 東。
dòng shēn 动身 動 出発する。
dōngtiān 冬天 名 冬。
dōngtóur 东头儿 方 東の端。
dòngwùyuán 动物园 名 動物園。
dōngxi 东西 名 物。品物。
dōu 都 副 すべて。みな。
dú 读 動 読む。勉強する。
duǎn 短 形 短い。
duì 对 形 正しい。介 ……に対して。
duìbuqǐ 对不起 動 申し訳がたたない。顔向けができない。すみません。
duìdeqǐ 对得起 動 申し訳がたつ。顔向けができる。
duìyú 对于 介 ……に対して。
dùn 顿 量 食事・叱責などの回数を数える。
duō 多 形 多い。副 ①多く。多めに。②なんと。疑 どのくらい。
duǒ 朵 量 花などを数える。
duōme 多么 副 なんと。疑 どのくらい。

duōshao 多少 疑 いくつ。いくら。どのくらい。
dūshì 都市 名 都市。
dùzi 肚子 名 腹。

E

è 饿 形 空腹だ。
ē 欸 感 呼びかけを表す。
é 欸 感 驚きを表す。
ě 欸 感 信じられない気持ちを表す。
è 欸 感 承諾を表す。
ér 而 接 語句と語句を結ぶ。
èr 二 数 2。
érhuà 儿化 名 アル化。
érqiě 而且 接 さらに。そのうえ。
èryuè 二月 名 2月。
érzi 儿子 名 息子。
Éyǔ 俄语 名 ロシア語。

F

Fǎguórén 法国人 名 フランス人。
fān 翻 動 翻訳する。"翻成……"で「……に訳す」。
fàn 饭 名 ご飯。
fàndiàn 饭店 名 ホテル。
fǎnduì 反对 動 反対する。
fàng 放 動 置く。
fāngbiàn 方便 形 便利だ。
fángjiān 房间 名 部屋。
fànguǎn 饭馆 名 レストラン。
fàng xīn 放心 動 安心する。
fānyì 翻译 名 通訳。動 翻訳する。通訳する。
fǎnzheng fǎnzhèng 反正 副 どうせ。
fēi 非 副 ……しなければ。……でなければ。
féi 肥 形 （衣服が）だぶだぶだ。
fēicháng 非常 副 非常に。
fēiděi 非得 副 どうしても……しなければ（ならない）。
fēijī 飞机 名 飛行機。
fèi xīn 费心 動 心配する。
fēn 分 量 ①分。時刻・時間の単位。②分。中国の貨幣の単位。
fēng 风 名 風。
fēng 封 量 封書を数える。
fēngjǐng 风景 名 風景。
fǒuzé 否则 接 さもないと。
fú 幅 量 枚。絵画や布地を数える。
fǔdǎo 辅导 名 補習。
fùmǔ 父母 名 父母。両親。
fùqin fùqīn 父亲 名 父親。
fūrén fūren 夫人 名 夫人。
fùzá 复杂 形 複雑だ。
fùzé 负责 動 責任を負う。

G

gāi 该 動 ①……の番である。②借りがある。助動 ……すべきだ。
gǎn 感 動 感じる。
gǎn 敢 助動 ……する勇気がある。大胆にも……する。
gàn 干 動 する。
gān bēi 干杯 動 乾杯する。
gǎndòng 感动 動 感動する。
gāng 刚 副 たったいま。いましがた。
gāngbǐ 钢笔 名 ペン。
gāngcái 刚才 名 さきほど。
gānggāng 刚刚 副 たったいま。いましがた。
gāngqín 钢琴 名 ピアノ。
gānjìng 干净 形 清潔だ。きれいだ。
gǎnmào 感冒 動 風邪をひく。
gǎnshàng 赶上 動 追いつく。間に合う。
gǎnxiè 感谢 動 感謝する。
gāo 高 形 高い。
gàosu 告诉 動 告げる。
gāoxìng 高兴 形 うれしい。
gāozhōng 高中 名 高校。"高级中学 gāojí zhōngxué"の略称。
gē 歌 名 歌。
gè 各 代 おのおの。それぞれ。
gè ge 个 量 物や人を数える。
gēge 哥哥 名 兄。
gěi 给 動 ①与える。②……させる。介 ①（誰々）に。②……—される。
gēn 跟 動 ついて行く。介 ……と。……に。接 と。
gēn 根 量 細長いものを数える。
gēnběn 根本 副 まったく。全然。
gèng 更 副 さらに。
gèzi 个子 名 背丈。身長。
gōnglǐ 公里 量 キロメートル。
gōngsī 公司 名 会社。
gòngtóng 共同 副 共に。
gōngzī 工资 名 給料。
gōngzuò 工作 名 仕事。動 働く。
gǒu 狗 名 犬。
gòu 够 形 十分だ。足りる。副 十分に。
guā 刮 動 吹く。
guà 挂 動 掛ける。
guǎi 拐 動 曲がる。
guài 怪 動 責める。とがめる。形 変だ。おかしい。副 すごく。ひどく。
guàibude 怪不得 動 とがめることができない。副 なるほど。道理で。
guān 关 動 閉める。
guàn 惯 形 慣れている。

guāng 光 形 動作の結果，すっかりなくなる。

Guǎngzhōu 广州 名 広州。中国の地名。

guānxi guānxì 关系 名 関係。

guānyú 关于 介 ……に関して。……について。

guānzhào 关照 動 面倒を見る。

Gùgōng 故宫 名 故宫。中国の名所。

guì 贵 形 （値段が）高い。

guìxìng 贵姓 名 あなたの姓。姓を尋ねるときに用いる。

gǔjì 古迹 名 旧跡。

gūniang 姑娘 名 娘。

guò 过 動 過ぎる。"坐过"で「乗り過ごす」。"睡过"で「寝過ごす」。

guo 过 助 ①過去の経験を表す。……したことがある。②動作の完了を表す。……し終える。

guójiā 国家 名 国。

guòlai 过来 動 やって来る。

guòqù 过去 名 過去。以前。

guòqu 过去 動 通りすぎて行く。

guòshí 过时 動 流行に遅れる。

H

hái 还 副 まだ。さらに。

háishi 还是 副 やはり。唖 それと

も。

háizi 孩子 名 子供。

hàn 汗 名 汗。

Hánguó 韩国 名 韓国。

Hánguórén 韩国人 名 韓国人。

Hànyǔ 汉语 名 中国語。

hǎo 好 形 ①よい。②健康だ。元気だ。副 ずいぶん。とても。ひどく。

hào 号 名 日。

hǎobùróngyì 好不容易 副 やっとのことで。かろうじて。

hǎochī 好吃 形 （食べ物が）おいしい。

hǎohǎo 好好 副 よく。しっかり。

hǎohāor 好好儿 副 よく。しっかり。

hǎohē 好喝 形 （飲み物が）おいしい。

hǎojiǔ 好久 副 ずいぶん久しく。長い間。

hǎokàn 好看 形 美しい。

hǎoróngyì 好容易 副 やっとのことで。かろうじて。

hǎoxiàng 好像 動 まるで……のようだ。副 まるで。（どうも）……のようだ。

hē 喝 動 飲む。

hé 河 名 川。

hé 和 介 ……と。接 と。

hēi 黑 形 暗い。
hēibǎn 黒板 名 黒板。
hěn 很 副 とても。
héqi 和气 形 （性格が）穏やかだ。優しい。
hér 盒儿 量 小箱に入ったものを数える。
hóng 红 形 赤い。
hóngsè 红色 名 赤色。
hòubian 后边 方 後ろ。
hòumian 后面 方 後ろ。
hòutiān 后天 名 あさって。
hòutou 后头 方 後ろ。
huā 花 名 花。動 （お金・時間を）使う。費やす。
huà 话 名 話。ことば。
huà 画 動 描く。
huá▲bīng 滑冰 動 スケートをする。
huài 坏 形 悪い。"……坏了"で「ひどく……だ」。
huàirén 坏人 名 悪人。
huán 还 動 返す。
huàn 换 動 換える。交換する。
huāng 慌 形 "……得慌"で「耐え難いほど……だ」。
huánjìng 环境 名 環境。
huānyíng 欢迎 動 歓迎する。
huàr 画儿 名 絵。
huá▲xuě 滑雪 動 スキーをする。

huí 回 動 帰る。量 回。
huì 会 動 できる。助動 ①……できる。②……するのが上手だ。③……するはずだ。
huídá 回答 動 回答する。答える。
huí▲guó 回国 動 帰国する。
huí▲jiā 回家 動 帰宅する。
huílai 回来 動 帰って来る。
huíqu 回去 動 帰って行く。
huítóu 回头 副 のちほど。
huìyì 会议 名 会議。
húlihútú 糊里糊涂 形 愚かである。
huó 活 動 生きる。
huǒchē 火车 名 汽車。
hùshi 护士 名 看護士。看護婦。
hùxiāng 互相 副 互いに。
hùzhào 护照 名 パスポート。

J

jí 极 副 きわめて。"……极了"で「実に……だ」。
jǐ 几 疑 いくつ。
jì 寄 動 郵送する。
jì 记 動 ①記憶する。②書きとめる。
jì 忌 動 断つ。やめる。
jì 既 副 ……のうえに。
jiā 家 名 家。
jiā 加 動 加える。

jià 架 量 機械などを数える。
jiān 间 量 部屋を数える。
jiǎn 减 動 減らす。
jiàn 见 動 ①会う。②動作の結果，視覚や聴覚を感じ取る。
jiàn 件 量 衣服・プレゼント・事柄を数える。
jiǎndān 简单 形 簡単だ。
jiǎng 讲 動 言う。話す。
jiǎng kè 讲课 動 授業をする。
jiānglái 将来 名 将来。
jiǎngyǎn 讲演 名 講演。
jiànjiàn 渐渐 副 だんだん。
jiànkāng 健康 名 健康。形 健康だ。
jiàn miàn 见面 動 会う。
jiǎntǐzì 简体字 名 簡体字。
jiànyì 建议 名 提案。
jiāo 教 動 教える。
jiāo 交 動 渡す。
jiǎo 角 量 角。中国の貨幣の単位。
jiào 叫 動 ①……という名前である。名前を……という。②呼ぶ。③……させる。介 ……に——される。
jiàocái 教材 名 教材。
jiǎodù 角度 名 角度。観点。
jiǎohuá 狡猾 形 ずるい。
jiàoshī 教师 名 教師。
jiàoshì 教室 名 教室。
jiàoshòu 教授 名 教授。

jiāotōng 交通 名 交通。
jiǎozi 饺子 名 ギョーザ。
jiàqian 价钱 名 値段。
jiāwù 家务 名 家事。
jiàzi 架子 名 威張った態度。
jīchǎng 机场 名 空港。
jìde 记得 動 覚えている。
jīdòng 激动 動 感激する。
jiē 接 動 迎える。
jié 节 量 授業時間などを数える。
jiè 借 動 借りる。貸す。
jiéguǒ 结果 名 結果。
jié hūn 结婚 動 結婚する。
jiějie 姐姐 名 姉。
jiějué 解决 動 解決する。
jiěmèi 姐妹 名 姉妹。
jièshào 介绍 動 紹介する。
jiēshi 结实 形 丈夫だ。
jiěshì 解释 動 説明する。釈明する。
jīhuì jīhui 机会 名 機会。
jīn 斤 量 斤。重さの単位。
jìn 进 動 入る。
jìn 近 形 近い。
jìnbù 进步 名 進歩。動 進歩する。
jǐngchá 警察 名 警察。
jīngcháng 经常 副 常に。よく。しょっちゅう。
jīngjì 经济 名 経済。

jīngjù 京剧 名 京劇。中国の伝統劇。

jǐnguǎn 尽管 副 かまわずに。遠慮なく。接 ……だけれども。……とはいえ。

jīnhòu 今后 名 今後。

jìnlai 进来 動 入って来る。

jīnnián 今年 名 今年。

jìnqu 进去 動 入って行く。

jīntiān 今天 名 今日。

jǐnzhāng 紧张 形 ①緊張している。②忙しい。

jīpiào 机票 名 飛行機のチケット。

jīqì jīqi 机器 名 機械。

jìrán 既然 接 ……したからには。……である以上は。

jíshǐ 即使 接 たとえ……でも。

jiǔ 酒 名 酒。

jiǔ 九 数 9。

jiù 就 副 ①ほかでもなく。……こそが。②すぐに。③……の場合には。④"不是……就是——"で「……でなければ——だ」。

jiǔděng 久等 動 長く待つ。

jiūjìng 究竟 副 いったい。いったい全体。

jiùshì 就是 接 たとえ……でも。

jiùyào 就要 副 もうすぐ……する。

jìxù 继续 動 継続する。続ける。

jǐyuè 几月 疑 何月。

jù 句 量 句。文やことばを数える。

juéde 觉得 動 感じる。

juédìng 决定 動 決める。決定する。

júzi 橘子 名 みかん。

K

kāfēi 咖啡 名 コーヒー。

kāi 开 動 ①開く。②運転する。③広がる。④"开玩笑"で「冗談を言う」。

kāi▲chē 开车 動 車を運転する。

kāi▲huì 开会 動 会議を開く。

kāishǐ 开始 動 開始する。始める。

kàn 看 動 ①見る。②思う。③……してみる。

kànbuqǐ 看不起 動 軽視する。ばかにする。

kànjiàn kànjian 看见 動 見える。

kǎo 考 動 試験を受ける。"考上"で「合格する」。

kǎoshì 考试 名 試験。動 試験をする。試験がある。

kē 棵 量 植物を数える。

kě 可 副 本当に。まったく。絶対に。接 しかし。

kè 课 名 課。授業。

kè 刻 量 15分。

kèběn 课本 名 テキスト。教科書。

kěbu 可不 動 そのとおりだ。
kěbushì 可不是 動 そのとおりだ。
kělián 可怜 形 かわいそうだ。
kěn 肯 助動 進んで……する。
kèqi 客气 動 遠慮する。形 遠慮深い。
kèren kèrén 客人 名 客。
kěshì 可是 接 しかし。
kètīng 客厅 名 応接室。
kěxī 可惜 形 惜しい。
kěyǐ 可以 形 まずまずだ。悪くない。助動 ①……してもよい。②……できる。③……する価値がある。
kòng 空 名 暇。
kǒngpà 恐怕 副 (よくないことを予測して) おそらく。たぶん。
kǒu 口 量 ①家族の人数を数える。②ぶたを数える。
kū 哭 動 泣く。
kuā 夸 動 ほめる。
kuài 快 形 速い。副 もうすぐ……になる。
kuài 块 量 ①塊になったものを数える。②元。中国の貨幣の単位。
kuàilè 快乐 形 楽しい。
kuàiyào 快要 副 もうすぐ……する。
kuàizi 筷子 名 箸。
kǔgōng 苦功 名 ひたむきな努力。

kùnnan 困难 名 困難。
kùzi 裤子 名 ズボン。

L

là 辣 形 からい。
la 啦 助 「……になった」という変化に感嘆の語気を添える。
lái 来 動 ①来る。②(ある動作を)する。③積極性を表す。さあ……。④動詞句と動詞〔句〕を結ぶ。
láibují 来不及 動 間に合わない。
láidejí 来得及 動 間に合う。
láizhe 来着 助 回想の語気を表す。……していた。……だったっけ。
làngfèi 浪费 動 浪費する。
Lǎo 老 接頭 ……さん。親しみを込めた呼称。
láojià 劳驾 動 お手数をおかけします。
lǎojiā 老家 名 実家。
lǎoshī 老师 名 (学校の)先生。
lǎoshi 老实 形 まじめだ。
le 了 助 ①きっぱりと言いきる語気を表す。②変化を表す。……になった。③完了を表す。……した。……してしまう。
lèi 累 形 疲れている。
lěng 冷 形 寒い。冷たい。
lěngbīngbīng 冷冰冰 形 冷ややか

だ。
lí 离 介 ……から。……まで。
Lǐ 李 名 李。中国人の姓。
lǐ 理 動 相手にする。
lǐ li 里 方 中。
lián 连 介 ……すら。……さえも。
liǎn 脸 名 顔。
liáng 凉 形 冷たい。
liǎng 两 数 ①2つ。②いくつか。
liàng 辆 量 車を数える。
liángkuai 凉快 形 涼しい。
liánhuānhuì 联欢会 名 交歓会。
liánxì 联系 動 連絡する。
liànxí 练习 動 練習する。
liǎo 了 動 ……しきる。
liǎobude 了不得 形 ひどい。たいへんだ。
liáo tiānr 聊天儿 動 おしゃべりをする。
Lǐ Bái 李白 名 李白。中国の詩人。
lǐbài 礼拜 名 週。
lǐbài'èr 礼拜二 名 火曜日。
lǐbàiyī 礼拜一 名 月曜日。
lǐbian 里边 方 中。
lìhai 厉害 形 きつい。厳しい。
Lǐ Huá 李华 名 李華。中国人の姓名。
lǐjiě 理解 動 理解する。
líkāi 离开 動 離れる。

lǐmào 礼貌 形 礼儀正しい。
lǐmiàn 里面 方 中。
lín 淋 動 （水が）かかる。
líng 〇 数 0。
líng 零 数 0。
lìng 令 動 ……させる。
lìshǐ 历史 名 歴史。
lǐtou 里头 方 中。
Liú 刘 名 劉。中国人の姓。
liú 流 動 流れる。
liù 六 数 6。
liúlì 流利 形 流暢だ。
liú xué 留学 動 留学する。
liúxuéshēng 留学生 名 留学生。
liùyuè 六月 名 6月。
lǐwù 礼物 名 プレゼント。
lǐyóu 理由 名 理由。
lù 路 名 道。
luàn 乱 形 乱れている。散らかっている。
lùnwén 论文 名 論文。
luōliluōsuō 啰里啰唆 形 くどくどしい。
Lǔ Xùn 鲁迅 名 鲁迅。中国の文学者。
lùyīnjī 录音机 名 テープレコーダー。
lǜyōuyōu 绿油油 形 青くてつやつやしている。

M

mǎ 马 名 馬。
ma 吗 助 疑問を表す。……か。
ma 嘛 助 「当然だ」という語気を表す。……なんだから。
máfan 麻烦 名 面倒。動 煩わす。形 面倒だ。
mǎi 买 動 買う。
mài 卖 動 売る。
mǎibudào 买不到 動 （物がなくて）買えない。
mǎibuqǐ 买不起 動 （お金がなくて）買えない。
mǎibushàng 买不上 動 （物のあるところまで行けず）買えない。
mǎibuzháo 买不着 動 （物がなくて）買えない。
mǎimai 买卖 名 商売。
māma 妈妈 名 お母さん。
màn 慢 形 遅い。
máng 忙 動 急ぐ。あわてる。形 忙しい。
mànmàn 慢慢 副 ゆっくり。
mànmānr 慢慢儿 副 ゆっくり。
mǎnyì 满意 動 満足する。
māo 猫 名 猫。
máo 毛 量 角。中国の貨幣の単位。
máoyī 毛衣 名 セーター。

màozi 帽子 名 帽子。
mǎshàng 马上 副 すぐに。
méi 没 動 持っていない。ない。いない。副 ……していない。
měi 美 形 美しい。
Měiguó 美国 名 アメリカ。
Měiguórén 美国人 名 アメリカ人。
měilì 美丽 形 美しい。
mèimei 妹妹 名 妹。
měi tiān 每天 名 毎日。
méi yìsi 没意思 形 つまらない。
méiyǒu méiyou 没有 動 持っていない。ない。いない。副 ……していない。
mén 门 名 ドア。
mèn 闷 形 気がめいる。
men 们 接尾 ……たち。
ménkǒu 门口 名 入り口。
miànbāo 面包 名 パン。
miàntiáo 面条 名 うどん。麺類の総称。
miǎo 秒 量 秒。時刻・時間の単位。
míngbai 明白 動 わかる。
míngnián 明年 名 来年。
míngshèng 名胜 名 名所。
míngtiān 明天 名 明日。
míngxìnpiàn 明信片 名 葉書。
míngzi 名字 名 名前。
mǔqin mǔqīn 母亲 名 母親。

N

ná 拿 動 持つ。取る。
nǎ 哪 疑 どれ。どの。
nà 那 代 それ。その。あれ。あの。接 それなら。
na 哪 助 感嘆・肯定・疑問・命令の語気を表す。
nǎge 哪个 疑 どれ。どの。
nàge 那个 代 それ。その。あれ。あの。
nǎinai 奶奶 名 （父方の）祖母。
nǎli 哪里 疑 どこ。どういたしまして。
nàli 那里 代 そこ。あそこ。
nàme 那么 代 そんなに。あんなに。接 それなら。
nán 男 名 男。
nán 难 形 難しい。
nán 南 方 南。
nánbian 南边 方 南。
nándào 难道 副 まさか……ではあるまい。
nánháir 男孩儿 名 男の子。
nánmiàn 南面 方 南。
nǎpà 哪怕 接 たとえ……でも。
nǎr 哪儿 疑 どこ。
nàr 那儿 代 そこ。あそこ。
nǎxiē 哪些 疑 どれら。どれらの。

nàxiē 那些 代 それら。それらの。あれら。あれらの。
nàyàng 那样 代 そのように。あのように。
ne 呢 助 ①進行の語気を表す。②……は（どうか, どこにあるのか）。③相手に答えを求める語気を表す。④「まだまだである」という語気を表す。⑤誇張の語気を表す。
néng 能 助動 ……できる。
nénglì 能力 名 能力。
nǐ 你 代 あなた。
nián 年 名 年。
niàn 念 動 読む。
niánjì 年纪 名 年齢。
niánqīng 年轻 形 若い。
nǐmen 你们 代 あなたたち。
nín 您 代 あなた。"你"のていねいな言い方。
niú 牛 名 牛。
nòng 弄 動 手でもてあそぶ。いじる。"弄坏"で「壊す」。"弄丢"で「なくす」。
nǚ 女 名 女。
nuǎnhuo 暖和 形 暖かい。
nuǎnróngróng 暖融融 形 ぽかぽか暖かい。
nǚ'ér 女儿 名 娘。
nǚháir 女孩儿 名 女の子。

nǔlì 努力 動 努力する。形 よく努力する。

O

ō 噢 嘆 何かに気づいたことを表す。

ò 哦 嘆 何かに気づいたことを表す。

ǒurán 偶然 形 偶然だ。

P

pài 派 動 派遣する。
páiqiú 排球 名 バレーボール。
pàng 胖 形 太っている。
pángbiān 旁边 方 そば。かたわら。横。
pǎo 跑 動 走る。
pá shǎn 爬山 動 山に登る。
péi 陪 動 お供する。
pèifu pèifú 佩服 動 敬服する。
péngyou 朋友 名 友人。
pǐ 匹 量 馬などを数える。
piān 篇 量 編。文章を数える。
piàn 片 量 スライスしたものを数える。
piányi 便宜 形 安い。
piào 票 名 切符。チケット。
piàoliang 漂亮 形 美しい。
pífū 皮肤 名 肌。皮膚。

píjiǔ 啤酒 名 ビール。
píng 瓶 量 びんに入ったものを数える。
píng'ān 平安 形 平安だ。
píngguǒ 苹果 名 りんご。
pīngpāngqiú 乒乓球 名 卓球。
pīnyīn 拼音 名 ピンイン。
pīpíng 批评 動 批判する。
pòfèi 破费 動 お金を使う。散財する。
pǔsù 朴素 形 素朴だ。質素だ。
pútaojiǔ pútáojiǔ 葡萄酒 名 ワイン。
pǔtōnghuà 普通话 名 （中国語の）共通語。

Q

qī 七 数 7。
qí 骑 動 （またがって）乗る。
qǐ 起 動 起きる。始まる。始める。"从……起"で「……から」。
qì 气 動 怒る。
qiān 千 数 千。
qián 钱 名 お金。
qián 前 方 前。
qiānbǐ 铅笔 名 鉛筆。
qiánbian 前边 方 前。
qiáng 墙 名 壁。
qiánmian 前面 方 前。
qiántiān 前天 名 おととい。

qiántou 前头 名 前。
qiānwàn 千万 副 絶対に。決して。
qiáo 桥 名 橋。
qìchē 汽车 名 自動車。
qǐ chuáng 起床 動 起きる。
qǐfēi 起飞 動 飛び立つ。
qīhēi 漆黑 形 （漆を塗ったように）黒い。真っ暗だ。
qìhòu 气候 名 気候。
qǐlai 起来 動 ①起き上がる。起きる。②……しはじめる。③……してみる。④1つにまとまった状態になる。
qīng 轻 形 軽い。
qǐng 请 動 ①求める。請う。どうぞ。どうぞ……してください。②招待する。ごちそうする。
qīngchu 清楚 形 はっきりしている。
qǐng jià 请假 動 休みをとる。
qíngkuàng 情况 名 状況。
qīngqīng de 轻轻地 副 静かに。
qǐngwèn 请问 動 お尋ねします。
qīnzì 亲自 副 自分で。みずから。
qípáo 旗袍 名 チーパオ。チャイナドレス。
qīpiàn 欺骗 動 だます。
qìshuǐ 汽水 名 サイダー。
qiú 求 動 求める。

qīzi 妻子 名 妻。
qù 去 動 行く。
quàn 劝 動 忠告する。
quándōu 全都 副 すべて。
qǔdé 取得 動 得る。手に入れる。
què 却 副 ……にもかかわらず。
quèshí 确实 副 確かに。
qùnián 去年 名 昨年。

R

ràng 让 動 ……させる。介 ……に——される。
ránhòu 然后 接 そのあとで。それから。
rè 热 形 暑い。熱い。
rèhūhū 热乎乎 形 ほかほか温かい。
rèliè 热烈 形 熱烈だ。
rén 人 名 人。
rènao 热闹 形 にぎやかだ。
rènde 认得 動 知っている。
rénkǒu 人口 名 人口。
rènshi 认识 動 知る。知っている。
rènwéi 认为 動 思う。
rényuán 人员 名 人員。
rènzhēn 认真 形 まじめだ。
rèqíng 热情 形 親切だ。
rì 日 名 日。
Rìběn 日本 名 日本。
Rìběnrén 日本人 名 日本人。

Rì-Hàn 日汉 名 日本語・中国語。"日语汉语"の略称。

rìqī 日期 名 日取り。期日。

Rìyǔ 日语 名 日本語。

ròu 肉 名 肉。

rúguǒ 如果 接 もし……ならば。

S

sā huǎng 撒谎 動 うそをつく。

sān 三 数 3。

sǎn 伞 名 傘。

sàn bù 散步 動 散歩する。

sǎo 扫 動 掃く。

shāfā 沙发 名 ソファー。

shān 山 名 山。

shāng 伤 動 怪我をする。

shàng 上 動 ①上がる。のぼる。行く。②目的を達成する。介 ……へ。に。まで。方 上。前（の）。

shàng bān 上班 動 出勤する。

shàngbian 上边 方 上。

Shànghǎi 上海 名 上海。中国の地名。

Shànghǎirén 上海人 名 上海の人。

shàng kè 上课 動 授業をする。授業を聞く。

shànglai 上来 動 上がって来る。

shāngliang shāngliáng 商量 動 相談する。

shàngmian 上面 方 上。

shāngpǐn 商品 名 商品。

shàngqu 上去 動 上がって行く。

shàngtou 上头 方 上。

shàngwǔ 上午 名 午前。

shāo 稍 副 ちょっと。少し。

shǎo 少 動 なくなる。不足する。形 少ない。少なめに。"很少……"で「めったに……しない」。

shāowēi 稍微 副 ちょっと。少し。

shé 蛇 名 蛇。

shèhuì 社会 名 社会。

shéi 谁 疑 誰。

shēn 深 形 深い。

shēng 生 動 生まれる。

shēng 声 量 声。

shēng bìng 生病 動 病気になる。

shēngcí 生词 名 新出単語。

shēnghuó 生活 名 生活。

shēng qì 生气 動 怒る。腹を立てる。

shēngri 生日 名 誕生日。

shēngyúpiàn 生鱼片 名 刺身。

shénme 什么 疑 何。何の。どんな。

shénmede 什么的 助 ……など。

shénme shíhou 什么时候 疑 いつ。

shénmeyàng 什么样 疑 どのような。

shēntǐ 身体 名 体。

shī 诗 名 詩。

shī 湿 形 ぬれている。
shí 十 数 10。
shǐ 使 動 ……させる。
shì 事 名 事。用事。
shì 是 動 ……である。形 正しい。
shì 试 動 試す。
shìde 似的 助 ……のようだ。
shí'èryuè 十二月 名 12月。
shífēn 十分 副 たいへん。非常に。
shíhou 时候 名 時。
shíhuà 实话 名 本当の話。
shíjiān 时间 名 時間。
shìr 事儿 名 事。用事。
shítáng 食堂 名 食堂。
shīwàng 失望 動 失望する。
shǒu 手 名 手。
shòu 瘦 形 ①やせている。②（衣服が）窮屈だ。
shǒubiǎo 手表 名 腕時計。
shōudào 收到 動 受け取る。
shǒudū 首都 名 首都。
shǒutào 手套 名 手袋。
shū 书 名 本。
shù 树 名 木。
shuā 刷 動 みがく。
shuāng 双 量 対になったものを数える。
shuànyángròu 涮羊肉 名 羊肉のシャブシャブ。料理名。

shūbāo 书包 名 カバン。
shūfu 舒服 形 気持がいい。
shuǐ 水 名 水。
shuì 睡 動 眠る。
shuǐguǒ 水果 名 果物。
shuì jiào 睡觉 動 眠る。
shuǐpíng 水平 名 水準。レベル。
shūjià 书架 名 本棚。
shùnlì 顺利 形 順調だ。
shuō 说 動 ①言う。話す。②説教する。叱る。
shuōbudìng 说不定 動 ……とは言えない。……かもしれない。
shuōfǎ 说法 名 言い方。
shuō huà 说话 動 話をする。
shúxī 熟悉 動 よく知っている。
shùyè 树叶 名 木の葉。
sī 撕 動 裂く。
sǐ 死 動 死ぬ。"……死了"で「ひどく……だ」。"……得要死"で「耐え難いほど……だ」。
sì 四 数 4。
Sìchuāncài 四川菜 名 四川料理。
sījī 司机 名 運転手。
sòng 送 動 送る。
suān 酸 形 すっぱい。
suàn 算 動 ……と認められる。"不算〔太〕……"で「……と認められない、それほど……とはい

えない」。

sùdù 速度 图 速度。
suì 碎 動 こなごなにする。
suì 岁 量 歳。
suīrán 虽然 接 ……だけれども。
suìshu 岁数 图 年齢。
Sūn 孙 图 孫。中国人の姓。
suǒ 锁 動 鍵をかける。
suǒ 所 量 家屋を数える。助 "为……所──"で「……に──される」。
suǒxìng 索性 副 いっそのこと。
suǒyǐ 所以 接 だから。
sùshè 宿舍 图 宿舎。

T

tā 他 代 彼。
tā 她 代 彼女。
tā 它 代 それ。
tǎ 塔 图 塔。
tài 太 副 はなはだ。あまりに……すぎる。"不太……"で「あまり……ではない」。
tāmen 他们 代 彼ら。
tāmen 她们 代 彼女ら。
tāmen 它们 代 それら。
tāng 汤 图 スープ。
tǎng 躺 動 横たわる。
tàng 趟 量 度。回。行ったり来たりする回数を表す。

tán huà 谈话 動 話をする。
tǎoyàn 讨厌 形 嫌らしい。
tèbié 特别 副 特に。
téng 疼 形 痛い。
tī 踢 動 ける。"踢足球"で「サッカーをする」。
tí 提 動 話題にする。
tì 替 動 かわる。交代する。
tiān 天 图 日。
tiān 添 動 添える。加える。
tián 甜 形 甘い。
Tiān'ānmén 天安门 图 天安門。中国の名所。
Tiānjīn 天津 图 天津。中国の地名。
tiānqì 天气 图 天気。気候。
tiáo 条 量 細くて長いものを数える。
tiào 跳 動 飛び跳ねる
tiào wǔ 跳舞 動 踊る。ダンスをする。
tímù 题目 图 題名。
tīng 听 動 聞く。
tíng 停 動 止む。停止する。
tǐng 挺 副 とても。たいへん。
tīngjiàn tīngjian 听见 動 聞こえる。
tīng kè 听课 動 授業を聞く。
tīng shuō 听说 動 ……と聞いている。

tīngzhòng 听众 名 聴衆。

tóngbān 同班 名 同じクラス。"同班同学"で「クラスメート」。

tòngkuai tòngkuài 痛快 形 痛快だ。

tóngxué 同学 名 同級生。

tóngyì 同意 動 同意する。

tōu 偷 動 盗む。

tóu 头 量 牛などを数える。

tòu 透 形 徹底している。"……透了"で「ひどく……だ」。

tóufa 头发 名 髪の毛。

tóukǎo 投考 動 受験する。

tóuténg 头疼 形 頭痛がする。

tōutōur de 偷偷儿地 副 こっそりと。

tuō 托 動 頼む。

tuō 拖 動 引き延ばす。

tūrán 突然 副 突然。

túshūguǎn 图书馆 名 図書館。

W

wa 哇 助 感嘆・肯定・命令・疑問の語気を表す。

wàibian 外边 方 外。

wàimian 外面 方 外。

wàitou 外头 方 外。

wàiyǔ 外语 名 外国語。

wán 完 動 終える。終わる。

wǎn 晚 形 遅い。

wǎn 碗 量 碗に入ったものを数える。

wàn 万 数 万。

wǎnbào 晚报 名 夕刊。

Wáng 王 名 王。中国人の姓。

wǎng 往 介 ……へ。……に。

wàng 忘 動 忘れる。

wàngjì 忘记 動 忘れる。

wǎngnián 往年 名 例年。

wánr 玩儿 動 遊ぶ。

wǎnshang 晚上 名 晩。

wànwàn 万万 数 億。

wánxiào 玩笑 名 冗談。

wéi 为 介 ……に——される。

wèi 位 量 人をていねいに数える。

wèi 为 介 ……のために。

wèi 喂 感 もしもし。

wèidao 味道 名 味。

wèile 为了 介 ……のために。

wèi shénme 为什么 疑 なぜ。どうして。

wèn 问 動 問う。尋ねる。

wèntí 问题 名 問題。

wénzhāng 文章 名 文章。

wǒ 我 代 私。

wǒmen 我们 代 私たち。

wǔ 五 数 5。

wù 雾 名 霧。

wǔfàn 午饭 名 昼食。

wúlùn 无论 接 ……であろうとも。

……にかかわらず。
wūzi 屋子 图 部屋。

X

xǐ 洗 動 洗う。
xià 下 動 ①下りる。②降る。③用いる。"下苦功"で「ひたむきな努力をする」。方 あと（の）。
xià 吓 動 驚く。
xià▲bān 下班 動 勤めがひける。
xiàbian 下边 方 下。
xǐ'ài 喜爱 動 好む。
xià▲kè 下课 動 授業が終わる。
xiàlai 下来 動 ①下りて来る。②動作の結果がある状態に落ち着く。
xiàmian 下面 方 下。
xiān 先 副 先に。まず。
xián 咸 形 塩辛い。
xiǎng 想 動 ①思う。考える。②……したいと思う。
xiàng 像 動 似ている。介 ……のように。
xiàng 向 介 ……に向かって。
Xiānggǎng 香港 图 香港。中国の地名。
xiǎngkāi 想开 動 思いきる。
xiàngpí 橡皮 图 消しゴム。
xiàngpiàn 相片 图 （人物の）写真。
xiāngxìn 相信 動 信じる。

xiānsheng 先生 图 ……さん。男性に対する敬称。
xiànzài 现在 图 今。今から。
Xiǎo 小 接頭 ……さん。……君。親しみを込めた呼称。
xiǎo 小 形 ①小さい。②（年が）若い。
xiào 笑 動 笑う。
xiǎogǒu 小狗 图 子犬。
xiǎoháir 小孩儿 图 子供。
xiǎojie xiǎojiě 小姐 图 お嬢さん。……さん。若い女性に対する敬称。
xiǎoshí 小时 图 （60分間としての）時間。
xiǎoshuō 小说 图 小説。
xiǎotōur 小偷儿 图 こそ泥。
xiāoxi 消息 图 知らせ。
xiǎoxīn xiǎoxin 小心 動 気をつける。注意する。
xiǎoxué 小学 图 小学校。
xiǎoxuéshēng 小学生 图 小学生。
xiàqu 下去 動 ①下りて行く。②……し続ける。
xiàtou 下头 方 下。
xiàwǔ 下午 图 午後。
xībian 西边 方 西。
xiē 些 量 ちょっと。少し。
xié 鞋 图 靴。
xiě 血 图 血。

xiě 写 動 書く。

xiè 谢 動 感謝する。

xièxie 谢谢 動 感謝する。ありがとう。

xǐhuan 喜欢 動 好む。好きだ。

xīmiàn 西面 方 西。

xìn 信 名 手紙。

xìnfēng 信封 名 封筒。

xíng 行 形 よい。かまわない。差し支えない。

xìng 姓 動 ……を姓とする。……という姓である。

xīngfèn 兴奋 動 興奮する。

xíngli 行李 名 荷物。

xīngqī 星期 名 週。

xīngqī'èr 星期二 名 火曜日。

xīngqījǐ 星期几 疑 何曜日。

xīngqīliù 星期六 名 土曜日。

xīngqīrì 星期日 名 日曜日。

xīngqīsān 星期三 名 水曜日。

xīngqīsì 星期四 名 木曜日。

xīngqītiān 星期天 名 日曜日。

xīngqīwǔ 星期五 名 金曜日。

xīngqīyī 星期一 名 月曜日。

xìngqù 兴趣 名 興味。

Xīnhuá Zìdiǎn 新华字典 名 新華字典。書名。

xīnkǔ 辛苦 動 苦労する。形 つらい。

xīnli 心里 名 心中。胸中。

xìnzhǐ 信纸 名 便箋。

xiōngdì 兄弟 名 兄弟。

xióngmāo 熊猫 名 パンダ。

xiūxi 休息 動 休憩する。

xīwàng 希望 名 希望。動 希望する。

xuǎn 选 動 選ぶ。

xǔduō 许多 形 多い。

xué 学 動 学ぶ。勉強する。

xuě 雪 名 雪。

xuěbái 雪白 形 雪のように白い。真っ白だ。

xuésheng 学生 名 学生。

xuéxí 学习 名 学習。勉強。動 学ぶ。勉強する。

xuéxiào 学校 名 学校。

Y

yá 牙 名 歯。

yà 轧 動 押しつぶす。

ya 呀 助 感嘆・肯定・疑問・命令の語気を表す。

yān 烟 名 タバコ。

yǎn 眼 名 目。

yǎng 养 動 育てる。

yǎng 痒 形 かゆい。

yàngzi 样子 名 様子。

yǎnjing 眼睛 名 目。

yǎnjìngr 眼镜儿 [名] めがね。
yánjiū 研究 [動] 研究する。
yànjuàn 厌倦 [動] 飽きる。
yánsè 颜色 [名] 色。
yǎnyuán 演员 [名] 俳優。
yào 药 [名] 薬。
yào 要 [動] 要る。ほしい。必要とする。（費用や時間が）かかる。[助動] ……したい。……しなければならない。……しようとする。……しそうだ。
yàobù 要不 [接] さもないと。
yàomìng 要命 [形] はなはだしい。
yāoqiú 要求 [名] 要求。要望。
yàoshi 钥匙 [名] 鍵。
yàoshi 要是 [接] もし……ならば。
yě 也 [副] ……も。やはり。
yěxǔ 也许 [副] もしかしたら……かもしれない。
yéye 爷爷 [名] （父方の）祖父。
yī 一 [数] ①1。②ちょっと。
yì 亿 [数] 億。
yíbèizi 一辈子 [名] 一生。
yìbiān 一边 [副] （連用して）……しながら——。
yídài 一带 [名] 一帯。
yìdiǎnr 一点儿 [数量] ちょっと。少し。
yídìng 一定 [副] きっと。必ず。

yīfu 衣服 [名] 服。
yígòng 一共 [副] 全部で。合わせて。
yǐhòu 以后 [名] 以後。今後。
yíhuìr 一会儿 [数量] しばらく。（連用して）……したり——。
yíjiàn 一见 [名] 一見。
yìjian yìjiàn 意见 [名] 意見。
yǐjing 已经 [副] すでに。
yíkuàir 一块儿 [副] 一緒に。
yílù 一路 [名] 一路。道中。
yímiàn 一面 [副] （連用して）……しながら——。
yìngbāngbāng 硬邦邦 [形] がんじょうだ。
yīngdāng 应当 [助動] （当然）……すべきだ。
yīnggāi 应该 [助動] （当然）……すべきだ。当然だ。そうあるべきだ。
Yīngguórén 英国人 [名] イギリス人。
Yīngyǔ 英语 [名] 英語。
yínháng 银行 [名] 銀行。
yīnwèi yīnwei 因为 [介] ……のため。……で。[接] ……なので。
yīnyuè 音乐 [名] 音楽。
yìqǐ 一起 [副] 一緒に。
yǐqián 以前 [名] 以前。
yīshēng 医生 [名] 医者。
yǐwài 以外 [名] 以外。
yǐwéi 以为 [動] 思う。

yíxià 一下 数量 ちょっと。
yìxiē 一些 数量 ちょっと。少し。
yíyàng 一样 形 同じだ。
yīyuàn 医院 名 病院。
yīyuè 一月 名 1月。
yìzhí 一直 副 ずっと。まっすぐに。
yǐzi 椅子 名 椅子。
yòng 用 動 使う。用いる。
yòngbuliǎo 用不了 動 要らない。必要がない。
yònggōng 用功 形 学習熱心だ。
yóu 游 動 泳ぐ。
yóu 由 介 ……が。
yǒu 有 動 持っている。ある。いる。
yòu 又 副 また。(連用して)……でもありまた——。
yòu 右 方 右。
yòubian 右边 方 右。
yǒude 有的 代 ある人。あるもの。
yǒudiǎnr 有点儿 副 ちょっと。いささか。
yóujú 邮局 名 郵便局。
yòumiàn 右面 方 右。
yǒumíng 有名 形 有名だ。
yóunì 油腻 形 油っこい。
yóupiào 邮票 名 切手。
yǒuxiē 有些 副 ちょっと。いささか。

yǒuyìdiǎnr 有一点儿 副 ちょっと。いささか。
yǒu yìsi 有意思 形 おもしろい。
yǒuyìxiē 有一些 副 ちょっと。いささか。
yóu▲yǒng 游泳 動 泳ぐ。
yóuyú 由于 介 ……によって。
yú 鱼 名 魚。
yú 于 介 ……に。
yǔ 雨 名 雨。
yuán 圆 形 丸い。
yuán 元 量 元。中国の貨幣の単位。
yuǎn 远 形 遠い。
yuánlái 原来 副 もともと。
yuánliàng 原谅 動 許す。
yuànyì yuànyi 愿意 動 ……したい(と願う)。願う。望む。
yuányīn 原因 名 原因。
yuē 约 動 約束する。
yuè 月 名 月。
yuè 越 副 (連用して)……すればするほどますます——。"越来越……"で「ますます……」。
yǔfǎ 语法 名 文法。
yǔsǎn 雨伞 名 雨傘。

Z

zài 在 動 いる。ある。介 (どこ

どこ)で。に。副 進行を表す。……
している。
zài 再 副 ①ふたたび。②それから。
zàijiàn 再见 動 さようなら。また会う。
zájì 杂技 名 雑技。中国の曲芸。
zànchéng 赞成 動 賛成する。
zāng 脏 形 汚い。
zánmen 咱们 代 (話し相手を含んだ) 私たち。
zǎo 早 形 早い。
zǎochen 早晨 名 朝。
zāogāo 糟糕 形 非常にまずい。たいへんだ。
zǎojiù 早就 副 とっくに。
zǎoshang 早上 名 朝。
zázhì 杂志 名 雑誌。
zēngduō 增多 動 増える。増加する。
zěnme 怎么 疑 ①どのように。"不怎么……"で「あまり……ではない」。②なぜ。
zěnmeyàng 怎么样 疑 どのようであるか。"不怎么样"で「どうということはない, 大したことはない」。
zěnyàng 怎样 疑 どのようであるか。
zhāi 摘 動 はずす。

zhàn 站 名 駅。動 立つ。
Zhāng 张 名 張。中国人の姓。
zhāng 张 動 開く。量 平らな面をもったものを数える。
zhǎng 长 動 育つ。成長する。
zhǎngdà 长大 動 成長する。大きくなる。
zhàngfu 丈夫 名 夫。
Zhāng Lì 张丽 名 張麗。中国人の姓名。
zháo 着 動 動作の結果, 目的が達成される。
zhǎo 找 動 ①探す。②訪ねる。③おつりを出す。
Zhào 赵 名 趙。中国人の姓。
zháo jí 着急 動 あせる。気をもむ。
zhàopiàn 照片 名 写真。
zhào xiàng 照相 動 写真をとる。
zhàoxiàngjī 照相机 名 カメラ。
zhè 这 代 これ。この。
zhe 着 助 ①状態の持続を表す。……している。……してある。……しながら。②……してみる。
zhège 这个 代 これ。この。
zhèli 这里 代 ここ。
zhème 这么 代 こんなに。
zhēn 真 副 本当に。じつに。
zhene 着呢 助 肯定し誇張する語

気を表す。
zhèngquè 正确 形 正確だ。
zhèngzài 正在 副 ちょうど……しているところだ。
zhèngzhì 政治 名 政治。
zhèr 这儿 代 ここ。
zhèxiē 这些 代 これら。これらの。
zhéxué 哲学 名 哲学。
zhèyàng 这样 代 このように。
zhī 织 動 編む。
zhī 枝 量 棒状になったものを数える。
zhī 只 量 広く動物・鳥を数える。
zhǐ 纸 名 紙。
zhǐ 只 副 ただ。ただ……だけ。
zhīdao zhīdào 知道 動 知る。知っている。
zhíde zhídé 值得 動 ……する価値がある。
zhǐhǎo 只好 副 ……するよりほかない。仕方なく……する。
zhǐjiào 指教 動 教示する。
zhīshi 知识 名 知識。
zhīwài 之外 名 ……のほか。
zhǐyào 只要 接 ……しさえすれば。
zhǐyǒu 只有 接 ……してはじめて。……した場合にかぎって。
zhōng 钟 名 ①時刻・時間を表す語の後ろに置く。②鐘。

zhǒng 种 量 種類。
zhòng 重 形 重い。
Zhōngguó 中国 名 中国。
Zhōngguócài 中国菜 名 中国料理。
Zhōngguórén 中国人 名 中国人。
zhōngtóu 钟头 名 （60分間としての）時間。
Zhōngwén 中文 名 中国語。
zhōngxuéshēng 中学生 名 中学生。
zhòngyào 重要 形 重要だ。
zhǒngzhǒng 种种 形 種々の。様々な。
zhōu 周 名 週。
zhū 猪 名 ぶた。
zhù 住 動 ①住む。②止む。③動作の結果，安定・固定する。
zhù 祝 動 祈る。
zhuā 抓 動 つかむ。捕まえる。
zhuǎn 转 動 取り次ぐ。
zhuàng 撞 動 ぶつかる。
zhǔnbèi 准备 動 ①……するつもりだ。②準備する。
zhuōzi 桌子 名 机。テーブル。
zhǔrèn 主任 名 主任。
zhǔyì 主义 名 主義。
zì 字 名 字。
zīběn 资本 名 資本。
zìdiǎn 字典 名 字典。
zìjǐ 自己 代 自分。自分で。

zìláishuǐbǐ　自来水笔 名 万年筆。
zǐxì　仔细 形 細心だ。
zìxíngchē　自行车 名 自転車。
zǒu　走 動 出かける。行く。歩く。
zuǐ　嘴 名 口。
zuì　最 副 最も。いちばん。
zuìjìn　最近 名 最近。
zuò　坐 動 ①座る。②（乗り物に）乗る。
zuò　做 動 ①する。②なる。③作る。

zuò　座 量 山や建造物などどっしりしたものを数える。
zuǒbian　左边 方 左。
zuò▲mèng　做梦 動 夢を見る。
zuǒmiàn　左面 方 左。
zuòpǐn　作品 名 作品。
zuótiān　昨天 名 昨日。
zuòyè　作业 名 宿題。
zuǒyòu　左右 名 ……ぐらい。
zúqiú　足球 名 サッカー。

音読みからピンインを引くための

小 字 典

　これは日本でよく使われる漢字のピンインを音読みから引くための字典です。1つの音読みに対する複数の漢字は画数の少ないものから多いものの順で並べてあります。（　）内は簡体字です。1つの漢字に対して複数のピンインを挙げてあるものについては，どのピンインで読むべきか自分で中国語辞典を引いて調べてください。

ア	亜(亚)yà	阿(阿)ā ē			
アイ	哀(哀)āi	愛(爱)ài			
アク	悪(恶)è	握(握)wò	渥(渥)wò		
アツ	圧(压)yā				
アン	安(安)ān	案(案)àn	暗(暗)àn	鞍(鞍)ān	
イ	以(以)yǐ	伊(伊)yī	衣(衣)yī yì	位(位)wèi	囲(围)wéi
	医(医)yī	依(依)yī	委(委)wěi wēi		易(易)yì
	威(威)wēi	胃(胃)wèi	為(为)wéi wèi		尉(尉)wèi
	惟(惟)wéi	異(异)yì	移(移)yí	偉(伟)wěi	意(意)yì
	葦(苇)wěi	違(违)wéi	維(维)wéi	慰(慰)wèi	遺(遗)yí wèi
	緯(纬)wěi				
イキ	域(域)yù				
イク	育(育)yù	郁(郁)yù			
イツ	一(一)yī	逸(逸)yì			
イン	允(允)yǔn	引(引)yǐn	印(印)yìn	因(因)yīn	姻(姻)yīn
	胤(胤)yìn	員(员)yuán	院(院)yuàn	寅(寅)yín	陰(阴)yīn
	飲(饮)yǐn yìn		隠(隐)yǐn	蔭(荫)yīn yìn	
	韻(韵)yùn				
ウ	宇(宇)yǔ	羽(羽)yǔ	雨(雨)yǔ yù		
ウン	運(运)yùn	雲(云)yún			
エイ	永(永)yǒng	泳(泳)yǒng	英(英)yīng	映(映)yìng	栄(荣)róng
	営(营)yíng	瑛(瑛)yīng	詠(咏)yǒng	暎(暎)yìng	影(影)yǐng
	鋭(锐)ruì	穎(颖)yǐng	衛(卫)wèi		
エキ	亦(亦)yì	役(役)yì	易(易)yì	疫(疫)yì	益(益)yì
	液(液)yè	駅(驿)yì			
エツ	悦(悦)yuè	越(越)yuè	謁(谒)yè	閲(阅)yuè	
エン	円(圆)yuán	延(延)yán	沿(沿)yán	炎(炎)yán	苑(苑)yuàn
	垣(垣)yuán	宴(宴)yàn	淵(渊)yuān	援(援)yuán	園(园)yuán
	煙(烟)yān	猿(猿)yuán	遠(远)yuǎn	鉛(铅)qiān yán	
	塩(盐)yán	演(演)yǎn	縁(缘)yuán		
オ	汚(污)wū	悪(恶)wù ě wū			
オウ	王(王)wáng wàng		央(央)yāng	応(应)yīng yìng	

	往(往)wǎng	押(押)yā	欧(欧)ōu 殴(殴)ōu	樱(樱)yīng
	翁(翁)wēng	奥(奥)ào	横(横)héng hèng	鸭(鸭)yā
オク	屋(屋)wū	亿(亿)yì	忆(忆)yì	
オツ	乙(乙)yǐ			
オン	音(音)yīn	恩(恩)ēn	温(温)wēn	稳(稳)wěn
カ	下(下)xià	化(化)huà huā	火(火)huǒ	加(加)jiā
	可(可)kě kè	禾(禾)hé	假(假)jiǎ jià 何(何)hé	花(花)huā
	价(价)jià	佳(佳)jiā	果(果)guǒ 河(河)hé	科(科)kē
	架(架)jià	夏(夏)xià	家(家)jiā 荷(荷)hé hè	
	华(华)huá huà huā	挂(挂)guà	菓(果)guǒ	货(货)huò
	涡(涡)wō guō		过(过)guò guō	嫁(嫁)jià
	暇(暇)xiá	祸(祸)huò	靴(靴)xuē 嘉(嘉)jiā	寡(寡)guǎ
	榎(榎)jiǎ	歌(歌)gē	箇(个)gè 稼(稼)jià	课(课)kè
	桦(桦)huà	锅(锅)guō		
ガ	我(我)wǒ	画(画)huà	芽(芽)yá 贺(贺)hè	雅(雅)yǎ
	饿(饿)è			
カイ	介(介)jiè	会(会)huì kuài	回(回)huí	灰(灰)huī
	快(快)kuài	戒(戒)jiè	改(改)gǎi 怪(怪)guài	拐(拐)guǎi
	芥(芥)jiè gài	悔(悔)huǐ	海(海)hǎi 界·堺(界)jiè	皆(皆)jiē
	械(械)xiè	绘(绘)huì	开(开)kāi 阶(阶)jiē	
	解(解)jiě jiè xiè		块(块)kuài 坏(坏)huài	怀(怀)huái
	桧(桧)guì huì		蟹(蟹)xiè	
ガイ	刈(刈)yì	外(外)wài	亥(亥)hài 劾(劾)hé	艾(苅)yì
	害(害)hài	涯(涯)yá	凯(凯)kǎi 街(街)jiē	慨(慨)kǎi
	该(该)gāi	概(概)gài		
カク	各(各)gè gě	角(角)jiǎo jué	扩(扩)kuò	画(画)huà
	革(革)gé	核(核)hé hú 格(格)gé	壳(壳)ké qiào	
	郭(郭)guō	觉(觉)jué	较(较)jiào 隔(隔)gé	阁(阁)gé
	确(确)què	获(获)huò	吓(吓)hè 穫(获)huò	鹤(鹤)hè
ガク	学(学)xué	岳(岳)yuè	乐(乐)yuè 额(额)é	鳄(鳄)è
カツ	括(括)kuò guā		活(活)huó 喝(喝)hē hè	渴(渴)kě
	割(割)gē	滑(滑)huá	葛(葛)gé gě 褐(褐)hè	辖(辖)xiá

カン	干(干)gān	刊(刊)kān	甘(甘)gān	汗(汗)hàn hán	
	缶(罐)guàn	完(完)wán	肝(肝)gān	官(官)guān	
	冠(冠)guān guàn		卷(卷)juàn juǎn		
	看(看)kàn kān		陥(陷)xiàn	乾(干)gān	勘(勘)kān
	患(患)huàn	莞(莞)guǎn wǎn		貫(贯)guàn	寒(寒)hán
	喚(唤)huàn	堪(堪)kān	換(换)huàn	敢(敢)gǎn	棺(棺)guān
	款(款)kuǎn	菅(菅)jiān	間(间)jiān jiàn		閑(闲)xián
	勧(劝)quàn	寛(宽)kuān	幹(干)gàn	感(感)gǎn	漢(汉)hàn
	慣(惯)guàn	管(管)guǎn	関(关)guān	歓(欢)huān	
	監(监)jiān jiàn		緩(缓)huǎn	憾(憾)hàn	
	還(还)huán hái		館(馆)guǎn	環(环)huán	簡(简)jiǎn
	観(观)guān	艦(舰)jiàn	鑑(鉴)jiàn		
ガン	丸(丸)wán	含(含)hán	岸(岸)àn	岩(岩)yán	眼(眼)yǎn
	頑(顽)wán	顔(颜)yán	願(愿)yuàn	巌(岩)yán	
キ	己(己)jǐ	企(企)qǐ	危(危)wēi	机(机)jī	気(气)qì
	岐(岐)qí	希(希)xī	忌(忌)jì	汽(汽)qì	奇(奇)qí jī
	祈(祈)qí	季(季)jì	紀(纪)jì jǐ	軌(轨)guǐ	既(既)jì
	記(记)jì	起(起)qǐ	飢(饥)jī	鬼(鬼)guǐ	帰(归)guī
	基(基)jī	埼(埼)qí	寄(寄)jì	崎(崎)qí	規(规)guī
	亀(龟)guī	喜(喜)xǐ	幾(几)jǐ jī	揮(挥)huī	期(期)qī jī
	棋(棋)qí	葵(葵)kuí	貴(贵)guì	棄(弃)qì	旗(旗)qí
	器(器)qì	毅(毅)yì	輝(辉)huī	機(机)jī	磯(矶)jī
	禧(禧)xǐ	騎(骑)qí			
ギ	技(技)jì	宜(宜)yí	偽(伪)wěi	欺(欺)qī	義(义)yì
	疑(疑)yí	儀(仪)yí	戯(戏)xì	擬(拟)nǐ	犠(牺)xī
	議(议)yì				
キク	菊(菊)jú				
キチ	吉(吉)jí				
キツ	佶(佶)jí	喫(吃)chī	詰(诘)jié jí	橘(橘)jú	
キャク	却(却)què	客(客)kè	脚(脚)jiǎo jué		
ギャク	虐(虐)nüè	逆(逆)nì			
キュウ	九(九)jiǔ	久(久)jiǔ	及(及)jí	弓(弓)gōng	丘(丘)qiū

	旧(旧)jiù	休(休)xiū	吸(吸)xī	朽(朽)xiǔ	臼(臼)jiù
	求(求)qiú	究(究)jiū	泣(泣)qì	急(急)jí	级(级)jí
	纠(纠)jiū	宫(宫)gōng	笈(笈)jí	赳(赳)jiū	躬(躬)gōng
	救(救)jiù	球(球)qiú	给(给)gěi jǐ	鸠(鸠)jiū	穷(穷)qióng
ギュウ	牛(牛)niú				
キョ	去(去)qù	巨(巨)jù	居(居)jū	拒(拒)jù	拠(据)jù jū
	挙(举)jǔ	虚(虚)xū	许(许)xǔ	距(距)jù	
ギョ	鱼(鱼)yú	御(御)yù	渔(渔)yú		
キョウ	凶(凶)xiōng	叶(叶)xié	共(共)gòng	匡(匡)kuāng	叫(叫)jiào
	杏(杏)xìng	狂(狂)kuáng	京(京)jīng	享(享)xiǎng	
	供(供)gōng gòng		协(协)xié	况(况)kuàng	峡(峡)xiá
	挟(挟)xié	狭(狭)xiá	恐(恐)kǒng	恭(恭)gōng	胸(胸)xiōng
	胁(胁)xié	脇(胁)xié	强(强)qiáng qiǎng jiàng		
	教(教)jiāo jiào		乡(乡)xiāng	乔(乔)qiáo	境(境)jìng
	桥(桥)qiáo	兴(兴)xìng	矫(矫)jiǎo	镜(镜)jìng	競(竞)jìng
	响(响)xiǎng	惊(惊)jīng			
ギョウ	仰(仰)yǎng	尧(尧)yáo	晓(晓)xiǎo	业(业)yè	凝(凝)níng
キョク	旭(旭)xù	曲(曲)qǔ qū	局(局)jú	极(极)jí	
ギョク	玉(玉)yù				
キン	今(今)jīn	斤(斤)jīn	均(均)jūn	近(近)jìn	欣(欣)xīn
	芹(芹)qín	金(金)jīn	菌(菌)jùn jūn		勤(勤)qín
	钦(钦)qīn	琴(琴)qín	筋(筋)jīn	禁(禁)jìn jīn	紧(紧)jǐn
	锦(锦)jǐn	谨(谨)jǐn	襟(襟)jīn		
ギン	吟(吟)yín	银(银)yín			
ク	区(区)qū	句(句)jù	苦(苦)kǔ	矩(矩)jǔ	驱(驱)qū
	驹(驹)jū				
グ	具(具)jù	愚(愚)yú			
クウ	空(空)kōng kòng				
グウ	偶(偶)ǒu	隅(隅)yú	遇(遇)yù		
クツ	屈(屈)qū	堀(堀)jué kū	掘(掘)jué		
クン	君(君)jūn	训(训)xùn	勋(勋)xūn	薫(薰)xūn	
グン	军(军)jūn	郡(郡)jùn	群(群)qún		

ケイ	兄(兄)xiōng	刑(刑)xíng	圭(圭)guī	形(形)xíng	系(系)xì
	径(径)jìng	茎(茎)jīng	係(系)xì	型(型)xíng	契(契)qì
	奎(奎)kuí	計(计)jì	恵(惠)huì	桂(桂)guì	啓(启)qǐ
	掲(揭)jiē	渓(溪)xī	畦(畦)qí	経(经)jīng	蛍(萤)yíng
	敬(敬)jìng	景(景)jǐng	軽(轻)qīng	傾(倾)qīng	携(携)xié
	継(继)jì	慶(庆)qìng	慧(慧)huì	憩(憩)qì	警(警)jǐng
	鶏(鸡)jī	馨(馨)xīn			
ゲイ	芸(艺)yì	迎(迎)yíng	鯨(鲸)jīng		
ゲキ	劇(剧)jù	撃(击)jī	激(激)jī		
ケツ	欠(欠)qiàn	穴(穴)xué	血(血)xuè xiě		決(决)jué
	結(结)jié jiē	傑(杰)jié	潔(洁)jié		
ゲツ	月(月)yuè				
ケン	犬(犬)quǎn	件(件)jiàn	見(见)jiàn	券(券)quàn xuàn	
	肩(肩)jiān	建(建)jiàn	研(研)yán	県(县)xiàn	倹(俭)jiǎn
	兼(兼)jiān	剣(剑)jiàn	虔(虔)qián	軒(轩)xuān	乾(乾)qián
	健(健)jiàn	険(险)xiǎn	圏(圈)quān juàn juān		堅(坚)jiān
	検(检)jiǎn	絢(绚)xuàn	嫌(嫌)xián	献(献)xiàn	筧(筧)jiǎn
	絹(绢)juàn	遣(遣)qiǎn	蜷(蜷)quán	権(权)quán	憲(宪)xiàn
	賢(贤)xián	謙(谦)qiān	鍵(键)jiàn	繭(茧)jiǎn	顕(显)xiǎn
	験(验)yàn	懸(悬)xuán			
ゲン	元(元)yuán	幻(幻)huàn	玄(玄)xuán	言(言)yán	弦(弦)xián
	彦(彦)yàn	限(限)xiàn	原(原)yuán	現(现)xiàn	減(减)jiǎn
	源(源)yuán	厳(严)yán			
コ	戸(户)hù	古(古)gǔ	呼(呼)hū	固(固)gù	股(股)gǔ
	虎(虎)hǔ	孤(孤)gū	弧(弧)hú	故(故)gù	枯(枯)kū
	個(个)gè gě	庫(库)kù	袴(裤)kù	湖(湖)hú	菰(菰)gū
	雇(雇)gù	誇(夸)kuā	鼓(鼓)gǔ	顧(顾)gù	
ゴ	五(五)wǔ	互(互)hù	午(午)wǔ	伍(伍)wǔ	冱・冴(冱)hù
	呉(吴)wú	吾(吾)wú	娯(娱)yú	悟(悟)wù	碁(棋)qí
	語(语)yǔ yù	誤(误)wù	護(护)hù		
コウ	口(口)kǒu	工(工)gōng	公(公)gōng	孔(孔)kǒng	功(功)gōng
	尻(尻)kāo	巧(巧)qiǎo	広(广)guǎng	弘(弘)hóng	甲(甲)jiǎ

	亘・亙(亘)gèn		交(交)jiāo	光(光)guāng	向(向)xiàng
	后(后)hòu	好(好)hǎo hào		江(江)jiāng	考(考)kǎo
	行(行)xíng háng		亨(亨)hēng	坑(坑)kēng	孝(孝)xiào
	宏(宏)hóng	抗(抗)kàng	攻(攻)gōng	更(更)gēng gèng	
	効(効)xiào	岡(冈)gāng	幸(幸)xìng	拘(拘)jū	昂(昂)áng
	肯(肯)kěn	侯(侯)hóu hòu		厚(厚)hòu	後(后)hòu
	恒(恒)héng	洪(洪)hóng	洸(洸)guāng	皇(皇)huáng	紅(红)hóng
	荒(荒)huāng	虹(虹)hóng jiāng		郊(郊)jiāo	香(香)xiāng
	候(候)hòu	晃(晃)huǎng huàng		校(校)xiào jiào	
	浩(浩)hào	紘(纮)hóng	耕(耕)gēng	航(航)háng	貢(贡)gòng
	降(降)jiàng xiáng		高(高)gāo	康(康)kāng	控(控)kòng
	黄(黄)huáng	慌(慌)huāng	港(港)gǎng	硬(硬)yìng	絞(绞)jiǎo
	項(项)xiàng	溝(沟)gōu	鉱(矿)kuàng	構(构)gòu	綱(纲)gāng
	酵(酵)jiào	稿(稿)gǎo	興(兴)xīng	衡(衡)héng	鋼(钢)gāng
	講(讲)jiǎng	購(购)gòu	鮫(鲛)jiāo		
ゴウ	号(号)hào	合(合)hé gě	拷(拷)kǎo	剛(刚)gāng	豪(豪)háo
	轟(轰)hōng				
コク	克(克)kè	告(告)gào	谷(谷)gǔ	刻(刻)kè	国(国)guó
	黒(黑)hēi	穀(谷)gǔ	酷(酷)kù		
ゴク	獄(狱)yù				
コツ	骨(骨)gǔ gū				
コン	困(困)kùn	昆(昆)kūn	恨(恨)hèn	根(根)gēn	婚(婚)hūn
	混(混)hùn hún	紺(绀)gàn	魂(魂)hún	墾(垦)kěn	
	懇(恳)kěn				
サ	左(左)zuǒ	佐(佐)zuǒ	沙(沙)shā shà		査(查)chá zhā
	砂(砂)shā	茶(茶)chá	唆(唆)suō	差(差)chà chā chāi	
	紗(纱)shā	詐(诈)zhà	蓑(蓑)suō	鎖(锁)suǒ	
ザ	座(座)zuò				
サイ	才(才)cái	切(切)qiè	再(再)zài	災(灾)zāi	妻(妻)qī qì
	哉(哉)zāi	柴(柴)chái	砕(碎)suì	宰(宰)zǎi	栽(栽)zāi
	彩(彩)cǎi	採(采)cǎi	済(济)jì jǐ	祭(祭)jì	斎(斋)zhāi
	細(细)xì	菜(菜)cài	最(最)zuì	裁(裁)cái	催(催)cuī

	債(债)zhài	歲(岁)suì	載(载)zài zǎi		際(际)jì
ザイ	在(在)zài	材(材)cái	剤(剂)jì	財(财)cái	罪(罪)zuì
サク	作(作)zuò zuō		削(削)xiāo xuē		昨(昨)zuó
	柵(栅)zhà	索(索)suǒ	策(策)cè	酢(酢)zuò cù	
	錯(错)cuò				
サツ	冊(册)cè	札(札)zhá	刷(刷)shuā shuà		殺(杀)shā
	察(察)chá	撮(撮)cuō zuǒ		擦(擦)cā	薩(萨)sà
ザツ	雑(杂)zá				
サン	三(三)sān	山(山)shān	杉(杉)shān shā		参(参)cān
	桟(栈)zhàn	蚕(蚕)cán	惨(惨)cǎn	産(产)chǎn	傘(伞)sǎn
	散(散)sàn sǎn		算(算)suàn	酸(酸)suān	賛(赞)zàn
	讃(赞)zàn				
ザン	残(残)cán	暫(暂)zàn			
シ	士(士)shì	子(子)zǐ	巳(巳)sì	之(之)zhī	支(支)zhī
	止(止)zhǐ	氏(氏)shì zhī		仕(仕)shì	司(司)sī
	史(史)shǐ	只(只)zhǐ	四(四)sì	市(市)shì	此(此)cǐ
	矢(矢)shǐ	旨(旨)zhǐ	死(死)sǐ	糸(丝)sī	至(至)zhì
	伺(伺)sì cì	志(志)zhì	私(私)sī	芝(芝)zhī	使(使)shǐ
	刺(刺)cì cī	始(始)shǐ	姉(姊)zǐ	枝(枝)zhī	祉(祉)zhǐ
	肢(肢)zhī	姿(姿)zī	思(思)sī	指(指)zhǐ	施(施)shī
	柿(柿)shì	師(师)shī	紙(纸)zhǐ	脂(脂)zhī	梓(梓)zǐ
	紫(紫)zǐ	視(视)shì	斯(斯)sī	詞(词)cí	歯(齿)chǐ
	嗣(嗣)sì	肆(肆)sì	詩(诗)shī	試(试)shì	資(资)zī
	雌(雌)cí	飼(饲)sì	蒔(莳)shì	誌(志)zhì	賜(赐)cì
	諮(咨)zī				
ジ	示(示)shì	字(字)zì	寺(寺)sì	次(次)cì	耳(耳)ěr
	自(自)zì	似(似)sì shì	児(儿)ér	事(事)shì	侍(侍)shì
	持(持)chí	時(时)shí	滋(滋)zī	慈(慈)cí	辞(辞)cí
	爾(尔)ěr	磁(磁)cí	璽(玺)xǐ		
シキ	式(式)shì	識(识)shí			
ジク	軸(轴)zhóu zhòu				
シチ	七(七)qī				

シツ	失(失)shī	室(室)shì	疾(疾)jí	執(执)zhí	湿(湿)shī
	蛭(蛭)zhì	漆(漆)qī	質(质)zhì	櫛(栉)zhì	
ジツ	実(实)shí				
シャ	且(且)qiě	写(写)xiě	社(社)shè	車(车)chē	
	舍(舍)shè shě		者(者)zhě	柘(柘)zhè	遮(遮)zhē
	射(射)shè	捨(舍)shě	赦(赦)shè	斜(斜)xié	煮(煮)zhǔ
	謝(谢)xiè				
ジャ	邪(邪)xié	蛇(蛇)shé			
シャク	勺(勺)sháo	尺(尺)chǐ	借(借)jiè	酌(酌)zhuó	釈(释)shì
	爵(爵)jué				
ジャク	若(若)ruò	弱(弱)ruò	寂(寂)jì		
シュ	手(手)shǒu	主(主)zhǔ	守(守)shǒu	朱(朱)zhū	取(取)qǔ
	狩(狩)shǒu	首(首)shǒu	殊(殊)shū	珠(珠)zhū	酒(酒)jiǔ
	種(种)zhǒng zhòng chóng		諏(诹)zōu	趣(趣)qù	
ジュ	寿(寿)shòu	受(受)shòu	授(授)shòu	需(需)xū	儒(儒)rú
	樹(树)shù				
シュウ	囚(囚)qiú	収(收)shōu	州(州)zhōu	舟(舟)zhōu	秀(秀)xiù
	周(周)zhōu	拾(拾)shí	洲(洲)zhōu	秋·穐(秋)qiū	臭(臭)chòu
	修(修)xiū	袖(袖)xiù	終(终)zhōng	習(习)xí	脩(脩)xiū
	週(周)zhōu	就(就)jiù	萩(萩)qiū	衆(众)zhòng	集(集)jí
	愁(愁)chóu	楫(楫)jí	酬(酬)chóu	醜(丑)chǒu	襲(袭)xí
	鷲(鹫)jiù				
ジュウ	十(十)shí	汁(汁)zhī	充(充)chōng	住(住)zhù	柔(柔)róu
	重(重)zhòng chóng		従(从)cóng	渋(涩)sè	銃(铳)chòng
	獣(兽)shòu	縦(纵)zòng			
シュク	叔(叔)shū	祝(祝)zhù	宿(宿)sù	淑(淑)shū	粛(肃)sù
	縮(缩)suō sù				
ジュク	塾(塾)shú	熟(熟)shú			
シュツ	出(出)chū				
ジュツ	述(述)shù	術(术)shù zhú			
シュン	俊(俊)jùn	春(春)chūn	峻(峻)jùn	舜(舜)shùn	駿(骏)jùn
	瞬(瞬)shùn				

ジュン	旬(旬)xún	巡(巡)xún	恂(恂)xún	洵(洵)xún	盾(盾)dùn
	准(准)zhǔn	殉(殉)xùn	純(纯)chún	隼(隼)sǔn	淳(淳)chún
	循(循)xún	順(顺)shùn	楯(楯)dùn shǔn		準(准)zhǔn
	潤(润)rùn	諄(谆)zhūn	遵(遵)zūn	醇(醇)chún	
ショ	処(处)chù chǔ		初(初)chū	所(所)suǒ	書(书)shū
	渚(渚)zhǔ	庶(庶)shù	暑(暑)shǔ	署(署)shǔ	緒(绪)xù
	諸(诸)zhū	曙(曙)shǔ			
ジョ	女(女)nǚ	如(如)rú	助(助)zhù	序(序)xù	叙(叙)xù
	徐(徐)xú	除(除)chú			
ショウ	小(小)xiǎo	升(升)shēng	少(少)shǎo shào		
	召(召)zhào shào	匠(匠)jiàng		庄(庄)zhuāng	
	劭(劭)shào	床(床)chuáng		抄(抄)chāo	
	肖(肖)xiào xiāo	尚(尚)shàng	承(承)chéng	招(招)zhāo	
	昇(升)shēng	昌(昌)chāng	松(松)sōng	沼(沼)zhǎo	咲(咲)xiào
	昭(昭)zhāo	将(将)jiāng jiàng		消(消)xiāo	
	症(症)zhèng zhēng		祥(祥)xiáng	称(称)chēng chèn	
	笑(笑)xiào	商(商)shāng	唱(唱)chàng	捷(捷)jié	梢(梢)shāo
	涉(涉)shè	章(章)zhāng	紹(绍)shào	訟(讼)sòng	勝(胜)shèng
	掌(掌)zhǎng	晶(晶)jīng	焦(焦)jiāo	焼(烧)shāo	硝(硝)xiāo
	粧(妆)zhuāng		翔(翔)xiáng	証(证)zhèng	詔(诏)zhào
	象(象)xiàng	傷(伤)shāng	奨(奖)jiǎng	照(照)zhào	詳(详)xiáng
	頌(颂)sòng	彰(彰)zhāng	障(障)zhàng	衝(冲)chōng chòng	
	賞(赏)shǎng	篠(筱)xiǎo	蕉(蕉)jiāo	鞘(鞘)qiào shāo	
	償(偿)cháng	礁(礁)jiāo	鐘(钟)zhōng		
ジョウ	上(上)shàng shǎng		丈(丈)zhàng	冗(冗)rǒng	丞(丞)chéng
	条(条)tiáo	状(状)zhuàng		乗(乘)chéng shèng	
	城(城)chéng	浄(净)jìng	剰(剩)shèng	常(常)cháng	情(情)qíng
	場(场)cháng chǎng		畳(叠)dié	蒸(蒸)zhēng	縄(绳)shéng
	壌(壤)rǎng	嬢(娘)niáng	錠(锭)dìng	襄(襄)xiāng	穣(穰)ráng
	譲(让)ràng	醸(酿)niàng			
ショク	色(色)sè shǎi		食(食)shí	植(植)zhí	殖(殖)zhí shi
	飾(饰)shì	触(触)chù	嘱(嘱)zhǔ	織(织)zhī	職(职)zhí

ジョク	辱(辱)rǔ				
シン	心(心)xīn	申(申)shēn	伸(伸)shēn	臣(臣)chén	身(身)shēn
	辛(辛)xīn	辰(辰)chén	信(信)xìn	侵(侵)qīn	津(津)jīn
	神(神)shén	唇(唇)chún	娠(娠)shēn	振(振)zhèn	晋(晋)jìn
	浸(浸)jìn	真(真)zhēn	秦(秦)qín	針(针)zhēn	晨(晨)chén
	深(深)shēn	紳(绅)shēn	進(进)jìn	森(森)sēn	診(诊)zhěn
	寝(寝)qǐn	慎(慎)shèn	新(新)xīn	審(审)shěn	震(震)zhèn
	薪(薪)xīn	親(亲)qīn qìng			
ジン	人(人)rén	刃(刃)rèn	仁(仁)rén	迅(迅)xùn	尽(尽)jìn jǐn
	甚(甚)shèn	陣(阵)zhèn	尋(寻)xún	稔(稔)rěn	
ス	須(须)xū				
スイ	水(水)shuǐ	吹(吹)chuī	垂(垂)chuí	炊(炊)chuī	帥(帅)shuài
	粋(粹)cuì	衰(衰)shuāi cuī		推(推)tuī	酔(醉)zuì
	椎(椎)zhuī chuí		遂(遂)suì suí		睡(睡)shuì
	翠(翠)cuì	穂(穗)suì	錘(锤)chuí		
ズイ	随(随)suí	瑞(瑞)ruì	髄(髓)suǐ		
スウ	枢(枢)shū	崇(崇)chóng	嵩(嵩)sōng	数(数)shù shǔ	
スン	寸(寸)cùn				
ゼ	是(是)shì				
セイ	井(井)jǐng	世(世)shì	正(正)zhèng zhēng		生(生)shēng
	成(成)chéng	西(西)xī	声(声)shēng	制(制)zhì	姓(姓)xìng
	征(征)zhēng	性(性)xìng	青(青)qīng	斉(齐)qí	政(政)zhèng
	星(星)xīng	牲(牲)shēng	省(省)shěng xǐng		逝(逝)shì
	清(清)qīng	盛(盛)shèng chéng		婿(婿)xù	晴(晴)qíng
	勢(势)shì	靖(靖)jìng	聖(圣)shèng	誠(诚)chéng	
	鉦(钲)zhēng zhèng		精(精)jīng	製(制)zhì	誓(誓)shì
	静(静)jìng	請(请)qǐng	整(整)zhěng		
ゼイ	税(税)shuì	説(说)shuì			
セキ	夕(夕)xī	斥(斥)chì	石(石)shí	汐(汐)xī	赤(赤)chì
	昔(昔)xī	析(析)xī	隻(只)zhī	席(席)xí	惜(惜)xī
	責(责)zé	跡(迹)jì	潟(潟)xì	積(积)jī	績(绩)jì
	籍(籍)jí				

セツ	切(切)qiē	折(折)zhé shé zhē		拙(拙)zhuō	窃(窃)qiè
	接(接)jiē	設(设)shè	雪(雪)xuě	摂(摄)shè	節(节)jié jiē
	説(说)shuō				
ゼツ	舌(舌)shé	絶(绝)jué			
セン	千(千)qiān	川(川)chuān	仙(仙)xiān	占(占)zhān zhàn	
	先(先)xiān	串(串)chuàn	宣(宣)xuān	専(专)zhuān	泉(泉)quán
	浅(浅)qiǎn	洗(洗)xǐ xiǎn		染(染)rǎn	
	苫(苫)shān shàn		茜(茜)qiàn xī		
	扇(扇)shān shàn		栓(栓)shuān	旋(旋)xuán xuàn	
	船·舩(船)chuán		戦(战)zhàn	践(践)jiàn	銭(钱)qián
	銑(铣)xiǎn xǐ		潜(潜)qián	箭(箭)jiàn	線(线)xiàn
	遷(迁)qiān	選(选)xuǎn	暹(暹)xiān	薦(荐)jiàn	纖(纤)xiān
	鮮(鲜)xiān xiǎn				
ゼン	全(全)quán	前(前)qián	善(善)shàn	然(然)rán	
	禅(禅)chán shàn		漸(渐)jiàn	繕(缮)shàn	
ソ	阻(阻)zǔ	祖(祖)zǔ	租(租)zū	素(素)sù	措(措)cuò
	粗(粗)cū	組(组)zǔ	疎(疏)shū	訴(诉)sù	塑(塑)sù
	礎(础)chǔ				
ソウ	双(双)shuāng		爪(爪)zhǎo zhuǎ		壮(壮)zhuàng
	早(早)zǎo	争(争)zhēng	走(走)zǒu	宗(宗)zōng	奏(奏)zòu
	相(相)xiāng xiàng		草(草)cǎo	荘(庄)zhuāng	
	送(送)sòng	倉(仓)cāng	捜(搜)sōu	挿(插)chā	桑(桑)sāng
	掃(扫)sǎo sào		曹(曹)cáo	曽(曾)zēng céng	
	巣(巢)cháo	窓(窗)chuāng		創(创)chuàng chuāng	
	喪(丧)sāng sàng		湊(凑)còu	装(装)zhuāng	
	葬(葬)zàng	僧(僧)sēng	想(想)xiǎng	層(层)céng	漱(漱)shù
	総(总)zǒng	聡(聪)cōng	遭(遭)zāo	槽(槽)cáo	操(操)cāo
	燥(燥)zào	糟(糟)zāo	霜(霜)shuāng		騒(骚)sāo
	藪(薮)sǒu	藻(藻)zǎo	竈(灶)zào		
ゾウ	造(造)zào	像(像)xiàng	増(增)zēng	憎(憎)zēng	
	蔵(藏)cáng zàng		贈(赠)zèng	臓(脏)zàng	
ソク	即(即)jí	束(束)shù	足(足)zú	促(促)cù	則(则)zé

	息(息)xī	速(速)sù	側(侧)cè zhāi zè		測(测)cè
ゾク	俗(俗)sú	族(族)zú	属(属)shǔ zhǔ		粟(粟)sù
	賊(贼)zéi	続(续)xù			
ソツ	卒(卒)zú cù	率(率)shuài			
ソン	存(存)cún	村・邨(村)cūn		孫(孙)sūn	巽(巽)xùn
	尊(尊)zūn	損(损)sǔn			
タ	他(他)tā	多(多)duō			
ダ	打(打)dǎ dá	妥(妥)tuǒ	堕(堕)duò	惰(惰)duò	駄(驮)tuó duò
タイ	太(太)tài	台(台)tái tāi		体(体)tǐ tī	対(对)duì
	耐(耐)nài	待(待)dài dāi		怠(怠)dài	胎(胎)tāi
	退(退)tuì	帯(带)dài	泰(泰)tài	袋(袋)dài	逮(逮)dài dǎi
	替(替)tì	貸(贷)dài	隊(队)duì	滞(滞)zhì	態(态)tài
	黛(黛)dài				
ダイ	乃(乃)nǎi	大(大)dà dài	代(代)dài	第(第)dì	題(题)tí
タク	宅(宅)zhái	択(择)zé zhái		沢(泽)zé	
	卓(卓・桌)zhuō・zhuō	拓(拓)tuò tà	託(托)tuō		
	琢(琢)zhuó zuó	濯(濯)zhuó			
ダク	諾(诺)nuò	濁(浊)zhuó			
タツ	達(达)dá				
ダツ	脱(脱)tuō	奪(夺)duó			
タン	丹(丹)dān	旦(旦)dàn	但(但)dàn	坦(坦)tǎn	担(担)dān dàn
	単(单)dān	炭(炭)tàn	胆(胆)dǎn	探(探)tàn	淡(淡)dàn
	短(短)duǎn	嘆(叹)tàn	端(端)duān	誕(诞)dàn	鍛(锻)duàn
ダン	団(团)tuán	男(男)nán	段(段)duàn	断(断)duàn	弾(弹)dàn tán
	暖(暖)nuǎn	談(谈)tán	壇(坛)tán		
チ	地(地)dì de	池(池)chí	知(知)zhī	治(治)zhì	値(值)zhí
	恥(耻)chǐ	致(致)zhì	智(智)zhì	遅(迟)chí	痴(痴)chī
	稚(稚)zhì	置(置)zhì			
チク	竹(竹)zhú	畜(畜)xù chù		逐(逐)zhú	筑(筑)zhú
	蓄(蓄)xù	築(筑)zhù			
チツ	秩(秩)zhì	窒(窒)zhì			
チャク	着(着)zhuó zháo zhāo zhe			嫡(嫡)dí	

チュウ	丑(丑)chǒu	中(中)zhōng zhòng		仲(仲)zhòng	虫(虫)chóng
	冲(冲)chōng	宙(宙)zhòu	忠(忠)zhōng	抽(抽)chōu	注(注)zhù
	昼(昼)zhòu	柱(柱)zhù	衷(衷)zhōng	铸(铸)zhù	駐(驻)zhù
チョ	猪(猪)zhū	著(著)zhù	貯(贮)zhù	潴・瀦(潴)zhū	
チョウ	弔(吊)diào	庁(厅)tīng	兆(兆)zhào	町(町)tīng dīng	
	長(长)cháng zhǎng		挑(挑)tiāo tiǎo		帳(帐)zhàng
	張(张)zhāng	彫(雕)diāo	眺(眺)tiào	釣(钓)diào	頂(顶)dǐng
	鳥(鸟)niǎo	塚(冢)zhǒng	朝(朝)cháo zhāo		脹(胀)zhàng
	超(超)chāo	腸(肠)cháng	跳(跳)tiào	徴(征)zhēng	暢(畅)chàng
	肇(肇)zhào	蔦(茑)niǎo	澄(澄)chéng dèng		潮(潮)cháo
	蝶(蝶)dié	調(调)tiáo diào		聴(听)tīng	懲(惩)chéng
	鯛(鯛)diāo				
チョク	直(直)zhí	勅(敕)chì			
チン	沈(沉)chén	珍(珍)zhēn	朕(朕)zhèn	陳(陈)chén	椿(椿)chūn
	賃(赁)lìn	鎮(镇)zhèn			
ツイ	追(追)zhuī	墜(坠)zhuì			
ツウ	通(通)tōng tòng		痛(痛)tòng		
テイ	丁(丁)dīng	低(低)dī	呈(呈)chéng	廷(廷)tíng	弟(弟)dì
	定(定)dìng	底(底)dǐ de	抵(抵)dǐ	邸(邸)dǐ	亭(亭)tíng
	貞(贞)zhēn	帝(帝)dì	訂(订)dìng	庭(庭)tíng	悌(悌)tì
	逓(递)dì	停(停)tíng	偵(侦)zhēn	堤(堤)dī	提(提)tí dī
	程(程)chéng	禎(祯)zhēn	艇(艇)tǐng	締(缔)dì	鵜(鹈)tí
デイ	泥(泥)ní nì				
テキ	迪(迪)dí	的(的)dì dí de		笛(笛)dí	荻(荻)dí
	摘(摘)zhāi	滴(滴)dī	適(适)shì	敵(敌)dí	鏑(镝)dī dí
テツ	迭(迭)dié	哲(哲)zhé	鉄(铁)tiě	徹(彻)chè	撤(撤)chè
テン	天(天)tiān	典(典)diǎn	店(店)diàn	点(点)diǎn	展(展)zhǎn
	添(添)tiān	転(转)zhuǎn zhuàn			
デン	田(田)tián	伝(传)chuán zhuàn		佃(佃)diàn tián	
	淀(淀)diàn	殿(殿)diàn	電(电)diàn		
ト	斗(斗)dǒu	吐(吐)tǔ tù	図(图)tú	杜(杜)dù	徒(徒)tú
	途(途)tú	都(都)dū dōu		渡(渡)dù	塗(涂)tú

ド	土(土)tǔ	奴(奴)nú	努(努)nǔ	度(度)dù	怒(怒)nù
トウ	刀(刀)dāo	冬(冬)dōng	灯(灯)dēng	当(当)dāng dàng	
	投(投)tóu	豆(豆)dòu	沓(沓)tà dá	東(东)dōng	到(到)dào
	逃(逃)táo	倒(倒)dǎo dào		党(党)dǎng	凍(冻)dòng
	唐(唐)táng	島・嶋(岛)dǎo		桃(桃)táo	討(讨)tǎo
	透(透)tòu	兜(兜)dōu	悼(悼)dào	盗(盗)dào	陶(陶)táo
	塔(塔)tǎ	棟(栋)dòng	湯(汤)tāng	痘(痘)dòu	登(登)dēng
	答(答)dá dā	等(等)děng	筒(筒)tǒng	統(统)tǒng	稲(稻)dào
	読(读)dòu	樋(樋)tōng	踏(踏)tà tā	糖(糖)táng	頭(头)tóu
	謄(誊)téng	藤(藤)téng	闘(斗)dòu	騰(腾)téng	
ドウ	同(同)tóng	洞(洞)dòng	桐(桐)tóng	胴(胴)dòng	動(动)dòng
	堂(堂)táng	童(童)tóng	道(道)dào	銅(铜)tóng	導(导)dǎo
	瞳(瞳)tóng				
トク	匿(匿)nì	特(特)tè	得(得)dé děi de		督(督)dū
	德(德)dé	篤(笃)dǔ			
ドク	毒(毒)dú	独(独)dú	読(读)dú		
トツ	凸(凸)tū	突(突)tū			
トン	屯(屯)tún	惇(惇)dūn	豚(豚)tún	敦(敦)dūn	
ドン	鈍(钝)dùn	曇(昙)tán			
ナ	那(那)nà nèi nā		奈(奈)nài		
ナイ	内(内)nèi				
ナン	南(南)nán	軟(软)ruǎn	楠(楠)nán	難(难)nán nàn	
ニ	二(二)èr	尼(尼)ní	弐(贰)èr		
ニク	肉・宍(肉)ròu				
ニチ	日(日)rì				
ニュウ	入(入)rù	乳(乳)rǔ			
ニョウ	尿(尿)niào				
ニン	任(任)rèn rén		妊(妊)rèn	忍(忍)rěn	認(认)rèn
ネイ	寧(宁)níng nìng				
ネツ	熱(热)rè				
ネン	年(年)nián	念(念)niàn	粘(粘)zhān nián		燃(燃)rán
	鮎(鲇)nián				

ノウ	悩(恼)nǎo	納(纳)nà	能(能)néng	脳(脑)nǎo	農(农)nóng
	濃(浓)nóng				
ハ	巴(巴)bā	把(把)bǎ bà	波(波)bō	派(派)pài	破(破)pò
	霸(霸)bà				
バ	馬(马)mǎ	婆(婆)pó			
ハイ	拝(拜)bài	杯(杯)bēi	背(背)bèi bēi		肺(肺)fèi
	俳(俳)pái	配(配)pèi	排(排)pái pǎi		敗(败)bài
	廃(废)fèi	輩(辈)bèi			
バイ	貝(贝)bèi	売(卖)mài	倍(倍)bèi	梅(梅)méi	培(培)péi
	陪(陪)péi	媒(媒)méi	買(买)mǎi	賠(赔)péi	
ハク	白(白)bái	伯(伯)bó bǎi		佰(佰)bǎi	拍(拍)pāi
	泊(泊)bó pō	迫(迫)pò pǎi		柏(柏)bǎi bó bò	
	陌(陌)mò	粕(粕)pò	舶(舶)bó	博(博)bó	
	薄(薄)báo bó bò				
バク	麦(麦)mài	幕(幕)mù	漠(漠)mò	縛(缚)fù	爆(爆)bào
ハチ	八(八)bā				
ハツ	発(发)fā	鉢(钵)bō	髪(发)fà		
バツ	伐(伐)fá	抜(拔)bá	罰(罚)fá	閥(阀)fá	
ハン	反(反)fǎn	半(半)bàn	犯(犯)fàn	帆(帆)fān	伴(伴)bàn
	判(判)pàn	坂・阪(坂)bǎn		板(板)bǎn	版(版)bǎn
	班(班)bān	畔(畔)pàn	般(般)bān	販(贩)fàn	飯(饭)fàn
	搬(搬)bān	煩(烦)fán	頒(颁)bān	幡(幡)fān	範(范)fàn
	繁(繁)fán pó		藩(藩)fān		
バン	晩(晚)wǎn	番(番)fān pān		蛮(蛮)mán	盤(盘)pán
ヒ	比(比)bǐ	皮(皮)pí	妃(妃)fēi	否(否)fǒu pǐ	批(批)pī
	彼(彼)bǐ	披(披)pī	泌(泌)mì bì	肥(肥)féi	非(非)fēi
	卑(卑)bēi	飛(飞)fēi	疲(疲)pí	秘(秘)mì bì	被(被)bèi
	悲(悲)bēi	扉(扉)fēi	斐(斐)fěi	費(费)fèi	碑(碑)bēi
	緋(绯)fēi	罷(罢)bà	避(避)bì		
ビ	尾(尾)wěi yǐ		弥(弥)mí	美(美)měi	梶(梶)wěi
	備(备)bèi	微(微)wēi	鼻(鼻)bí		
ヒツ	匹(匹)pǐ	必(必)bì	疋(匹)pǐ	筆(笔)bǐ	

ヒャク	百(百)bǎi				
ヒョウ	氷(冰)bīng	表(表)biǎo	俵(俵)biào	票(票)piào	評(评)píng
	漂(漂)piāo piǎo piào		標(标)biāo		
ビョウ	苗(苗)miáo	秒(秒)miǎo	病(病)bìng	描(描)miáo	猫(猫)māo
ヒン	品(品)pǐn	浜・濱(滨)bīn	彬(彬)bīn	貧(贫)pín	賓(宾)bīn
	頻(频)pín				
ビン	敏(敏)mǐn	瓶(瓶)píng			
フ	不(不)bù	夫(夫)fū fú	父(父)fù fǔ	付(付)fù	布(布)bù
	扶(扶)fú	芙(芙)fú	府(府)fǔ	怖(怖)bù	阜(阜)fù
	附(附)fù	負(负)fù	赴(赴)fù	浮(浮)fú	釜(釜)fǔ
	婦(妇)fù	符(符)fú	富(富)fù	普(普)pǔ	腐(腐)fǔ
	敷(敷)fū	膚(肤)fū	賦(赋)fù	譜(谱)pǔ	
ブ	侮(侮)wǔ	武(武)wǔ	部(部)bù	舞(舞)wǔ	
フウ	風(风)fēng	楓(枫)fēng			
フク	伏(伏)fú	服(服)fú fù	副(副)fù	幅(幅)fú	復(复)fù
	福(福)fú	腹(腹)fù	複(复)fù	覆(覆)fù	
フツ	払(拂)fú	沸(沸)fèi			
ブツ	仏(佛)fó	物(物)wù			
フン	分(分)fēn fèn		粉(粉)fěn	紛(纷)fēn	雰(氛)fēn
	噴(喷)pēn pèn		墳(坟)fén	憤(愤)fèn	奮(奋)fèn
ブン	文(文)wén	聞(闻)wén			
ヘイ	丙(丙)bǐng	平(平)píng	兵(兵)bīng	併(并)bìng	坪(坪)píng
	並(并)bìng	柄(柄)bǐng	陛(陛)bì	閉(闭)bì	幣(币)bì
	弊(弊)bì				
ベイ	米(米)mǐ				
ヘキ	碧(碧)bì	壁(壁)bì	癖(癖)pǐ		
ベツ	別(别)bié				
ヘン	片(片)piàn piān		辺(边)biān	返(返)fǎn	変(变)biàn
	偏(偏)piān	遍(遍)biàn	編(编)biān		
ベン	弁(辩)biàn	便(便)biàn pián		勉(勉)miǎn	
ホ	甫(甫)fǔ	步(步)bù	保(保)bǎo	捕(捕)bǔ	浦(浦)pǔ
	補(补)bǔ	蒲(蒲)pú	輔(辅)fǔ	舗・鋪(铺)pū pù	

ボ	母(母)mǔ	募(募)mù	墓(墓)mù	慕(慕)mù	暮(暮)mù
	模(模)mó mú		簿(簿)bù		
ホウ	方(方)fāng	包(包)bāo	芳(芳)fāng	邦(邦)bāng	奉(奉)fèng
	宝(宝)bǎo	抱(抱)bào	放(放)fàng	朋(朋)péng	法(法)fǎ
	泡(泡)pào pāo		封(封)fēng	胞(胞)bāo	倣(仿)fǎng
	俸(俸)fèng	峰(峰)fēng	砲(炮)pào	崩(崩)bēng	
	萌・萠(萌)méng		訪(访)fǎng	報(报)bào	棚(棚)péng
	蜂(蜂)fēng	豊(丰)fēng	飽(饱)bǎo	鳳(凤)fèng	
	縫(缝)féng fèng				
ボウ	亡(亡)wáng	乏(乏)fá	卯(卯)mǎo	忙(忙)máng	
	牟(牟)móu mù		坊(坊)fāng fáng		妨(妨)fáng
	忘(忘)wàng	防(防)fáng	房(房)fáng	肪(肪)fáng	昴(昴)mǎo
	某(某)mǒu	冒(冒)mào	茅(茅)máo	剖(剖)pōu	紡(纺)fǎng
	望(望)wàng	眸(眸)móu	傍(旁)páng	帽(帽)mào	棒(棒)bàng
	貿(贸)mào	暴(暴)bào	膨(膨)péng	謀(谋)móu	
ホク	北(北)běi				
ボク	牧(牧)mù	睦(睦)mù	僕(仆)pú	墨(墨)mò	撲(扑)pū
ボツ	没(没)méi mò				
ホン	本(本)běn	奔(奔)bēn bèn		翻(翻)fān	
ボン	凡(凡)fán	盆(盆)pén			
マ	麻(麻)má	摩(摩)mó mā		磨(磨)mó mò	
	魔(魔)mó				
マイ	毎(每)měi	妹(妹)mèi	枚(枚)méi	埋(埋)mái mán	
マク	膜(膜)mó				
マツ	末(末)mò	抹(抹)mǒ mò mā		茉(茉)mò	
マン	万(万)wàn	満(满)mǎn	慢(慢)màn	漫(漫)màn	
ミ	未(未)wèi	味(味)wèi	魅(魅)mèi		
ミツ	密(密)mì				
ミャク	脈(脉)mài mò				
ミョウ	妙(妙)miào				
ミン	民(民)mín	眠(眠)mián			
ム	矛(矛)máo	務(务)wù	無(无)wú	夢(梦)mèng	霧(雾)wù

メイ	名(名)míng	命(命)mìng	明(明)míng	迷(迷)mí	盟(盟)méng
	銘(铭)míng	鳴(鸣)míng			
メツ	滅(灭)miè				
メン	免(免)miǎn	面(面)miàn	綿(绵)mián		
モ	茂(茂)mào				
モウ	毛(毛)máo	孟(孟)mèng	盲(盲)máng	耗(耗)hào	猛(猛)měng
	網(网)wǎng				
モク	木(木)mù	目(目)mù	黙(默)mò		
モン	門(门)mén	紋(纹)wén wèn		問(问)wèn	
ヤ	也(也)yě	夜(夜)yè	耶(耶)yē yé	野·埜(野)yě	
ヤク	厄(厄)è	役(役)yì	約(约)yuē yāo		訳(译)yì
	薬(药)yào	躍(跃)yuè			
ユ	油(油)yóu	愉(愉)yú	諭(谕)yù	輸(输)shū	癒(愈)yù
ユイ	唯(唯)wéi				
ユウ	又(又)yòu	友(友)yǒu	右(右)yòu	由(由)yóu	
	有(有)yǒu yòu		佑(佑)yòu	邑(邑)yì	酉(酉)yǒu
	侑(侑)yòu	勇(勇)yǒng	宥(宥)yòu	幽(幽)yōu	祐(祐)yòu
	悠(悠)yōu	郵(邮)yóu	湧(涌)yǒng	猶(犹)yóu	裕(裕)yù
	遊(游)yóu	雄(雄)xióng	楢(楢)yóu	熊(熊)xióng	誘(诱)yòu
	憂(忧)yōu	融(融)róng	優(优)yōu		
ヨ	与(与)yǔ yù yú		予(予)yú yǔ	余(余)yú	誉(誉)yù
	預(预)yù	輿(舆)yú			
ヨウ	幼(幼)yòu	用(用)yòng	羊(羊)yáng	洋(洋)yáng	
	要(要)yào yāo		容(容)róng	庸(庸)yōng	揺(摇)yáo
	揚(扬)yáng	葉(叶)yè	遥(遥)yáo	陽(阳)yáng	溶(溶)róng
	瑶(瑶)yáo	腰(腰)yāo	蓉(蓉)róng	様(样)yàng	踊(踊)yǒng
	窯(窑)yáo	養(养)yǎng	擁(拥)yōng	謡(谣)yáo	曜(曜)yào
	耀(耀)yào	鷹(鹰)yīng			
ヨク	抑(抑)yì	浴(浴)yù	欲(欲)yù	翌(翌)yì	翼(翼)yì
ラ	裸(裸)luǒ	羅(罗)luó			
ライ	来(来)lái	雷(雷)léi	頼(赖)lài	瀬(濑)lài	
ラク	絡(络)luò lào	落(落)luò lào là		楽(乐)lè	

	酪(酪)lào				
ラン	乱(乱)luàn	卵(卵)luǎn	嵐(岚)lán	覧(览)lǎn	濫(滥)làn
	藍(蓝)lán	蘭(兰)lán	欄(栏)lán		
リ	吏(吏)lì	利(利)lì	李(李)lǐ	里(里)lǐ	莉(莉)lì
	梨(梨)lí	理(理)lǐ	痢(痢)lì	裏(里)lǐ	履(履)lǚ
	璃(璃)lí	鯉(鲤)lǐ	離(离)lí		
リク	陸(陆)lù liù				
リツ	立(立)lì	律(律)lǜ	栗(栗)lì	率(率)lǜ	
リャク	略(略)lüè				
リュウ	柳(柳)liǔ	流(流)liú	留(留)liú	竜(龙)lóng	粒(粒)lì
	笠(笠)lì	隆(隆)lóng	硫(硫)liú	瑠(琉)liú	
リョ	呂(吕)lǚ	旅(旅)lǚ	絽(绺)lǚ	虜(虏)lǔ	慮(虑)lǜ
リョウ	了(了)liǎo le		両(两)liǎng	良(良)liáng	亮(亮)liàng
	料(料)liào	梁(梁)liáng	涼(凉)liáng liàng		猟(猎)liè
	陵(陵)líng	椋(椋)liáng	菱(菱)líng	量(量)liáng liàng	
	僚(僚)liáo	綾(绫)líng	領(领)lǐng	寮(寮)liáo	諒(谅)liàng
	遼(辽)liáo	療(疗)liáo	糧(粮)liáng	鐐(镣)liào	
リョク	力(力)lì	緑(绿)lǜ lù			
リン	林(林)lín	厘(厘)lí	倫(伦)lún	凜(凛)lǐn	輪(轮)lún
	隣(邻)lín	臨(临)lín			
ルイ	涙(泪)lèi	累(累)lěi lèi lěi		塁(垒)lěi	類(类)lèi
レイ	令(令)lìng lǐng		礼(礼)lǐ	伶(伶)líng	冷(冷)lěng
	励(励)lì	例(例)lì	怜(怜)líng	玲(玲)líng	鈴(铃)líng
	零(零)líng	霊(灵)líng	澪(澪)líng	隷(隶)lì	嶺(岭)lǐng
	齢(龄)líng	麗(丽)lì			
レキ	暦(历)lì	歴(历)lì			
レツ	列(列)liè	劣(劣)liè	烈(烈)liè	裂(裂)liè liě	
レン	恋(恋)liàn	連(连)lián	廉(廉)lián	練(练)liàn	蓮(莲)lián
	錬(炼)liàn	鎌(镰)lián			
ロ	炉(炉)lú	路(路)lù	蕗(蕗)lù	櫨(栌)lú	蘆・芦(芦)lú
	露(露)lù lòu				
ロウ	老(老)lǎo	労(劳)láo	郎(郎)láng	朗(朗)lǎng	浪(浪)làng

	廊(廊)láng　楼(楼)lóu　滝(泷)lóng　漏(漏)lòu
ロク	六(六)liù lù　鹿(鹿)lù　禄(禄)lù　録(录)lù　麓(麓)lù
ロン	論(论)lùn lún
ワ	和(和)hé hè huó huò hú　話(话)huà　窪(洼)wā
ワイ	隈(隈)wēi　賄(贿)huì
ワク	惑(惑)huò
ワン	湾(湾)wān　腕(腕)wàn

小川郁夫　福岡国際大学教授
　　　　　青島大学客員教授

カバーデザイン　劉　隆年

> 小社の書籍は、ホームページでも
> 紹介、販売しております。
> どうぞ、ご覧ください。
> http : //www.hakuteisha.co.jp/

中国語文法・完成マニュアル

定価はカバーに表示してあります。

2000 年 11 月 1 日　初版発行
2009 年 6 月 1 日　8 刷発行

著　者　小川郁夫
発行者　佐藤康夫
発行所　白　帝　社
　　　　〒171-0014　東京都豊島区池袋 2-65-1
　　　　電話 03-3986-3271　FAX 03-3986-3272
組版　柳葉コーポレーション　印刷　平河工業社　製本　若林製本

Printed in Japan　〈検印省略〉　ISBN978-4-89174-475-5